영어말하는데 꼭 필요한

핵심동사 113개로 네이티브와 말문트기

Chris Suh

MENTORS

영어말하는데 꼭 필요한 핵심동사 113개로
네이티브와 말문트기 3권

2025년 05월 20일 인쇄
2025년 05월 27일 발행

지 은 이	Chris Suh
발 행 인	Chris Suh
발 행 처	**MENTORS**

경기도 성남시 분당구 황새울로 335번길 10 598
TEL 031-604-0025 FAX 031-696-5221
mentors.co.kr
blog.naver.com/mentorsbook
* Play 스토어 및 App 스토어에서 '멘토스북' 검색해 어플다운받기!

등록일자	2005년 7월 27일
등록번호	제 2009-000027호
I S B N	979-11-94467-75-5
	979-11-94467-72-4(세트번호)
가 격	22,000원(MP3 무료다운로드)

잘못 인쇄된 책은 교환해 드립니다.
이 책에 게재된 내용의 일부 또는 전체를 무단으로 복제 및 발췌하는 것을 금합니다.
(이 책은 <기본동사표현사전 3300>의 내용을 추가한 개정증보판입니다.)

머리말

"이렇게 쉬운 동사로 영어회화가 가능할 줄 몰랐다!"

영어회화를 좀 하다보면 네이티브들은 어려운 단어보다는 아주 쉬운 단어로 특히 쉬운 동사로 화려하게 문장을 만들어내는 것을 깨닫게 되는 순간이 있다. 그래서 이렇게 쉬운 동사로 그렇게 많은 영어회화가 가능할 줄 몰랐다라는 감탄을 절로 하게 된다. 자연 쉬운 동사로 만들어지는 다양한 표현을 정리하고 싶은 생각이 들게 되는데 이는 핵심동사만 잘 활용하면 영어회화를 네이티브처럼 할 수 있다는 사실을 알았기 때문이다.

"네이티브처럼 쉽게 말하고 싶어"

네이티브처럼 말하고 싶은 우리 '욕망'을 가장 현실적으로 실현시켜 줄 '희망'은 바로 이 『핵심동사』에 있다고 해도 과언이 아니다. 왜냐면 모든 언어는 편리함을 추구하고 따라서 네이티브도 알고 보면 일상생활에서 많은 부분 핵심동사로 거의 다 해결하기 때문이다. 실제 회화에서 기본동사를 바탕으로 파생되는 표현들은 우리 예상을 훨씬 뛰어 넘는다. examine 대신 go over를, return 대신 give back을, improve 대신 get better를, reject 대신 turn down을 그리고 prove 대신 turn out을 더 많이 사용하는 등 핵심동사를 활용해 말하지 못하는 표현이 없을 정도이다. 핵심동사는 다시 말해서 영어회화의 중추적 역할을 하는 아주 핵심적인 단어들인 것이다.

"핵심동사 113개로 네이티브와 말문트기"

이책 『핵심동사 113개로 네이티브와 말문트기』는 영어회화의 기초를 닦을 뿐만 아니라 영어회화의 핵심이자 본류에 접근하는 아주 현명한 방법이 될 것이다. 이제 핵심동사를 익히고 여유있게 영어회화를 즐겨본다. 영어회화는 멀리 있지 않다. 가까운 데서 해답을 찾아야 한다. 이책이 그 해답을 찾는데 큰 보탬이 되었으면 하는 바람이다. 이책에는 메인동사로 go, come, make, keep, bring, hear, break 등 21개의 동사와 use, meet, play, cut, hit, fill, expect 등 탈락하기 아까운 추가동사를 정리하였다. 네이티브들은 주로 핵심동사를 자유자재로 활용하면서 영어를 한다는 사실에 다시한번 감탄하면서 우리도 그들처럼 쉽게 영어를 할 수 있게 되도록 열심히 핵심동사 탐험을 시작해보도록 한다.

이 책은 무엇이 다른가~

네이티브가 이렇게 쉬운 동사로 영어회화를 하는 줄을 정말 몰랐던 핵심동사 21개와 중요기본동사 15개를 바탕으로 만들어지는 가장 많이 쓰이는 동사표현을 집중해서 모았다.

> ❶ 실제회화에서 많이 쓰이는 핵심동사들이 만들어내는 빈출 동사표현들에 마구마구 감탄한다.
> ❷ 각 동사표현 밑에 위치한 친절한 우리말 설명을 통해 동사표현의 의미와 용법을 잘 익힌다.
> ❸ 핵심포인트를 통해 동사의 실제 응용 및 활용표현을 완전히 숙지한다.
> ❹ 예문과 대화를 통해 표현을 이해하고 바로 이어지는 필사를 통해 표현을 완전히 암기한다.
> ❺ 녹음된 MP3 파일을 홈피나 어플에서 바로 듣거나 다운로드 받아서 듣고 또 듣는다.

이 책은 어떻게 구성되었나~

네이티브가 이렇게 쉬운 동사로 영어회화를 하는 줄을 정말 몰랐던 핵심동사 21개와 중요기본동사 15개를 바탕으로 만들어지는 가장 많이 쓰이는 동사표현을 집중해서 모았다.

> ❶ **네이티브가 즐겨쓰는 핵심동사 21**
> 네이티브가 주로 먹고 사는 핵심기본동사 21개를 바탕으로 다양하게 실제 일상생활에서 이용되고 있는 동사표현들을 일목요연하게 정리하였다.
>
> ❷ **네이티브가 애용하는 중요기본동사 15**
> 핵심기본동사 21개 외에도 네이티브가 자주 사용하는 동사들을 선별하여 역시 실제 활용빈도수가 높은 동사표현들을 모았다.
>
> ❸ **Get More**
> 기본엔트리 선정에서 아깝게 떨어졌지만 그래도 알아두면 영어회화하는데 도움이 될만한 표현들을 각 동사별 마지막 부분에 추가로 정리하여 영어회화 학습을 풍요롭게 하였다.

핵심동사 빈출동사구 엔트리 표현
네이티브가 특히 즐겨쓰는 핵심동사에서 파생되는 동사표현들. go, come, make, keep, bring, hear, listen, run, break 등의 메인동사표현들.

우리말 설명
동사표현의 의미와 용법을 친절하게 설명.

✓ 핵심포인트
동사표현의 실제 활용표현 및 응용표현정리.

이렇게 쓰인다!
학습한 핵심동사표현들로 어떻게 영어문장을 만들어내는지 그 생생한 예문을 다양하게 모았다.

이렇게 말한다!
실제 핵심동사표현들을 실제대화에서는 어떻게 쓰이는지 를 통해 영어회화학습의 이해도를 높이는 곳.

영어문장필사해보기
외워도 잊혀지는데 보기만 줄창해서는 영어 실력이 늘지 않는다. 위에서 학습한 문장중에서 하나 혹은 두개의 우리말 문장을 영어로 옮겨보는 연습을 해본다. 기억이 나지 않으면 보고 써도 된다. 한번 써보는게 여러번 보는 것보다 더 도움이 되기 때문이다.

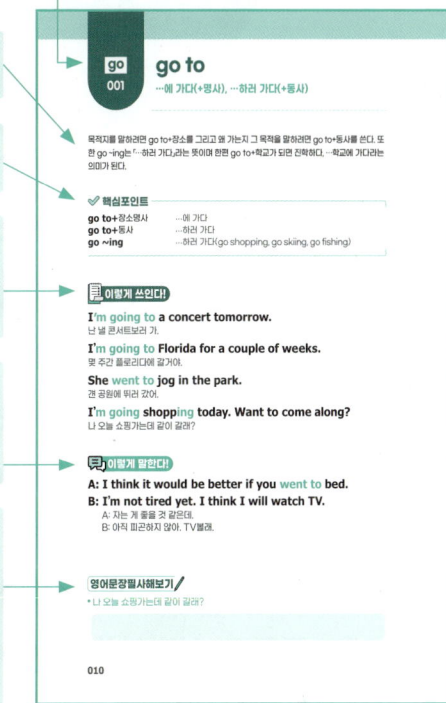

아쉽게 메인엔트리에는 채택되지 못했지만 알아두면 좋은 표현들을 추가로 정리하였다.

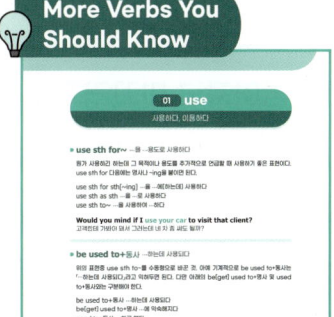

핵심메인동사에서 탈락되었지만 역시 네이티브가 일상생활에서 애용하는 use, meet, play, cut, hit, pick, fill, expect 등의 동사를 추가로 정리하였다.

Contents

01 잡아도 가고 마는 **go** 009
02 내게 오고 너에게 가는 **come** 045
03 평생 이것저것 만드는 **make** 078
04 지금 이대로가 좋아 **keep** 113
05 이리로 언능 갖고 오는 **bring** 130
06/07 들리는 걸 어떡해 **hear/listen** 146
08 걷지 말고 뛰어라 **run** 160
09 사람이든 기계든 하던 일 멈추는 **break** 176
10/11 좋은 걸 어떻게 **like/prefer** 190
12 쉬지 않고 일하는 **work** 218
13 난 네가 필요해 **need** 236
14 돌고 도는 세상 **turn** 246
15 넘어지고 미끄러지고 **fall** 262
16/17 가지 말고 남아줘 **stay/move** 275
18 확실하게 정해주는 **set** 299
19/20 잊어버리면 어떻게 기억해야지
       forget/remember 315
21 마지막 희망을 쏘는 **hope** 340

More Verbs
You Should Know

01 **use** 사용하다, 이용하다 ······ 357

02 **meet** 만나다 ······ 360

03 **play** 놀다, 운동[연주]하다 ······ 362

04/05 **cut/hit** 베다, 자르다/때리다, 치다 ······ 365

06/07/08 **eat/drink/cook** 먹다/마시다/요리하다 ······ 368

09/10/11 **pick/choose/decide**
고르다/선택하다/결정하다 ······ 371

12/13/14 **fill/fit/fix**
채우다/맞다, 적합하다/고치다, 고정시키다 ······ 374

15 **expect** 기대하다, 예상하다 ······ 378

More Information : You Know What?

You Know What? : price/cost/charge/fare ······ 077
You Know What? : interesting과 fun ······ 189
You Know What? : too much와 much too ······ 377

01.
잡아도 가고 마는

Go

가만히 있지를 못하고 여기와 다른 목적지로 움직여야 되는 동사. 쉬운 표현에 약한 우리로서는 어딜 간다고 할 때의 I'll go to~, 갔(었)다라는 I went to~, 그리고 어디 가(갈거야)라는 I'm gong to~ 등에 익숙해져 본다. 또한 사람이 아니라 어떤 일이 가는 것(진행)을 뜻하기도 해 How's it going?하면 "어떻게 지내?"라는 뜻이 되기도 한다. 마찬가지로 움직임을 특징으로 기계(car, watch 등)가 움직이는 것을 말하기도 한다.

 **Go 기본개념**

01. (…에) 가다, …하러 가다, (길이) 통하다
I have to go now. 나 지금 가야 돼.
I went to the post office. 우체국 갔었어.
Does this road go to the station? 이길로 가면 역이 나오나요?

02. (일, 상황이) 진행되다, 되어가다
How are things going? 잘 지내?
How did the game go? 게임 어떻게 됐어?

03. go+형용사 …해지다
She went mad. 걘 화났어.

04. (움직이는 기계 등이) 작동되다
The car won't go. 차가 작동안돼.
I can't get the watch going. 시계를 제대로 돌아가게 못하겠어.(work well)

go to
…에 가다(+명사), …하러 가다(+동사)

목적지를 말하려면 go to+장소를 그리고 왜 가는지 그 목적을 말하려면 go to+동사를 쓴다. 또한 go ~ing는 「…하러 가다」라는 뜻이며 한편 go to+학교가 되면 진학하다, …학교에 가다라는 의미가 된다.

✓ 핵심포인트

go to+장소명사	…에 가다
go to+동사	…하러 가다
go ~ing	…하러 가다(go shopping, go skiing, go fishing)

📝 이렇게 쓰인다!

I'm going to a concert tomorrow.
난 낼 콘서트보러 가.

I'm going to Florida for a couple of weeks.
몇 주간 플로리다에 갈거야.

She went to jog in the park.
걘 공원에 뛰러 갔어.

I'm going shopping today. Want to come along?
나 오늘 쇼핑가는데 같이 갈래?

💬 이렇게 말한다!

A: I think it would be better if you went to bed.
B: I'm not tired yet. I think I will watch TV.
　A: 자는 게 좋을 것 같은데.
　B: 아직 피곤하지 않아. TV볼래.

✏️ 영어문장필사해보기

• 나 오늘 쇼핑가는데 같이 갈래?

go (well, fine~)
(일이나 상황이 …하게) 되어가다

일이나 상황이 어떻게 되어가고 있다는 의미의 표현으로 ~go well(…이 잘 되다) 형태 및 How ~ go?(…가 어떻게 됐어?)가 주로 쓰인다.

✓ 핵심포인트

~ go well	…가 잘 되다	How's ~ going?	…가 어때?
How did ~ go?	…가 어땠어?	How's it going?	잘 지내?
That's (just) the way it goes		다 그런거지	

📓 이렇게 쓰인다!

The meeting went well. Good job.
회의가 잘 됐어. 잘했어.

Well, that went well.
어, 그거 잘 됐어.

How's your business going?
하는 일 어때?

How's it going? Did you make any good friends?
잘 지내? 새론 친구 사귀었어?

How did the date go? Was it good?
데이트 어땠어? 좋았어?

How did it go with Caroline last night?
지난 밤 캐롤라인하고 어땠어?

That's (just) the way it goes.
다 그런 거지 뭐, 어쩔 수 없는 일이야, 사는 게 다 그렇지.

That's the way these things go.
일이 다 그렇게 되는거죠.

💬 이렇게 말한다!

A: How's it going with your new job?
B: I have to admit that it's pretty tough.
 A: 새로운 일은 어떠니? B: 정말이지 상당히 힘들어.

be going to+V
…할거야

be going to는 마치 조동사처럼 앞으로의 일을 말하는 것으로 'will'과 같은 의미이다. 따라서 be going to+동사에서 'going'에는 '가다'라는 의미는 없다.

✅ 핵심포인트

be going to+동사   …할거야   **be not going to+동사**   …하지 않을거야

📖 이렇게 쓰인다!

Everybody, get ready! We are going to start now.
다들 준비하세요. 우리 이제 시작할겁니다.

Finally, we're going to get married this winter.
마침내 이번 겨울에 결혼할거야.

I'm not going to take your word for that.
네 말을 믿지 않을거야.

I'm going to go do the laundry.
가서 세탁할거야.

Come on, or we're going to be late.
서둘러, 안그러면 우리 늦어.

Are you going to the Halloween Party?
할로윈 파티에 갈거야?

Can you tell me where you're going to stay?
어디서 머물지 말해줄래?

💬 이렇게 말한다!

A: Living with you would make me happy.
B: That isn't going to be possible!
A: 너랑 살면 행복할텐데.   B: 꿈도 꾸지마!

✏️ 영어문장필사해보기

• 할로윈 파티에 갈거야?

be[get] going

출발하다, 가다 (leave)

004 go

어떤 장소에서 떠나가는 것을 말하는 것으로 특히 be going 혹은 get going의 형태로 많이 쓰인다. 가야되는 상황을 말하는 것으로 주로 앞에는 should, must, had better 등의 표현이 오게 된다.

✓ 핵심포인트

should[must] be[get] going   출발하다, 가다

📝 이렇게 쓰인다!

I guess I better be going.
나 가야 돼.

It's time we should be going.
그만 일어나자.

I must be going. See you in the morning.
그만 가봐야 될 것 같아. 내일 아침에 봐.

I think I should be going.
그만 가봐야 될 것 같아.

💬 이렇게 말한다!

A: Well, I think I'd better be going now.
B: Okay, then I'll see you tomorrow at the office.

A: 저, 그만 가봐야 될 것 같아.
B: 좋아. 그럼 내일 사무실에서 봐.

✏️ 영어문장필사해보기

- 그만 가봐야 될 것 같아. 내일 아침에 봐.

go wrong
잘못되다

get의 경우처럼 go 또한 형용사를 바로 받아서 「…해지다」라는 의미로 쓰인다. 음식이 상하는 (go bad) 것처럼 현 상태에서 다른 상태로 변화되는 것을 말한다. go wrong은 「잘못되다」란 뜻.

✅ 핵심포인트

go bad	상하다	**go grey**	머리가 희어지다
go mad	미치다	**go blind**	눈이 멀다
What went wrong?		뭔가 잘못됐어?	
Something went wrong.		뭔가 잘못됐어.	

📝 이렇게 쓰인다!

I couldn't take calls. The phone went dead.
전화를 받을 수가 없었어. 폰이 죽었어.

Time flies so fast. My hair's going gray.
세월이 유수같아. 머리가 하얗게 돼가고 있어.

Where did we go wrong?
우린 어디서 잘못된거지?

I will try to figure out what went wrong.
뭐가 잘못되었는지 알아낼거야.

💬 이렇게 말한다!

A: Should I buy this new cell phone?
B: It's very cheap. You can't go wrong.

A: 내가 이 새로운 휴대폰을 사야하니?
B: 아주 값이 싸고 전혀 문제가 없을거야.

✏️ 영어문장필사해보기

• 우린 어디서 잘못된거지?

go get~
…하러 가다

「가서 …을 하다」라는 뜻인 go and(to)+동사 형태에서 and(to)를 생략한 경우. come+동사 또한 「와서 …하다」라는 뜻이다.

✓ 핵심포인트

go get~	가서 …하다
go have~	가서 …하다
go take~	가서 …하다
go see~	가서 …을 만나다, 하다

📝 이렇게 쓰인다!

Go get some rest.
가서 좀 쉬어.

You'd better **go see** a doctor as soon as possible.
가능한 빨리 가서 진찰받아봐.

It's so hot. Let's **go get** some ice cream.
넘 덥다. 가서 아이스크림 좀 먹자.

I have to **go take** a shower.
가서 샤워해야겠어.

💬 이렇게 말한다!

A: What would you like to do tonight?
B: Let's **go see** a movie.
   A: 오늘 저녁에 뭐하고 싶어?
   B: 영화 보러 가자.

영어문장필사해보기 ✏️

• 가능한 빨리 가서 진찰받아봐.

go for a walk
산책가다

앞서 배운 take a walk와 같은 의미로 산책하다라는 표현. 이처럼 go for a+명사 형태로 쓰면 「…하러 가다」라는 의미가 된다.

✓ 핵심포인트

go for a walk[drive, swim]	산책[드라이브, 수영]하러 가다
go for a drink[coffee]	술[커피] 마시러 가다

📝 이렇게 쓰인다!

Do you want to go for a walk?
산책 갈래?

Want to go for a ride on my boat?
내 배 타볼래?

Would you two girls like to go for a drink?
두 여자분들 술 한잔하러 갈래요?

I'm going to go for a walk in the pouring rain.
비가 쏟아져도 산책을 할거야.

💬 이렇게 말한다!

A: I'm bored. Shall we go for a walk?
B: Yes. It will be good exercise.

    A: 따분해. 우리 산책할까?
    B: 그래. 운동이 꽤 될거야.

영어문장필사해보기 ✏️

- 산책 갈래?

go on a trip
여행가다

이번에는 go on a+명사의 형태로 「…하다」라는 뜻으로 쓰인다. 대표적인 go on a trip은 「여행을 하다」, go on a ride는 「드라이브하다」, 그리고 go on a vacation하면 「휴가가다」라는 의미가 된다.

✔ 핵심포인트

go on a trip[cruise]	[크루즈] 여행하다[가다]
go on a date[diet]	데이트[다이어트]하다

📝 이렇게 쓰인다!

I wanted to go on a little trip.
가까운데 여행을 가고 싶어했어.

I've always wanted to go on a cruise.
항상 크루즈 여행을 해보고 싶어했어.

Would you like to go on a date sometime?
언제 한번 데이트할래요?

💬 이렇게 말한다!

A: **Let's go on a date. What do you say?**
B: **I don't think it would be a good idea.**
　A: 데이트하자. 어때?
　B: 좋은 생각 같지는 않아.

영어문장필사해보기 ✏

• 항상 크루즈 여행을 해보고 싶어했어.

go 009

go too far
너무 지나치다

어떤 사람의 행동이 정도를 넘어서 지나치게 했을 때, 하지 않았으면 좋았을 행동을 했을 때 던질 수 있는 말. 야단을 치거나 너무 한다고 불만을 토로할 때 애용하면 된다. 비슷한 표현으로 go overboard가 있다.

✓ 핵심포인트

go too far	너무 지나치다
go overboard	너무 하다

📝 이렇게 쓰인다!

You've gone too far. You have to apologize to her.
넌 너무 지나쳤어. 걔한테 사과해야 돼.

Her joke went too far. She's so mean.
걔 농담은 지나쳤어. 너무 야비해.

I know, I went too far. I won't let it happen again.
알아, 내가 넘 지나쳤어. 다시는 그러지 않을게.

He went overboard.
그 사람이 좀 너무했어.

💬 이렇게 말한다!

A: Jim always does dangerous things.
B: One day he is going to go too far.
  A: 짐은 항상 위험한 일을 해.
  B: 언젠간 그가 도를 넘을거야.

✏️ 영어문장필사해보기

• 넌 너무 지나쳤어. 걔한테 사과해야 돼.

~to go
더 남은, 포장인

(have)+명사+to go의 형태로 쓰여서 「아직 해야(가야) 할게 …만큼 남았다」라는 의미로 사용된다. 식당에서 쓰이면 포장해달라는 의미로 take out과 같은 맥락의 표현이 된다.

✅ **핵심포인트**

(have)+명사+to go 　　　아직 …가 남았어, 더 …을 해[가]야 돼
(I'd like)+음식+to go 　　…을 포장해주세요

We have another 10 miles to go.
우린 아직 10마일 더 가야 돼.

Just one week to go to my birthday.
내 생일까지 단 일주일 남았어.

(I'd like) Two sandwiches and one orange juice to go.
샌드위치 두 개하고 오렌지 주스 하나 포장해주세요.

(Will this be/Is that) For here or to go?
여기서 드실거예요 아니면 포장예요?

Will that be to go?
가져가실 건가요?

Can I get it to go?
포장 되나요?

(Do you want to) Eat here or take it out?
여기서 드실래요 아니면 포장요?

To go[For here], please.
가져갈 거예요.[여기서 먹을게요]

💬 **이렇게 말한다!**

A: **I'd like two hamburgers and a Coke.**
B: **No problem. Is that for here or to go?**
　　A: 햄버거 2개하고 코카콜라 하나 주세요.
　　B: 예, 여기서 드시나요 아니면 가져가시나요?

Here[There] ~go
여기[저기] …가

Here와 There는 go와 어울려 특이한 표현들을 몇몇 만들어낸다. 단순히 누가 가는 것을 말하기도 하지만 아래 표현들처럼 물건 건네줄 때나 상대가 뭔가 또 시작할 때 등 다양하게 쓰인다.

✅ 핵심포인트

Here goes	한번 해봐야지, 자 이제 간다
Here we go	1. 자 간다 2. 여기 있다
Here we go again	또 시작이군
Here you go	자 여기 있어
There you go	1. 자, 받아 2. 거봐, 내 말이 맞지 3. 그래 그렇게 하는거야
There you go again	또 시작이군
There goes sth/sb	…가 멀어져가다, 사라지다, 놓치다

📔 이렇게 쓰인다!

Oh no! Here we go again!
맙소사! 또 시작이군!

There you go again. Don't be critical of yourself.
또 시작이군. 그만 자책해.

There you go again! Always looking for a girl!
또 시작이군! 맨날 여자나 찾아다니고!

Well, there goes that theory.
말도 안 되는 이야기 시작하네.

💬 이렇게 말한다!

A: **Can I borrow five dollars from you?**
B: **Sure you can. There you go.**
   A: 5달러 빌려줄래? B: 물론이지. 자 여기 있어.

📝 영어문장필사해보기

• 또 시작이군! 맨날 여자나 찾아다니고!

I'm going

나 가, 나 참석해(↔ I'm not going)

I'm going은 나 이제 간다(I'm leaving)라는 의미 또는 어떤 모임에 나 참석할게(I will join)라는 뜻. 반대로 참석 못할 땐 I'm not going하면 된다. 반대로 상대에게 넌 갈거니라고 하려면 You're going?이라고 하면 된다.

✓ 핵심포인트

I'm going	갈거야, 나 참석해
I'm not going	나 안갈거야
You're going?	너 갈거야?

📝 이렇게 쓰인다!

I'm going. I'll see you tomorrow.
나 가. 내일 보자.

I'm not going. I don't want to see her.
난 안가. 걔 보기 싫어.

I promise. I'm going. I'll meet you out there.
정말 갈게. 거기서 보자.

I'm gone.
나 간다.

💬 이렇게 말한다!

A: **I'm going. You'll never see me again.**
B: **Why are you so upset with me?**

　A: 나 간다. 다시는 나를 볼 수 없을거야.
　B: 왜 그렇게 나에게 화나 있니?

영어문장필사해보기 ✏️

• 난 안가. 걔 보기 싫어.

go easy on
살살 다루다, …을 적당히 하다

go easy on 다음에 사람이 오면 「심하게 다루지 않다」, 다음에 사물이 오면 「…을 너무 많이 하지 않다」라는 의미. 예로 Go easy on the whisky하면 "위스키 좀 적당히 마셔"라는 뜻.

✔ 핵심포인트

go easy	서두르지 않다, 여유를 갖다, 침착하다
go easy on sb	…을 살살 다루다
go easy on[with] sth	…을 적당히 하다
easy-going (person)	여유가 있는, 각박하지 않은 (사람)

📒 이렇게 쓰인다!

Go easy, Michael. You don't even know him.
천천히 하자고, 마이클. 넌 아직 걜 알지도 못하잖아.

Go easy on me. This is my first time.
살살해 줘. 나 처음이거든.

You've got to **go easy on** butter and cheese.
버터하고 치즈를 적당히 먹어야 돼.

He's **an easy-going person**.
성격이 좋은 사람야.

🗣 이렇게 말한다!

A: **Go easy on** the hot sauce please.
B: I forgot that you don't like spicy food.
　A: 매운 소스를 너무 많이 넣지마.
　B: 네가 매운 음식을 좋아하지 않는다는 것을 깜박했어.

✏ 영어문장필사해보기

• 천천히 하자고, 마이클. 넌 아직 걜 알지도 못하잖아.

go about

…을 풀어가다, …을 시작하다, 자기 일을 계속하다

go about one's business하면 「…의 일을 계속하다」, go about one's lives라고 하면 「하던 방식대로 살아가다」라는 뜻이 되는 것처럼 뭔가 늘상 하던 방식대로 일을 하거나 살아가는 것을 뜻하기도 한다.

✓ 핵심포인트

go about one's business	…의 일을 계속하다
go about one's lives	하던 방식대로 살아가다

📓 이렇게 쓰인다!

I don't even know how I would go about it.
난 그걸 어떻게 풀어나가야 할지도 모르겠어.

How are you going to go about doing that?
그거 어떻게 시작할거야?

Well maybe you're going about this the wrong way.
아마도 네가 이걸 잘못 풀어나가는 것 같아.

She watches the students going about their daily business.
걘 학생들이 자기 일들을 하고 있는 걸 보고 있어.

💬 이렇게 말한다!

A: So, you're getting a divorce from your husband?
B: Yeah, but don't go about telling everyone.

    A: 그래, 남편과 이혼할거야?
    B: 그럼. 하지만 동네방네 소문내지마.

📝 영어문장필사해보기

• 난 그걸 어떻게 풀어나가야 할지도 모르겠어.

go against

…에 반하다, …에 거슬리다, …에 불리해지다

가긴 가되 「…에 반해서」(against) 간다는 뜻으로 「…에 반대하다」, 「거슬리다」는 뜻이 된다. 즉 어떤 상황이 …(에)게 불리하게 돌아가거나 반하는 것이라는 의미의 표현이다.

✅ **핵심포인트**

| go against | …에 반하다, 거슬리다 |

Everything went against her.
걔에겐 모든 일이 안되었다.

It goes against everything that I believe to be good.
이건 내가 좋다고 생각한 모든 것에 반하는거야.

This goes against her Catholic beliefs?
이게 걔의 카돌릭 신앙에 반하는거지?

Never go against your basic instincts.
본능에 절대 거스리지마.

🗨 **이렇게 말한다!**

A: **Why don't you like that politician?**
B: **He goes against everything I believe in.**

　　A: 그 정치인을 왜 싫어하니?
　　B: 그는 내가 믿는 모든 것에 반대하거든.

✏ **영어문장필사해보기**

• 본능에 절대 거스리지마.

go ahead

1. (재촉하며) …해, 계속해 2. (어떤 일) 시작하다(with)
3. 앞서가다(of)

구어체에서는 상대방에게 「…하라고 허락하거나」 혹은 「말을 하라」고 재촉할 때 쓰인다. 본래는 「…보다 앞서다」 또는 계획하던 일을 시작하거나 계속하는 것을 뜻한다.

✓ 핵심포인트

go ahead	(재촉하며 혹은 허락하며) 어서 해, 계속해
go ahead with~	…을 시작[계속]하다
go ahead of~	…을 앞서가다

📓 이렇게 쓰인다!

Go ahead, I'm still listening.
어서 해봐, 듣고 있어.

Go ahead and tell them about that.
어서 걔네들한테 그거 말해줘.

I don't think I can go ahead with it because it's wrong.
그걸 계속 못하겠어. 잘못됐으니까.

You guys go ahead. I'll catch up.
너희들 먼저 가. 따라잡을게.

💬 이렇게 말한다!

A: Please let me explain why I did that.
B: I'm listening. Go ahead, but make it short.
　　A: 내가 왜 그랬는지 설명할게요.
　　B: 말해. 어서 말해 짧게.

✏️ 영어문장필사해보기

• 어서 해봐, 듣고 있어.

go after
…을 뒤쫓다, 추적하다

go after 다음에 사람이 오면 …을 따라 잡거나 체포하는 것을 말하여 go after 다음에 사물이 오면 뭔가 얻으려고 시도하는 것을 뜻한다.

✓ 핵심포인트
go after sb/sth   …을 잡으려고 쫓다, 얻으려고 시도하다

📝 이렇게 쓰인다!

I had to go after her to the airport.
난 공항까지 걔 뒤쫓아야 했어.

Do you want to go after her?
넌 걔 쫓아가고 싶어?

I see something, I like it, I go after it.
난 뭔가를 보고 좋아하면 얻으려고 해.

Why did you go after another woman's husband?
넌 왜 유부녀를 쫓아다니는거야?

💬 이렇게 말한다!

A: Why did Carl leave the party early?
B: He went after his girlfriend. She left early too.
　A: 왜 칼이 일찍 파티장을 떠났지?
　B: 여친 따라간거야. 걔가 일찍 떠났거든.

- 난 뭔가를 보고 좋아하면 얻으려고 해.

go along (with)
1. (…에) 찬성[동의]하다 2. 나아가다, 해 나가다

「…을 따라」(along with) 가는 것에서 연상할 수 있듯이 「…에 찬성하는」 것을 말하며 그냥 단독으로 go along하면 준비나 계획 없이 그냥 해 나가는 것을 뜻한다.

✓ 핵심포인트
go along	계속하다, 나아가다
go along with	…에 동의하다

📔 이렇게 쓰인다!

I'm learning about it as we go along.
그냥 해 나가면서 그걸 배웠어.

Although I do not agree with your plan, I'll go along with it anyway.
네 계획에 동의는 안하지만 어쨌건 따르기로 했어.

I'll go along with that.
그 점에 동의해.

Is she going to go along with this?
걔가 이거에 찬성할까?

💬 이렇게 말한다!

A: **Is it OK if we hold a party on Friday?**
B: **No, I can't go along with that.**

　A: 금요일 파티를 해도 좋겠니?
　B: 아니. 나는 반대야.

✏️ 영어문장필사해보기
- 네 계획에 동의는 안하지만 어쨌건 따르기로 했어.

go around

돌아다니다, (소문, 소식 등이) 퍼지다,
잠깐 들르다, 끊임없이 …하다

주위(around)를 돌아다닌다(go)는 의미. 뉴스나 소문 등이 퍼지거나 혹은 사람이 「잠깐 …에 들르는」 것을 말한다. 특히 go around ~ing 형태로 「끊임없이 …하다」라는 뜻으로도 많이 쓰인다.

✓ 핵심포인트

(News or rumors) go around ···가 돌아다니다, 퍼지다
go around ~ing 끊임없이 …하다
be plenty of+명사+to go around 골고루 차례가 돌아갈 만큼 많다

이렇게 쓰인다!

Go around town and see what you can pick up.
시내를 돌아다니면서 뭐 고를게 있나봐.

I don't ordinarily **go around** kiss**ing** guys at parties.
난 보통 파티에서 남자애들에게 키스나 하며 돌아다니지 않아.

There's **plenty of** fruit and fish **to go around**.
모두에게 돌아갈 만큼 과일과 고기가 많아.

You can't **go around** su**ing** people every time they call you names. *call sb(not sb's) name …을 욕하다
사람들이 너에게 욕을 할 때마다 그들을 고소할 수는 없어.

이렇게 말한다!

A: **Go around** and ask for a cigarette.
B: Why? Have you run out of them?
  A: 돌아다니면서 담배를 빌려봐.
  B: 왜? 담배가 다 떨어졌니?

영어문장필사해보기

• 다들에게 돌아갈 만큼 과일과 고기가 많아.

go away
가버리다, 사라지다, 떠나다(~for+기간)

멀리(away) 간다는 의미. 주로 명령문 형태로 상대방에게 꺼져(Go away!)라는 뜻으로 많이 쓰인다. 또한 어떤 문제나 아픔이 사라지는 것을 말하기도 하고 go away for+기간하면 「…동안 잠시 떠나다」라는 표현이 된다.

✓ 핵심포인트

go away	가다, 가버리다, (고통, 아픔 등) …가 사라지다
go away for+기간	…동안 떠나다(leave for a period of time)

📓 이렇게 쓰인다!

Go away! I don't want to see anybody.
꺼져! 아무도 보고 싶지 않아.

Will the pain ever go away? Will I feel better?
아픔이 없어지긴 할까요? 나아질까요?

We should go away for the weekend together.
우리 함께 주말동안 떠나자.

I've had a long day. Go away.
힘든 하루였어. 저리가.

💬 이렇게 말한다!

A: **I need you to help me with my homework.**
B: **Go away. I'm too busy to help you.**
　　A: 숙제하는데 네 도움이 필요해.
　　B: 꺼져 버려. 너무 바빠서 도울 수가 없어.

✏️ 영어문장필사해보기

• 우리 함께 주말동안 떠나자.

go back (to)

(…로) 돌아가다, …로 거슬러 올라가다

다시 돌아간다는 의미는 go back to+장소를 쓰고, 잠시 멈추었다가 다시 뭔가를 할 때는 go back to+명사/~ing를 쓰면 된다. 그래서 Go back out there하면 「다시 뛰어야지」라는 말이 된다.

✅ 핵심포인트

go back to some place	…로 돌아가다
go back to+sth[~ing]	다시 …하기 시작하다
~ go back+시간	…는 …시간만큼 되었다

이렇게 쓰인다!

Go back to your seats.
너희들 자리로 돌아가라.

We'll have to go back to eating meat.
우린 다시 고기를 먹기 시작해야 될거야.

Our relations go back at least 20 years.
우리들 관계는 적어도 20년으로 거슬러 올라가.

We go way back.
우리 알고 지낸지 오래됐어요.

 이렇게 말한다!

A: **Can you join us for a few drinks?**
B: **No, I've got to go back to my office.**
  A: 우리랑 같이 술이나 몇 잔 마실래?
  B: 아니, 사무실로 돌아가봐야 해.

영어문장필사해보기 ✏️

- 우리 알고 지낸지 오래됐어요.

go 022

go by

시간이 흘러가다, …가 지나가다, 들르다, …을 흘려보내다

「…의 옆을 지나가다」라는 의미로 …의 옆을 지나가거나, as time goes by처럼 시간이 흘러가는 것을 의미한다. 또한 stop[drop] by처럼 「…에 잠깐 들르다」, 혹은 「…의 이름으로 알려져 있다」라는 의미로 쓰인다.

✓ 핵심포인트

go by	흘러가다, 들르다
go by the name of~	…의 이름으로 통하다
go by+이름	…라는 이름으로 불리다

📒 이렇게 쓰인다!

Nine months go by fast.
9개월이 금방 지나가네.

I worked ten hours today. I'll go by tomorrow.
오늘 10시간 일했어. 내일 들를게.

You used to go by the name of "Sam."
넌 '샘'이란 이름으로 통했었어.

Let's go by the grocery for a little while.
잠시 식료품점에 들르자.

💬 이렇게 말한다!

A: Wow, it seems like summer just started.
B: Now it's autumn. It went by fast.

　A: 야아. 여름이 방금 시작한 것 같은데.
　B: 이제 가을이야. 시간이 빨리 흘러갔어.

✏️ 영어문장 필사해보기

• 잠시 식료품점에 들르자.

go for

…을 얻으려 노력하다, …을 하고 싶어하다, …을 좋아하다

for 이하를 하기 위해 간다는 것으로 어떤 목적이나 목표를 달성하기 위해 노력하는 것을 말한다. Let's go for it이 대표적인 경우. 좀 응용하여 I would[could] go for~ 하면 「…을 원한다」라는 뜻이 되기도 한다.

✅ 핵심포인트

go for	…을 얻고자 최선을 다하다, …을 좋아하다
I would[could] go for sth	…을 원하다
That goes for sth/sb	…마찬가지이다

📝 이렇게 쓰인다!

Let's go for it. I guess we can do it.
한번 시도해보자. 우리가 할 수 있을 것 같아.

The same goes for you.
너도 마찬가지야.

I never thought you'd go for me.
네가 나를 원하는지 생각 못했어.

I just decided to go for it.
난 한번 해보기로 결심했어.

💬 이렇게 말한다!

A: I want to apply to law school.
B: Go for it. You're smart enough to succeed.
　A: 내가 법대에 지원하고 싶어.
　B: 한번 해봐. 너는 똑똑하니까 합격할거야.

✏️ 영어문장필사해보기

• 한번 시도해보자. 우리가 할 수 있을 것 같아.

go into
024

···에 들어가다, (일, 직업) ···을 시작하다, ···을 자세히 조사[설명]하다

「···의 안으로 들어간다」는 뜻으로 방이나 사무실 등 내부로 들어간다는 의미로 가장 많이 쓰인다. 또한 어떤 일이나 직업을 시작하거나 ···에 푹 빠져보는, 즉 「자세히 설명하거나 조사한다」는 뜻으로도 사용된다.

✓ 핵심포인트

go into details	자세히 검토하다
go into labor	진통을 시작하다

📓 이렇게 쓰인다!

I went into the store and he got me a soda.
내가 가게에 들어갔더니 걔가 음료수를 주었어.

I have to go into intensive therapy right now.
나는 지금 당장 집중치료를 받아야 해.

Never go into business with somebody you're sleeping with.
함께 자는 사람하고는 절대로 함께 일하지마.

Why don't you go into your room and try this on?
방에 들어가서 이거 입어봐.

💬 이렇게 말한다!

A: I saw a man try to steal some jewelry.
B: Go into details. What did he look like?

　A: 보석을 훔치려는 사람을 봤어.
　B: 자세히 말해봐. 어떻게 생겼니?

✏️ 영어문장필사해보기

• 방에 들어가서 이거 입어봐.

go off

…을 하기 위해 가다, (일) 그만두다, (총) 발사되다, (경보) 울리다, (기계, 전등) 작동되지 않다

분리되어(off) 나가다(go)라는 말로 「…로 출발하거나 가는」 것을 뜻한다. 또한 「총이나 알람 시계 등이 울리는」 것을 말하기도 한다.

✅ 핵심포인트

(The gun, The alarm, The airbag)
go off …가 발사되다, 울리다, 터지다
go off to~ …로[…하기 위해] 가다
go off with sb …와 함께 가다(go away with)
go off with sth …을 허락없이 가지고 가버리다

📝 이렇게 쓰인다!

I don't want to be 70 when our kids go off to college.
애들이 대학갈 때 70살이긴 싫어.

He went off to Chicago.
걘 시카고로 갔어.

I was late again today because the alarm clock didn't go off. 알람이 안울려서 오늘 또 늦었어.

She goes off to pick fruit.
걘 과일 갖으러 갔어.

You went off with her and you never called.
넌 걔랑 가버리더니 전화도 안했어.

💬 이렇게 말한다!

A: What do you have planned for this weekend?
B: We're going to go off on a camping trip.
　　A: 이번 주말에 무슨 계획을 세웠어?　B: 캠핑 여행을 하려고 해.

영어문장필사해보기 ✏️

• 알람이 안울려서 오늘 또 늦었어.

go on

계속하다(~with), 진행되다, 일어나다(happen), (시간) 지나가다

What's going on?이나 As time goes on으로 익숙한 go on의 가장 기본적 의미는 「계속하다」이다. 'on'은 off와 달리 계속 지속되는 걸 의미한다.

Go on!	계속해!
go on with/~ing	…을 계속하다
go on to sth/do~	다음으로 넘어가다, 계속해서 …하다
go on (and on) about sth/sb	…관해 이야기를 늘어놓다

이렇게 쓰인다!

You don't look well. What's going on?
너 안좋아 보여. 무슨 일이야?

What's going on with him?
그 사람 무슨 일 있어?

As time goes on, I'm getting weaker.
시간이 감에 따라, 몸이 약해지고 있어.

Shall we go on to the next item on the agenda?
다음 안건으로 넘어갈까요?

She went on about her sexual adventures.
걘 자신의 섹스경험을 늘어놓았어.

이렇게 말한다!

A: **You look really tired, Karen.**
B: **I know, but I need to go on with this race.**
　　A: 상당히 피곤해 보여, 캐런.
　　B: 알아, 그래도 이 경주는 계속해야 해.

영어문장필사해보기

• 너 안좋아 보여. 무슨 일이야?

go out (with)
…와 데이트하다(go out on a date)

「…와 함께 외출하다」는 것으로 주로 「남녀 간에 데이트하다」, 「사귄다」라는 의미로 많이 쓰인다. 비슷한 표현으로는 앞서 나온 go (out) on a date가 있다. 참고로 데이트를 신청하다는 ask sb out 혹은 ask sb to go out (with~).

✓ 핵심포인트

go out with = go out on a date	데이트하다
ask sb to go out (with)	데이트 신청하다(ask sb out)

📝 이렇게 쓴다!

He's going out with Jane.
그 사람은 제인하고 사귀어.

Jennifer's going to go out with a millionaire.
제니퍼가 백만장자와 데이트할거야.

Would you go out with me?
나랑 데이트할래요?

I can't believe Jim went out with my wife!
짐이 내 아내와 데이트했다는게 안 믿겨져!

💬 이렇게 말한다!

A: You should go out with us on Friday night.
B: I'd love to, but I have other plans.
A: 금요일 밤엔 우리랑 같이 나가자.
B: 그러고는 싶지만 다른 계획이 있어.

영어문장필사해보기 ✏️

• 나랑 데이트할래요?

go 028
go out (to[for])
외출하다, (…하러) 나가다

이번엔 글자 그대로 밖으로 외출 나가는 것을 말하며 그 목적은 다음에 to~ 혹은 for~로 이어주면 된다. 점심먹으러 나가다는 go out for lunch, 술마시러 나가다는 go out for a drink라고 하면 된다.

✓ 핵심포인트

go out for[~ing] ~	…하러 나가다
go out to do/go out and do~	…하러 나가다

📝 이렇게 쓰인다!

Let's go out tonight if you're free.
너 시간되면 저녁에 외출하자.

I can't go out tonight. Something's come up.
오늘 밤 못 가. 일이 좀 생겨서.

How about going out for a drink tonight?
오늘 밤에 나가서 술한잔 어때?

We went out for a movie last night.
우리는 어젯밤에 영화보러 갔어.

💬 이렇게 말한다!

A: I'd like to go out for lunch on Friday.
B: Sounds good to me.
　A: 금요일에 점심 먹으러 갔으면 하는데.
　B: 나야 좋지.

영어문장필사해보기 ✏️

- 오늘 밤 못 가. 일이 좀 생겨서.

go over
검토하다(think over), 들여다보다(examine)

go over의 대표적 의미는 「검토하다」(think over) 혹은 「면밀히 조사하다」(examine)이다. 하지만 go over there나 go over to+장소 형태로 쓰이면 「거기로 혹은 …로 가는」 것을 말한다.

✓ 핵심포인트

go over sth	…을 검토하다
go over to+장소	…쪽으로 건너가다

📔 이렇게 쓰인다!

I'll go over there and take a look.
거기 가서 한번 볼게.

You want me to go over there now?
나보고 거기 가라고?

We'll go over your idea during lunch.
점심먹으면서 네 생각을 검토해볼게.

Let's go over it again.
다시 한번 생각해보자.

💬 이렇게 말한다!

A: I don't know if my report is good or bad.
B: Let's go over it and see if there are mistakes.
 A: 내 보고서가 좋은지 나쁜지 잘 모르겠어.
 B: 무슨 잘못이 있는지 한번 검토해보자.

✏️ 영어문장필사해보기

• 점심먹으면서 네 생각을 검토해볼게.

go 030

go through
(어려움) 겪다, 경험하다, 통과하다, 뒤지다, 하다(~with)

「…을 통과하여(through)」 간다는 것으로 비유적으로 겪다, 경험하다 그리고 뭔가 찾기 위해 뒤지는 것을 뜻하는 표현. go through with sth하게 되면 원래 계획하거나 약속한 일을 마음이 변해도 해야 되는 것을 말한다.

✓ 핵심포인트

go through sth	어려움 등을 겪다, …을 경험하다
go through with sth	(내키지 않는 일을) 끝내다, 하다
go through the roof	격노하다(= hit the roof = hit the ceiling)

📓 이렇게 쓰인다!

I'm sorry you had to go through that.
네가 그 일을 겪게 해야 돼서 미안해.

I don't think I could go through that pain again.
난 저 고통을 다신 못 겪을 것 같아.

In order to get the information, I have to go through all the files.
정보를 얻기 위해 모든 파일을 뒤져야 해.

I'm not going to let you go through this alone.
너 혼자 이 일을 겪도록 하지 않을거야.

🗣 이렇게 말한다!

A: **Why do I need to empty my pockets?**
B: **We must go through a metal detector.**

    A: 왜 주머니를 다 비워야 해요?
    B: 금속 탐지기를 통과해야하거든.

✏ 영어문장필사해보기

• 네가 그 일을 겪게 돼서 안됐어.

go (well) with

…와 (잘) 어울리다, …로 선택하다, …와 함께 가다

go with는 여러 가지 뜻이 있다. 기본적으로 「…와 함께 가다」, 「동반하다」, 그리고 「…와 잘 어울리다」가 있으며 끝으로 좀 어렵지만 I'll go with it(난 그것으로 할게)처럼 「…을 선택하다」라는 뜻도 있다.

✓ 핵심포인트

go well with	…와 잘 어울리다
go with the flow	…에 순응하다
사물+go well	…가 잘 되다, 잘 풀리다
That went well	잘 됐어

Is it all right if I go with you?
함께 가도 돼?

This skirt and this blouse go together well.
이 치마와 이 블라우스가 잘 어울려요.

I'm going with it.
난 그것으로 하겠어.

If things go well, I'm going to be out with her all night.
일이 잘 풀리면 밤새 그녀와 함께 있을거야.

이렇게 말한다!

A: Do you like the dress I am wearing?
B: Yes, it goes well with your jacket.
  A: 내가 입은 옷 괜찮니?
  B: 그래. 네가 입은 상의하고 잘 맞아.

영어문장필사해보기 ✎

• 일이 잘 풀리면 밤새 그녀와 함께 있을거야.

go without
…없이 지내다, …없이 해나가다

단순히 「…없이 지내거나 해나가는」 것을 말하는 표현. 이를 응용한 「…라는 건 말할 것도 없다」라는 표현인 It goes without saying that~ 이 유명하다.

| It goes without saying that ~ | …라는 건 말할 것도 없다 |
| let sb go without a fight | …을 그냥 보내주다 |

Just go without me.
나 없이 혼자 가.

Don't let her go without a fight!
걔 그냥 보내주지마!

I think it goes without saying.
두말할 필요도 없지.

That goes without saying if you are recommending him.
당신이 그 사람을 추천한다면 두말할 필요도 없지요.

이렇게 말한다!

A: I have no money this week.
B: You'll have to go without beer then.
　A: 나는 이번주에는 무일푼이야.
　B: 그렇다면 맥주없이 지내야 할거야.

영어문장필사해보기

• 걔 그냥 보내주지마!

Get More

- **go for the day** 퇴근하다

  He's gone for the day. 그 분은 퇴근했습니다.

- **go to the trouble** 사서 고생하다

  Please don't go to any trouble for me. 일부러 나 때문에 애쓰지마.

- **go down** …로 (내려)가다(to~), 내리다, 떨어지다

  I told you not to go down there! 거기 가지 말라고 했잖아!
  It went just down the drain. 헛수고가 됐어, 그냥 날라갔어.

- **go in for** …을 좋아서 해보다, …에 참가하다

  My sister went in for a nose job in the past.
  내 동생은 과거에 코성형수술에 열중했었어.

- **go together** 함께 가다

  We can all go together. 우린 모두 함께 갈 수 있어.

- **go behind one's back** 뒤통수치다

  Don't go behind my back. 뒤통수치지마.

- **go under** (사업이) 파산하다, 실패하다

  Now my business is probably going to go under.
  내 사업이 아마 파산할거야.

- **go up** 오르다, 올라가다

  What goes up must come down. 오르막이 있다면 내리막도 있는거야.

- **Don't go there** (그 얘기) 생각하기 싫어, 말하기 싫어

    Look, Michael, can we not go there? 있잖아, 마이클, 그만하면 안될까?

- **go Dutch** 각자 내다

    Let's go Dutch. 자기가 먹은 건 자기가 내자.

- **let sb go** …을 가게 하다, 해고하다

    My boss let him go. 우리 사장이 그 사람을 해고시켰어.

- **let go of** …을 놔주다

    Let go of me. 날 가게 해줘요.

- **go nuts** …을 좋아하다

    She's going to go nuts for it. 그 여자가 엄청 좋아할거예요.

- **go abroad** 해외로 가다

    I go abroad on business several times a year.
    난 일년에 수차례 해외출장을 가.

- **Way to go!** 잘한다 잘해!

    Way to go, Peter. I owe you. 잘했어, 피터. 내가 신세졌어.

- **go all the way** 갈데까지 가다

    They went all the way the other night. 걔들은 요전날 저녁 갈데까지 갔다.

- **go from bad to worse** 설상가상이다

    The situation went from bad to worse. 사태가 설상가상이야.

Get More

- **(go) in one ear and out the other** 한 귀로 듣고 한 귀로 흘리다
  (It went) In one ear and out the other. 한 귀로 듣고 한 귀로 흘렸어.

- **go out of one's way to~** …하기 위해 애를 많이 쓰다
  He goes out of his way to help me. 그는 날 돕기 위해 애를 많이 썼다.

- **go beyond** 능가하다, 넘다
  Your fraud goes beyond that. 너의 사기행각은 그걸 능가해.

Have a go at it. 한번 해봐
Are you going my way? 혹시 같은 방향으로 가니?
Anything goes. 뭐든지 돼.
It's gone. 다 끝났어.
I couldn't go forward and go back. 이러지도 저러지도 못했어.
I'm going in that direction. 나도 그쪽으로 가는 중이야.
It was touch and go there for a while. 한동안은 심각한 상황이었어.
I'd be the first to go. 가장 먼저 내가 갈거야.
It's a go./(It's) no go. 결정됐어. /이젠 틀렸어.
He really made a go of it! 걔 정말 성공했어!
The relationship has gone to pot. 관계가 엉망이 됐어.
The story goes that ~ (이야기 등이) …라는 말이야
This piano would go for $50,000. 이 피아노는 5만 달러 합니다.

02.
내게 오고 너에게 가는

Come

go와는 반대로 '오다'라는 뜻으로 사람이나 사물이 실제로 오는 것 뿐만 아니라 어떤 상황이 「…하게 되다」라는 의미로도 쓰인다. 한편 I'm coming에서처럼 come은 내게로 오거나 상대방에게 가는 것(상대방의 입장에서는 오는 것)을 말한다는 점에 주의해야 한다. 그래서 출근 못한다고 회사에 전화할 땐 I can't go to work로 하는 게 아니라 I can't come to work라고 해야 한다.

 Come 기본개념

01. 오다, (말하는 사람쪽으로) 가다, …하러 오다
Can I come see you? 찾아가도 돼?
Please come this way. 이쪽으로 따라오세요.
Will you be able to come? 올 수 있어요?

02. …에 닿다, 이르다, 도착하다, 나오다
The email hasn't come yet. 이메일이 아직 도착하지 않았어.
The bill comes to $100. 계산서가 100달러에 달해.
My order hasn't come yet. 주문한게 아직 안 나왔어요.

03. …출신이다, …에서 발생하다, 생기다
Where do you come from? 어디 출신이예요?

I'm coming
가요

말하는 사람 쪽이나 듣는 상대방이 있는 쪽으로 이동하는 경우에는 come, 그 외 제 3의 장소로 이동할 때는 go를 쓴다. 그래서 누가 불러서 내가 그 사람에게 이동할 때는 I'm going이 아니라 I'm coming을 써야 한다.

✓ 핵심포인트
I'm coming   가요

 이렇게 쓰인다!

It's going to be okay. I'm coming.
괜찮아. 내가 갈게.

I'm coming. What is it?
갈게, 뭔데?

I'm coming. I'm coming. Just hang on.
가, 간다고. 좀 만 기다려.

Hold on! I'm coming.
기다려! 갈게.

 이렇게 말한다!

A: **If you don't hurry up we'll be late.**
B: **Okay, okay, I'm coming. Hold your horses!**
    A: 서두르지 않으면 늦는단 말이야.
    B: 알았어, 알았어, 지금 가잖아. 좀 기다리라구!

영어문장필사해보기 ✏️

• 갈게, 뭔데?

come to+동사
…하게 되다, …하러 오다

come to+동사하면 「…하게 되다」라는 표현으로 문맥에 따라서는 come의 의미가 살아서 「…하러 오다」라는 뜻이 될 수도 있다. 또한 come here를 이용한 I came here to~, Did you come here to~? 등도 알아두자.

✓ 핵심포인트

come here	이리로 오다
come here to+동사	…하러 여기에 오다
come close to	…에게 가까이 오다
come close to ~ing	하마터면 …할 뻔 하다

📒 이렇게 쓰인다!

You'll come to understand me.
날 이해하게 될거야.

She came to realize that she was stupid.
걘 자기가 멍청하다는 걸 깨닫게 되었다.

I came to apologize to you.
네게 사과하러 왔어.

I came here to let you know that I love you.
널 사랑한다는 걸 말하려고 왔어.

💬 이렇게 말한다!

A: **I came to see your new car.**
B: This is it. Do you like it?
　A: 네 새 차를 보려고 왔어.
　B: 바로 이거야. 맘에 들어?

영어문장필사해보기 ✏️

• 걘 자기가 멍청하다는 걸 깨닫게 되었다.

How come ~?
어떻게 … 된거야?

How come?은 상대방이 처한 상황이 「어떻게 일어났느냐」(How did it happen?), 즉 「어쩌다 그렇게 됐냐?」고 「이유」를 묻는 표현. "How come you were late?"과 같이 절을 연결해 좀 더 구체적으로 물어볼 수도 있다.

✓ 핵심포인트

How come?	어째서?, 왜?
How come S+V?	어째서…한거야?

📝 이렇게 쓰인다!

How come? Do you have a schedule conflict?
어째서죠? 다른 약속이랑 겹쳤나요?

How come she didn't show up last night?
걔는 왜 어젯밤 안 왔대?

How come you didn't tell me about that?
어째서 내게 그걸 말하지 않았어?

How come you're still at a job that you hate?
넌 왜 아직도 싫어하는 직장에 다니고 있는거야?

💬 이렇게 말한다!

A: **How come you're late?**
B: **I got caught in traffic.**
  A: 어쩌다 늦은거야?
  B: 차가 밀려서.

✏️ 영어문장필사해보기

• 어째서죠? 다른 약속이랑 겹쳤나요?

048

Here~ comes
여기 …가 온다

「여기에 …이 온다」는 의미로 강조하기 위해서 Here가 도치된 경우. Here~ comes 혹은 Here comes~ 라 쓰면 된다. 한편 There comes a point(time, moment) when S+V는 「…한 때도 있다」라는 의미.

✓ 핵심포인트

Here it comes 1. 자 여기 있어 2. 또 시작이군
There comes a point[time, moment] when S+V …한 때도 있어

📓 이렇게 쓰인다!

Here he comes.
걔가 여기 오네.

Here comes the cocktail waitress.
칵테일 웨이트리스가 오네.

Hey, look! Here comes my airplane.
야, 저기 봐! 내 비행기가 오고 있어.

There comes a time when you take that next important step.
다음 중요한 단계로 넘어가는 때가 있어.

💬 이렇게 말한다!

A: **Here the bus comes. Is your money ready?**
B: Yeah. Is it still a dollar to ride downtown?
  A: 버스가 온다. 차비 준비했어?
  B: 그래. 시내가는데 아직도 1달러이야?

✏️ 영어문장필사해보기

- 야, 저기 봐! 내 비행기가 오고 있어.

Come again?
뭐라고?

상대의 말을 못 알아들었거나 뜻밖의 얘기를 들었을 때 「뭐라고 했죠?」(What did you say?), 「다시 말해줄래요?」(Can you say that again?)라고 되묻는 표현. 간단히 (I'm) Sorry?나 Excuse me?를 써서 말해도 된다.

✅ 핵심포인트

Come again?	뭐라고?
(I'm) Sorry?	뭐라고?
Excuse me?	뭐라고?

📝 이렇게 쓰인다!

Good night. Come again.
잘 가. 또 오고.

Come again? I didn't hear you well.
뭐라고? 잘 못들었어.

I'm sorry? What did you say?
뭐라고? 뭐라고 했어?

Come again? Say it once more, please.
뭐라고? 한번 더 말해줘.

💬 이렇게 말한다!

A: I plan to quit going to university next week.
B: Come again? How will you ever get a good job?

A: 담주 대학을 그만두려고 해.
B: 뭐라고? 그럼 어떻게 좋은 직장을 잡으려고?

✏️ 영어문장필사해보기

• 뭐라고? 잘 못들었어.

050

come true
실현되다, 이루어지다

come true는 꿈이나 소망 따위가 '현실(true)로 다가오는(come)' 즉 「이루어지는」 것을 말한다. 학교에서 배운 기본 숙어이지만 실제 회화에서도 무척 많이 쓰이는 표현이다.

✓ **핵심포인트**

| come true | 이루어지다 |

 **이렇게 쓰인다!**

Did your wish for a promotion come true?
승진하고 싶다던 소망은 이루어졌니?

I hope all your wishes come true.
네 모든 소망이 이루어지길 바래.

I'm sure your wish is going to come true.
네 소망이 실현될거라고 확신해.

But some dreams just don't come true.
하지만 실현되지 않는 꿈도 있어.

🔊 **이렇게 말한다!**

A: Many people want to find true love.
B: Well, for some people that dream will come true.
  A: 많은 사람들은 참사랑을 찾기를 원하지.
  B: 일부 사람들에게는 그 꿈이 이루어질거야.

영어문장필사해보기 ✏️

• 네 소망이 실현될거라고 확신해.

come first
…가 우선이다

come first는 '첫째로 온다'라는 말로 주어가 가장 소중하다는 의미. 워커홀릭이라면 Work comes first, 의사는 Patients come first라고 하면 된다. 반대로 상대에게 뭐가 가장 소중하냐고 물어볼땐 What comes first?

✓ 핵심포인트

My kids come first 내 자식들이 최우선이야
You come first 네가 제일 중요해

📝 이렇게 쓰인다!

You have a family. Home has to come first for you.
넌 가정이 있잖아. 네게 가정이 최우선시 되어야 돼.

You always come first with me. Do I still come first with you?
나한테 넌 언제나 제일 소중해. 아직 나도 네게 가장 소중한 사람이니?

I mean, for me, the client comes first.
내 말은, 내게는 고객이 최우선이야.

💬 이렇게 말한다!

A: His children are always successful in school.
B: The children's education comes first.

A: 걔네 애들은 항상 학교에서 잘한단 말야.
B: 애들 교육을 최우선시하지.

영어문장필사해보기 ✏️

• 내 말은, 내게는 고객이 최우선이야.

come here to+V~
…하러 여기에 오다

come here 자체는 무척 쉬운 표현이지만 이를 바탕으로 I came here to~, Did you come here to~? 등의 응용표현을 알아두자. 함께 가까이 오다라는 뜻의 come close도 기억해둔다. 참고로 come close to ~ing하게 되면 하마터면 …할 뻔 했다라는 뜻이 되니 구분해야 한다.

✅ 핵심포인트

come here	이리로 오다
come here to do	…하러 오다
come close to	…에게 가까이 오다

📝 이렇게 쓰인다!

Come here. I'm going to show you something.
이리와. 뭐 보여줄게.

I came here to let you know that I love you.
널 사랑한다는 걸 말하려고 왔어.

Did you really come here to tell me about that?
정말 그거 말하려고 온거야?

She put her coat on a chair and came closer to him.
걘 코트를 의자에 놓고 걔한테 다가갔어.

💬 이렇게 말한다!

A: **How often do you come here?**
B: **Actually, this is my first time.**
  A: 여긴 자주 오세요?
  B: 실은 이번이 처음이예요.

✏️ 영어문장필사해보기

• 널 사랑한다는 걸 말하려고 왔어.

come and go
오고가다, 들락날락하다, 오락가락하다, 왔다가다

좀 낯설어 보이기도 하지만 알아두면 요긴하게 써먹을 수 있다. 자유롭게 들락날락하는 것 혹은 영원하지 않고 스쳐 지나가는 것을 말할 때 애용하면 된다. have come and gone으로 완료형 형태로도 쓰인다.

✅ 핵심포인트
| come and go | 오고가다 |

📝 이렇게 쓰인다!

This is my home and I want to be able to come and go whenever I want!
내 집이야. 원할 때마다 들어왔다 나갔다 할 수 있고 싶어!

Boyfriends and girlfriends come and go, but our friendship is for life!
애인들이야 있다가도 없지만 우리 우정은 영원한거야!

I have stomachaches. They come and go like every few minutes.
배가 아픈데 몇 분마다 통증이 왔다갔다해.

There's no chance my mother's already come and gone.
엄마가 벌써 왔다가셨을리가 없어.

💬 이렇게 말한다!

A: Has Janet been over to see you today?
B: No, she comes and goes when she has free time.
A: 자넷이 오늘 너 보러 왔었니?
B: 아니. 걔는 비는 시간 있을 때 들락날락해.

✏️ 영어문장필사해보기

• 애인들이야 있다가도 없지만 우리 우정은 영원한거야!

when it comes to+명사
…에 관한 한

회화에서 무지무지 많이 쓰이는 부사구중 하나로 when it comes to+명사[~ing]하게 되면 「…에 관한 한」이라는 의미로 주로 나의 의견이나 생각을 피력할 때 사용하면 된다.

✓ 핵심포인트

| when it comes to+N[~ing] | …에 관한 한 |

📓 이렇게 쓰인다!

Believe it or not, when it comes to meeting men, I am shy.
믿을지 모르겠지만 남자 만나는게 부끄러워.

When it comes to the law, there is absolutely nothing I can do.
법에 관한 한 내가 할 수 있는게 아무것도 없어.

I've had some bad luck when it comes to relationships.
관계맺는 것에 관한 한 난 운이 없었어.

I'm not good when it comes to breaking up with girls.
여자랑 헤어지는 것을 난 잘하지 못해.

💬 이렇게 말한다!

A: Are you sure you can fix my notebook computer?
B: Trust me. I'm the best when it comes to computers.
　A: 내 노트북 고칠 자신있어?
　B: 나를 믿어봐. 컴퓨터에 관한 한 내가 최고잖아.

📝 영어문장필사해보기

• 여자랑 헤어지는 것을 난 잘하지 못해.

come to think of it
생각해보니

앞의 when it comes to와 더불어 아주 많이 쓰이는 부사구로 come to think of it은 뭔가 갑자기 새로운 생각이 머리에 떠올랐을 때 던질 수 있는 표현이다.

핵심포인트

| come to think of it | 생각해보니 |

Come to think of it, you should take a day off.
생각해보니, 너 하루 좀 쉬어야겠어.

Come to think of it, I don't need it anymore.
생각해보니, 난 그게 더 이상 필요하지 않아.

Come to think of it, I left my cell phone in the office.
생각해보니, 내가 사무실에다 휴대폰을 두고 왔어.

Come to think of it, she doesn't want you to know that.
생각해보니, 걔는 네가 그것에 대해 모르고 있기를 원해.

이렇게 말한다!

A: **Darn it! I forgot my glasses today.**
B: **Come to think of it, I forgot my glasses too.**
  A: 제기랄! 오늘 안경을 잊고 왔어.
  B: 생각해보니, 나도 안경을 놓고 왔네.

영어문장필사해보기

• 생각해보니, 난 그게 더 이상 필요하지 않아.

come across

우연히 만나다(run across, bump into), 우연히 보다

길에서 혹은 예상치 못한 장소에서 아는 사람을 만났을 때 쓸 수 있는 대표적인 표현이 come across. 물론 우연히 만나는 건 사람 뿐만 아니라 사물일 수도 있다. run across, bump into 라고 해도 된다.

✓ 핵심포인트
come across	우연히 만나다, 우연히 보다

📝 이렇게 쓰인다!

How did you come across this information?
이 정보는 어떻게 찾은거야?

I came across one of his baby pictures last weekend.
지난 주말에 걔의 어렸을 적 사진을 우연히 봤어.

I bumped into him on the stairs.
걔를 계단에서 우연히 봤어.

Going through her mail, she came across her invitation.
걔 우편물을 보다가, 우연히 초대장이 있는 것을 봤어.

💬 이렇게 말한다!

A: Let me know if you come across a diamond ring.
B: Did you lose the ring in my house?
  A: 다이아반지를 보게 되면 알려줘.
  B: 내 집에서 그 반지를 잃어버렸니?

✏️ 영어문장필사해보기

• 걔를 계단에서 우연히 봤어.

come along
일이 진행되다, 함께 가다(~with sb)

어떤 일이 「잘 되어가다」, 「진행되어가다」는 의미. 「…와 함께 가다」라는 뜻일 때는 come along with sb라고 한다. Come along!하면 서두르거나 격려하는 것으로 "자, 어서!" 혹은 "따라와!" 정도의 의미가 된다.

✓ 핵심포인트

| be coming along (with~) | …가 진행되다, 잘 되어가다 |
| come along with sb | 함께 (따라)가다 |

📒 이렇게 쓰인다!

Wow, it's really coming along. It looks great.
야, 정말 잘되고 있네. 멋져.

How are you coming along with your project?
네 프로젝트 어떻게 돼가?

Can you come along with me to the post office?
우체국까지 같이 갈테야?

Why don't you just come along?
그냥 따라와.

💬 이렇게 말한다!

A: **My little sister wants to go to the museum.**
B: **She can come along if she wants to.**
　　A: 내 여동생이 박물관 가는 것을 원해.
　　B: 원한다면 걔도 같이 갈 수 있어.

✏️ 영어문장필사해보기

• 네 프로젝트 어떻게 돼가?

come around
들르다, 의식을 되찾다, 결국 …에 동의하다

눈에 익숙하지는 않지만 come around는 come over와 같은 뜻으로 「…에 들르다」, 혹은 의식을 되찾거나 마음을 바꿔 「…에 결국 동의하다」라는 뜻으로 쓰인다.

✓ 핵심포인트

come around to+장소/to[for]~	…에 들르다
come around	의식을 되찾다
come around (to ~ing)	결국 (…하는데) 동의하다

📒 이렇게 쓰인다!

How come you never come around anymore?
왜 넌 더 이상 들르지 않는거야?

She came around here before?
걔 전에 여기 와본 적 있어?

Just give her some time. She'll come around.
걔에게 시간을 더 주자고. 오게 될거야.

Be patient. Your husband will come around.
기다려봐. 네 남편은 돌아올거야.

💬 이렇게 말한다!

A: I heard Beth likes to visit your mom.
B: She doesn't come around here anymore.
    A: 베스가 네 엄마를 방문하는 것을 좋아한다고 들었어.
    B: 엄마는 더 이상 이곳에 들르지 않아.

✏️ 영어문장필사해보기

• 기다려봐. 네 남편은 돌아올거야.

come back
015 · come

돌아오다, …에게 돌아가다, 회복되다

어떤 상황이 예전으로 다시 회복된다라는 뜻이지만 회화에서는 그냥 단순히 돌아오다라는 의미로 많이 쓰인다. come back to+장소[sb] 하면 「…에게로 돌아가다」, come back to+V~하면 「…하기 위해 돌아가다」라는 뜻.

✓ 핵심포인트

come back	돌아오다, 회복되다
come back to+동사	…하기 위해 돌아가다

📝 이렇게 쓰인다!

Come back and see me.
또 놀러오세요.

I'll come back in a couple of hours.
몇 시간 후에 돌아올게.

He didn't come back to help you.
걘 널 도와주기 위해 돌아오지 않았어.

You will leave and never come back.
떠나서 다신 돌아오지마.

💬 이렇게 말한다!

A: I'm really tired of working.
B: Okay. It's possible to come back tomorrow.
   A: 일하는데 정말로 지쳤어.
   B: 알았어. 내일 다시와도 돼.

✏️ 영어문장필사해보기

• 걘 널 도와주기 위해 돌아오지 않았어.

come by

잠깐 들르다(drop by, stop by), 손에 넣다

by하면 옆을 지나간다는 의미로 come by하게 되면 drop by나 stop by처럼 어떤 장소에 잠시 들르다라는 의미로 많이 쓰인다. 또한 …을 얻다, 입수하다라는 뜻도 있다는 걸 알아둔다.

✓ 핵심포인트

come by = drop by = stop by = swing by   잠시 들르다

🗒 이렇게 쓰인다!

Come by first thing in the morning if you can.
가능하면 내일 아침 일찍 들러.

I'll **come by** for a consult in the morning.
아침에 상의하러 들를게.

Good things are rare and hard to **come by**.
좋은 것들은 드물고 얻기가 어려워.

💬 이렇게 말한다!

A: I'd appreciate it if you could go over these figures with me.
B: I have to finish something right now, but I'll **come by** after I'm done.

A: 나와 함께 이 수치들을 검토해 준다면 정말 고맙겠는데.
B: 지금 당장 뭘 끝내야 하거든. 하지만 이걸 마치면 너에게 들릴게.

✏ 영어문장필사해보기

• 가능하면 내일 아침 일찍 들러.

come down
떨어지다, 혼내다, (병에) 걸리다

come down은 여러 의미가 있는데 기본적으로 위에서 밑으로 향한다는 걸 생각해야 한다. 회화에서는 「…을 혼낸다」라는 의미로 사용된다. 또한 come down with하면 감기 등의 가벼운 병에 「걸리다」라는 중요 표현이 된다.

✅ 핵심포인트

come down (to)	(수치 등) 떨어지다, 내려오다, …로 가다, 들르다
come down (hard) on sb/sth	혹독히 비난하다, 혼내다
come down to~[with+병]	…로 줄어들다, …로 요약되다, …병에 걸리다

📝 이렇게 쓰인다!

Did you come down here to tell me that?
그거 말하려고 내려온거야?

If you don't come down, I'm coming up.
네가 내려오지 않으면 내가 올라간다.

He's coming down with a really bad cold.
걘 정말 심한 감기에 걸렸거든요.

You've got to come down now. We might be late.
빨리 내려와. 우리 늦겠어.

💬 이렇게 말한다!

A: I need to go to the third floor of the library.
B: We'll go for lunch when you come down.
　A: 도서관 3층으로 가야해.
　B: 네가 내려오면 우리 같이 점심하러 갈거야.

✏️ 영어문장필사해보기

• 걘 정말 심한 독감에 걸렸거든요.

come forward
앞으로 나서다, 정보, 생각 등을 가져오다

앞으로(forward) 나선다(come)는 것으로 뭔가 이야기하거나 건네주기 위해 가만히 있지 않고 「앞으로 나선다」는 뜻이다.

✓ 핵심포인트

come forward	앞으로 나서다
come forward with sth	나서서 …을 이야기하다

📓 이렇게 쓰인다!

Why don't you just come forward and tell the police about that?
앞으로 나서서 경찰에 그걸 말하지 그래.

The boys came forward one by one and gave Kate gifts.
소년들은 차례차례 앞으로 나서서 케이트에게 선물을 주었어.

Thank you for coming forward with this.
이 문제를 말해줘서 고마워.

Everybody knew it, but nobody came forward.
다들 알고 있지만 아무도 나서지 않았어.

💬 이렇게 말한다!

A: How did the police find the criminal?
B: Someone came forward with information about him.

A: 경찰이 어떻게 범인을 찾았대?
B: 누군가 그에 대해 제보했어.

영어문장 필사해보기 ✏️

- 다들 알고 있지만 아무도 나서지 않았어.

come from

…의 출신이다, …로부터 오다[생기다]

be from과 함께 「출신」이나 「출처」를 나타내는 대표적인 동사구. 하지만 아래 예문에서 볼 수 있듯이 실제 구어체 영어에서 come from은 「사물이나 생각의 출처」를 나타낼 때도 널리 사용된다.

✅ 핵심포인트

be from	…의 출신이다
come from	…의 출신이다, …로부터 생기다

📒 이렇게 쓰인다!

Where did this cake come from?
이 케익 어디서 났어?

This is a great bed. Where did it come from?
멋진 침대네. 이거 어디서 난거야?

Where does it come from?
왜 그런 말을 하는거야?

I know where you're coming from.
네가 왜 그런 말을 하는지 알아.

💬 이렇게 말한다!

A: **I come from a small town in the northern US.**
B: **You must have had cold winters there.**

    A: 미국 북부 작은 마을 출신이야.
    B: 그곳에서 매우 추운 겨울을 지냈겠구나.

✏️ 영어문장필사해보기

• 이 케익 어디서 났어?

come in
들어오다, 유행하다

안으로(in) 들어온다는 의미로 어떤 공간에 들어가거나, 도착하다 혹은 어떤 일에 참여하거나 유행이나 신상이 나오는 것처럼 추상적인 개념이 들어오는 것도 말한다. 또한 come into는 들어가다, …상태가 되다라는 뜻.

✓ 핵심포인트

come in handy	유용하게 되다
come in sight	보이다
come in for	들어오다, …을 받다
come into effect	효력이 발생하다

이렇게 쓰인다!

Come in and eat with us.
들어와서 우리랑 같이 먹자.

The shirts came in many colors.
이 셔츠는 여러 색깔로 나왔어.

You've recently come into a great deal of money.
넌 최근에 많은 돈을 물려받았지.

I didn't come into your room.
난 네 방에 들어가지 않았어.

이렇게 말한다!

A: **The new rules will come into effect Monday.**
B: **Many people are going to be confused.**
    A: 새 규칙은 월요일 시행될거야.
    B: 많은 사람들이 혼란해할거야.

영어문장필사해보기 ✏️

• 이 셔츠는 여러 색깔로 나와.

come off
떼어내다, 떨어지다, 예정대로 되다, 성공하다

「…에서 떨어지다, 나오다」라는 면에서는 get off와 같은 의미. 하지만 come off만 갖는 뜻은 계획했던 일이 예정대로 잘되는 것을 뜻한다. 회화에서 많이 보이는 Come off it!은 상대에게 "그만두라"고 호통치는 표현.

✓ 핵심포인트

come off well[badly]	잘[잘못]되어 가다
come off as	…처럼 보이다(appear to)

이렇게 쓰인다!

I didn't come off well.
난 잘 되지 못했어.

But somehow you came off as the bad guy.
하지만 어쨌든 넌 나쁜 놈이 되었어.

I came across the boss when I got off the elevator.
엘리베이터에서 나올 때 사장과 마주쳤어.

I saw my husband come off the plane with a young girl.
난 남편이 젊은 여자와 비행기에서 나오는 것을 봤어.

이렇게 말한다!

A: I really enjoyed talking to your brother.
B: He comes off well to the people he meets.
   A: 나는 네 동생과 얘기하는게 무척 즐거웠어.
   B: 걔는 만나는 사람들에게 좋은 인상을 남겨.

영어문장필사해보기 ✎

• 엘리베이터에서 나올 때 사장과 만났어.

come on
(어떤 일이) 닥치다

「힘내!」(Cheer up!)라고 기운을 북돋거나, 늑장을 부리는 사람에게「자, 어서!」,「서둘러!」(Hurry up!)라고 재촉할 때 혹은 심한 말이나 행동을 하는 사람에겐 억양을 깔아서「그러지마!」(Stop it!)라는 의미.

✓ 핵심포인트

come on in	…에 들어가다
come on strong	강하게 나가다
come on to sb	…을 유혹하다

📓 이렇게 쓰인다!

Come on! Let's go or we'll be late.
자, 어서! 지금 가자, 그렇지 않으면 늦을거야.

Why don't you come on in?
들어와.

Are you coming on to me?
지금 날 유혹하는거예요?

Come on, you know how much work I have.
그러지 말라고, 내가 일이 얼마나 많은지 알잖아.

💬 이렇게 말한다!

A: Come on! We'll be late!
B: I'm doing the best I can.
　A: 서두르란 말이야! 늦겠어!
　B: 최선을 다 하고 있다구.

✏️ 영어문장필사해보기

• 지금 날 유혹하는거예요?

come out
(사정, 결과) 밝혀지다, 출간되다, 나오다

어떤 것이 '세상 밖으로 나와' 「알려지는」(be made public) 것이 바로 come out. 그래서 영화나 책의 경우에는 「출간되다」, 비밀은 「밝혀지다」라는 뜻이 된다. 또한 어떤 「입장(의견)을 밝힐」 때도 come out을 쓴다.

✓ 핵심포인트

come out (well, badly)	결과가 (안)좋다
come out of~	…에서 나오다, 어려운 상황에서 벗어나다
come out wrong	일이 잘못되다

이렇게 쓰인다!

When is that movie going to come out?
그 영화는 언제 나오는거야?

Just come out and say it.
솔직하게 털어놔 봐.

There's no way we will come out of this.
우리가 여기서 벗어날 길이 없어.

Come out here and get some fresh air.
이리 나와서 신선한 공기를 마셔.

이렇게 말한다!

A: **Will you come out to the school's festival?**
B: **Of course. I love attending festivals.**

　A: 학교 축제에 올래?
　B: 물론. 축제에 참석하기를 좋아해.

영어문장필사해보기 ✎

• 이리 나와서 신선한 공기를 마셔.

come over

잠시 들르다[방문하다]

come over+사람[장소]라고 하면 되고 또한 Something comes over somebody하면 「…가 …를 엄습한다」는 뜻.

✓ 핵심포인트

come over to some place	…에 들르다, 방문하다
come over for~	…하러 오다
Sth come over sb	…가 …를 엄습하다

📝 이렇게 쓰인다!

Come over to my place.
우리 집에 와.

Do you want to come over for dinner?
저녁 먹으러 올래?

What's come over you?
대체 왜 이러는거야?

💬 이렇게 말한다!

A: Do you want to come over to my place tonight?
B: Sure, what time is good for you?
　A: 오늘밤 우리 집에 올래?
　B: 그래, 몇 시가 좋아?

영어문장필사해보기 ✏️

• 저녁 먹으러 올래?

come through

통과하다, 해내다, (위기, 병) 극복하다, 기대에 부응하다

「…을 통해서(through) 들어오다」는 뜻으로 비유적으로 「…을 승인하다(승인되다)」, 「성공하다」, 혹은 어떤 어려운 상황 등을 「극복하다」라는 의미로 쓰인다.

✓ 핵심포인트

| come through | 잘 해내다, 지나가다 |

Our approval didn't come through.
우리 승인이 안 났어요.

She will come through this.
걘 이걸 이겨낼거야.

Excuse me. Coming through.
실례합니다. 좀 지나갈게요.

You're going to come through this operation just fine.
이 수술 잘 될거예요.

📢 이렇게 말한다!

A: Maybe your dad will lend us some money.
B: He's always come through for me in the past.
A: 아마 네 아버지가 우리에게 돈을 빌려줄거야.
B: 그는 과거에도 항상 나를 구해주었어.

영어문장필사해보기 ✏️

• 실례합니다. 좀 지나갈게요.

come to

…에 오다, …상황에 이르다

come to+장소하게 되면 원래 「…에 오다」라는 뜻이지만, come to+명사는 비유적으로 「…(상황(위치)에 이르다」라는 의미로 사용된다. 특히 come to an end는 「끝나다」, come to a close는 「끝내(나)다」라는 뜻이 된다.

✓ 핵심포인트

come to that[this]	…(지경)에 이르다
come to a close[stop]	끝내(나)다
come to a[the] conclusion[decision]	결론에 이르다
If worse[worst] comes to worst	최악의 경우라 해도, 아무리 어려워도

📓 이렇게 쓰인다!

People come to Vegas to get rich.
사람들은 부자가 되려고 베거스에 와.

Well, let's hope it doesn't come to that.
저렇게 되지 않기를 희망하자.

I don't know how it's come to this.
그게 어떻게 이렇게 되었는지 몰라.

The game is coming to a close.
게임이 끝나가고 있어.

💬 이렇게 말한다!

A: **The presidential election is almost over.**
B: **It will come to a close on Thursday night.**
  A: 대선이 거의 끝났어.
  B: 목요일 저녁에 끝날거야.

영어문장필사해보기 ✏️

• 저렇게 되지 않기를 희망하자.

come up

올라오다, 다가가[오]다, 발생하다, (어떤 일이)일어나다

물론 기본적으로 위로 올라가는 것을 뜻하지만 주로 누가 내게 얘기하려고 하거나 혹은 뭔가 근접하면서 다가오는 것을 말한다. 또한 Something's come up으로 알려진 어떤 일이 발생하다, 일어나다라는 뜻도 함께 알아둔다.

✓ 핵심포인트

come up	올라오다, 발생하다, 일어나다
Come right up!	(음식) 나갑니다!

📝 이렇게 쓰인다!

Can you come up to my office for a second?
잠시 사무실로 올라올래?

She has a birthday coming up.
걔 생일이 다가와.

Something's come up.
일이 좀 생겼어.

Cindy, don't you have a birthday coming up?
신디, 네 생일이 다가오지 않니?

💬 이렇게 말한다!

A: Are you going back to your hometown?
B: I am, but you should come up and visit me.

　A: 고향으로 돌아갈거니?
　B: 그래. 그렇지만 너는 나를 찾아와야 해.

✏️ 영어문장필사해보기

- 걔 생일이 다가와.

come up with

…을 고안해내다, …을 따라잡다

come up with는 생각이나 계획 따위를 생각해내거나 제안해서(suggest or think of an idea or plan) 「끄집어 올리는」 것을 말한다. 한편 앞서가고 있는 사람을 「따라잡는」 것도 come up with.

✓ 핵심포인트
| come up with | 고안해내다, 따라잡다 |

📝 이렇게 쓰인다!

I've tried and tried, but I can't come up with a solution.
계속 해봤는데, 답이 안 나와.

So how did you come up with this?
그래 이건 어떻게 생각해냈어?

You'll come up with something else.
다른 것 좀 생각해내.

I promise we'll come up with something.
뭔가 생각해내겠습니다.

💬 이렇게 말한다!

A: Why haven't you started your report yet?
B: I need to come up with some ideas for it.

    A: 왜 아직 보고서를 시작하지 않았니?
    B: 먼저 아이디어를 생각해낼 필요가 있어.

- 그래 이건 어떻게 생각해냈어?

come with
…와 함께 나오다, …와 함께 가다

come with sb는 「…와 함께 가다」라는 쉬운 표현이지만 음식이나 제품 등의 경우에 Sth comes with~ 하게 되면 이 제품(음식)에는 「…이 달려 나온다」라는 의미가 된다.

✓ 핵심포인트

come with	…와 함께 오다, …와 함께 가다
What comes with~ ?	…와 함께 무엇이 나오나요?

📝 이렇게 쓰인다!

Who's coming with me?
나랑 같이 갈 사람?

I'm coming with you.
너랑 갈게.

What comes with that?
그거하고 달려나오는게 뭐야?

Does it come with soup or salad and dessert?
수프하고 샐러드 그리고 디저트가 함께 나오나요?

💬 이렇게 말한다!

A: **Do you want to come with us for drinks?**
B: **Why not?**
　A: 우리랑 같이 한잔 하러 갈래?
　B: 그러지 뭐.

✏️ 영어문장필사해보기

• 수프하고 샐러드 그리고 디저트가 함께 나오나요?

Get More

▸ **come right out and say** 놀라울만한 이야기를 직설적으로 말하다

I'm going to come right out and say it. 얘기를 직설적으로 할게.

▸ **(have) come a long way** 크게 발전하다, 출세하다, 성공하다

We've come a long way. 우린 장족의 발전을 했어.

▸ **come to terms with** 타협하다, 체념하고 받아들이다

Hey, I've come to terms with it, you have to too.
야, 나 그거 받아들였어. 너도 그래야 돼.
I had come to terms with my looks by the time I turned 30.
30이 되는 해에 내 외모를 받아들이기로 했어.

▸ **come as a shock[surprise, relief]** 충격으로 다가오다

This might come as a shock to you. 당신에게는 이게 충격일지 몰라.
Did that come as a shock to you? 이게 네게 충격이었어?

▸ **come clean (with)** (…에게) 자백하다, 사실을 말하다

You've got to come clean with me! 나한테 실토해!

▸ **for years to come** 앞으로도 계속

It will be okay for years to come. 앞으로도 계속 괜찮을거야.

▸ **come close** 거의 …할 뻔하다

The knife came close to touching her cheek.
칼이 하마터면 걔의 볼에 닿을뻔했어.
His advice comes close to home. 그 사람의 충고가 가슴에 와닿았다.

Get More

▶ **come loose** 풀리다, 느슨해지다

The wires have come loose in your head! 네 머리끈이 느슨해졌어!

▶ **come apart** 산산히 찢어지다, 실패하기 시작하다

The right front tire started to come apart.
오른쪽 앞 타이어가 찢어지기 시작했어.

▶ **come at** …에 도달하다, 접근하다, 위협하다

Let's come at this a different way. What are his interests?
다른 방법으로 이거에 다가가자고. 걔의 관심이 뭐지?

▶ **come away** …로부터 떨어지다(from~), …와 함께 떠나다, 가다(with~)

Will you please come away from that window?
그 창문에서 좀 떨어져 있을래?

▶ **come between** 이간질하다, …사이에 끼어들다, 간섭하다

If you try to come between me and my husband, I will take you down. 나와 남편 사이에 끼어들면 혼내줄거야.

▶ **come for somebody[something]** …을 가지러[데리러] 오다

We had to come for you. 너 때문에 와야 했어.
We've come for her things. 걔 물건 가지러왔어.

▶ **be yet to come** …는 아직 오지 않았다

Just remember that the best is yet to come.
아직 좋은 때가 오지 않았다는 걸 명심해.

I'll come to that. 나중에 얘기할게.
I'll come to the point. 단도직입적으로 말씀드릴게요.
I don't want to wear out my welcome. 너무 번거롭게 하지 않을게.
You're (very) welcome. 천만에요.
Welcome aboard. 함께 일하게 된 걸 환영해.
Welcome home. 어서 와.

 You Know What? : price/cost/charge/fare

price는 What is the price of this suit?(이 옷 한 벌에 얼마예요?), regular price(정가), unit price(단가), wholesale price(도매가)에서 보듯이 「가격」을 의미하는 말이고, cost는 cost of living(생계비)에서처럼 우리말의 「비용」, 「비용이 들다」에 해당되는 말이다. 또한 charge는 「요금」(a price or fee asked or imposed)을, fare는 「운임」(price of conveyance or passage)을 각각 말하는 단어. 예를 들어 extra charge하면 「추가요금」을, 그리고 the fare from the airport to downtown하면 「공항에서 시내까지의 운임」을 말하는 표현이 된다.

03.
평생 이것저것 만드는

Make

만드는 것을 업으로 하는 동사인 make는 그밖에 「요리하다」(cook), 「준비하다」(prepare), 「…이 되다」(become)라는 뜻의 의미로도 사용된다. 하지만 make를 가장 특징짓게 하는 것은 「…을 시키다」(force)라는 사역동사로 앞의 have, get보다 사역의 강도가 세다는 점에 주목한다. 또한 make 역시 make a speech, make a call처럼 동작명사를 목적어로 받아 다양한 숙어를 만들어낸다.

 Make 기본개념

01. 만들다, 요리하다, 준비하다, (돈을) 벌다, (목표를) 달성하다
Can you make a cup of coffee for me? 커피 한 잔 만들어줄래?
Can you make the party? 파티 준비할 수 있어?
Do you know who makes this product? 누가 이 제품 만들었는지 알아?

02. (노력하여) …이 되다, (자연적으로) …이 되다
Three and five makes eight. 3더하기 5는 8이야.
Jane will make an excellent model. 제인은 훌륭한 모델이 될거야.

03. …하게 하다(make sb[sth]+동사)
Let me make you feel better. 내가 너 기분좋게 해줄게.

04. …하게 만들다(make sb[sth]+명사[형용사])
You made her upset. 네가 걜 열받게 했어.
Don't make me unhappy. 날 불행하게 하지마.

make sb[sth]+동사

···하게 하다, ···가 ···하도록 만들다

'make+목적어+동사원형' 형태의 대표적 사역구문. 같은 계열의 사역동사인 have나 get보다도 사역의 의미가 강해 make는 목적어가 「바라건 안 바라건 간에 무조건 주어의 의지대로 해야 한다」는 강제성이 있다.

✓ 핵심포인트

make it work	작동하게 하다, 돌아가게 하다
make it happen	발생하도록 하다

 이렇게 쓰인다!

Don't make me laugh!
웃기지 좀마!, 웃음 밖에 안 나온다!

There are ways to make this work.
이걸 되게 하는 방법이 있을거야.

You'll make it happen. I'm sure about that.
넌 성공할거야. 난 확신해.

This sauce is so spicy, it's making my mouth burn.
소스가 너무 매워, 입이 타는 것 같아.

이렇게 말한다!

A: My television has been broken for a week.
B: Let me look at it. I can make this work.
　A: 내 TV가 일주일째 고장이야.
　B: 어디 한번 보자. 내가 작동시킬 수 있어.

영어문장필사해보기 ✏️

• 넌 성공할거야. 난 확신해.

make sb feel~
…를[…의 기분을] …하게 만들다

make sb feel+형용사로「…을 …한 기분상태로 만들다」,「…의 기분을 …하게 만들다」라는 뜻이 된다. 주어로는 사람이 오거나 That, It 등이 나온다.

✔ 핵심포인트

~make me feel+형용사[feel like~]	내 기분을 …하게 만들다
~make you feel+ 형용사[feel like~]	네 기분을 …하게 만들다
Make me feel~	날 …하게 만들다
Don't make me feel~	날 …하게 하지마
It would make me feel better if I+과거동사	…한다면 내 기분이 좋아질텐데

📓 이렇게 쓰인다!

It makes me feel great.
그거 때문에 기분이 아주 좋아.

You're just saying that to make me feel better.
나 기분 좋으라고 하는 말이지.

You're amazing. You make me feel special.
넌 대단해. 넌 날 특별하게 느끼게 해.

Honey, is there anything I can do to make you feel better?
자기야 너 기분 좋게 하기 위해 뭐 할게 있어?

Don't make me feel bad.
나 기분 나쁘게 하지마.

That doesn't make me feel any better.
그래도 기분 하나도 안 좋아져.

I'm in a very bad mood. Make me feel great.
기분 안좋은데 기분 좋게 해줘봐.

It would make me feel better if I slept with you.
너랑 자면 기분이 좋아질텐데.

💬 이렇게 말한다!

A: Does your boyfriend make you feel happy?
B: Yes. He's my favorite person in the world.
　A: 네 남친이 널 행복하게 해줘? B: 그럼. 이 세상에서 내가 젤 좋아하는 사람이지.

What makes you think~?

어째서 …해?

역시 「make+목적어+동사원형」의 사역동사 대표구문. 직역하면 「무엇이 너로 하여금 …하게 만드느냐?」라는 뜻이 되는데, 결국 「어째서 …왜 …하느냐?」고 「이유」를 묻는 표현이 된다.

✓ 핵심포인트

What makes you think so? 왜 그렇게 생각하니?, 꼭 그런 건 아니잖아
What makes you think (that) S+V? 어째서 …라고 생각해?
It[That] makes me think (that) S+V …라는 생각을 하게 해, …라는 생각이 들다

📓 이렇게 쓰인다!

What makes you think we can live together?
무슨 생각으로 우리가 같이 살 수 있다는거야?

What makes you think he's seeing someone?
왜 걔가 다른 사람을 만나고 있다는거야?

What makes you think she did that?
어째서 걔가 그랬다는거야?

Are you trying to make me think that you didn't love her?
네가 걜 사랑하지 않았다고 날 믿게끔하려는거야?

Well, it makes me think that I could love you.
그래, 내가 널 사랑할 수 있다는 생각이 들게 돼.

💬 이렇게 말한다!

A: It's obvious that he knows something.
B: **What makes you think** so?

    A: 걔가 뭔가 알고 있는게 틀림없어.
    B: 어째서 그렇게 생각해?

영어문장필사해보기 ✏️

• 어째서 걔가 그랬다는거야?

make it right
바로 잡다, 제대로 하다

make ~+형용사의 용법중 하나로 make it right하면 it을 바로 잡는다라는 뜻으로 비유적으로 …을 제대로 하다, 바로 잡다라는 의미로 자주 쓰인다.

✓ 핵심포인트
make it right 　　바로잡다

 **이렇게 쓰인다!**

You've done a horrible thing, and you have to make it right.
네가 끔찍한 일을 저질렀으니 네가 바로 잡아야 돼.

I've made a lot of mistakes. I'm going to make it right.
난 실수를 많이 했어. 이제 바로 잡을거야.

That doesn't make it right.
그건 정당화되지 않아.

You'd better make it right if you still have a chance.
기회가 아직 있을 때 바로잡아야 돼.

💬 이렇게 말한다!

A: We argued over the wedding for a long time.
B: **Make it right with** your girlfriend. Buy her some flowers.
　　A: 오래동안 결혼문제로 다투었어.
　　B: 여친과 관계를 바로잡아 봐. 꽃 좀 사주고.

영어문장필사해보기 ✏️

• 기회가 아직 있을 때 바로잡아야 돼.

make oneself clear
…을 분명하게 하다

make oneself+형용사/분사/부사구 형태로 「스스로 …한 상태에 있게 하다」란 뜻. make oneself clear는 상대방에게 내 말이 제대로 전달되었는지 확인하는 것으로 clear 대신 understood를 써도 된다.

✓ 핵심포인트

make oneself clear	…에게 자신의 말을 이해시키다
make oneself understood	자신의 말을 이해시키다
make oneself at home[comfortable]	편히 있다

📓 이렇게 쓰인다!

Do I make myself clear?
내 말 알아 들었어?

I didn't make myself clear. Let me say that again.
내 말 뜻을 이해못했구만. 다시 말할게.

Can he make himself understood in Japanese?
걔는 일본어를 좀 할 수 있나요?

Come in and make yourself at home.
들어와서 편히 쉬세요.

💬 이렇게 말한다!

A: No one understood what Jim was saying.
B: He must make himself clear to all of us.
　A: 누구도 짐의 말을 이해 못했어.
　B: 그는 자신의 말을 우리 모두에게 분명히 이해시켜야해.

영어문장필사해보기 ✏️

• 내 말 뜻을 이해못했구만. 다시 말할게.

make sb[sth]+형용사[명사]~ …을 …하게 하다

역시 사역동사용법이지만 'make+목적어' 다음에 동사가 아니라 형용사나 명사가 오는 경우이다. 「목적어를 …하게 만들다」라는 의미로 연인들 사이에는 많이 쓰이는 You make me happy(너 때문에 행복해)도 이 형태에 속한다.

✓ 핵심포인트

make sb angy[mad]	…을 화나게 하다
make sb sick	…을 역겹게 하다
make sb crazy	…을 미치게 하다

📝 이렇게 쓰인다!

She really makes me angry! I have to break up with her.
걘 정말이지 내 화를 돋군다구! 걔랑 헤어져야 되겠어.

Can you make it mild?
좀 순하게 해줄래?

Don't ever do that again. This makes me sick.
다시는 그러지마. 역겨워.

It'll only make a bad situation worse.
단지 사태를 더 어렵게 할 뿐이야.

What makes you so special?
너는 뭐가 그리 특별한거야?

What makes you so sure I don't have a talent?
내가 재주가 없다고 왜 확신하는거야?

That's making me crazy! I'm out of here.
그거 때문에 미치겠어. 나 간다.

We ran of time. Please make it short.
우리 시간없어. 짧게 해.

Please make the slices of bread really thick.
빵은 정말로 두껍게 썰어주시구요.

🗨 이렇게 말한다!

A: Please make it neat, short, and to the point.
B: Okay, how short should I make it?
   A: 깔끔하고 짧고 적절하게 해주세요.
   B: 알았어요, 제가 얼마나 짧게 해야 하죠?

A: The cost of school keeps going higher and higher.
B: I know. The increase in cost makes me angry.
   A: 학비가 계속 오르고 있어.
   B: 알고 있어. 학비 인상으로 화가 나.

A: Paul said that he wants to take you out on a date.
B: I'll never go out with him. Paul makes me sick.
   A: 폴은 너와 나가서 데이트를 하고 싶다고 말했어.
   B: 절대로 걔하고 데이트하지 않을거야. 걔는 피곤한 타입이야.

✏ 영어문장필사해보기

• 걘 정말이지 내 화를 돋군다구! 걔랑 헤어져야 되겠어.

• 내가 재주가 없다고 왜 확신하는거야?

make sb sth
···에게 ···을 만들어주다

내가 다른 사람에게 음식을 만들어주는 것으로 make sb~ 다음에 만들어주고 싶고, 준비해주고 싶은 음식명사를 넣으면 된다.

✓ 핵심포인트

make sb sth	···에게 ···(음식)을 만들어주다
make you sb	네가 ···한 사람이 되게 하다

📔 이렇게 쓰인다!

I am going to make you a very rich man.
널 아주 부자로 만들어줄거야.

If you want, I can make you some macaroni and cheese for dinner.
원한다면 저녁으로 마카로니하고 치즈를 만들어줄게.

I am going to make you some coffee.
커피 좀 만들어줄게.

I'll make you something, Dad.
뭐 좀 만들어줄게요 아빠.

💬 이렇게 말한다!

A: **I want to eat some food right now.**
B: **I'll make you a sandwich and some soup.**
  A: 지금 음식 좀 먹고 싶어.
  B: 샌드위치하고 수프 좀 만들어 줄게.

✏️ 영어문장필사해보기

• 원한다면 저녁으로 마카로니하고 치즈를 만들어줄게.

make a reservation
예약하다

시간이나 장소, 혹은 예약 인원을 말하려면 for, at을 써주면 된다. 참고로 have a reservation은 make a reservation을 해서 예약이 된 상태. 또한 make an appointment하면 약속을 잡다라는 뜻이 된다.

✓ 핵심포인트

I'd like to make a reservation~	예약하고 싶은데요
make an appointment (with)	(…와) 약속을 잡다

📝 이렇게 쓰인다!

What time can we make a reservation for?
몇 시에 예약가능해요?

I'd like to make a reservation for eight people at six o'clock tonight.
오늘밤 6시에 8명 예약하려고요.

Honey, I made a reservation at China Garden, is that okay?
자기야, 차이나가든에 예약했는데, 괜찮지?

I'd like to make a reservation for this evening under the name Mr. Kim.
오늘 저녁 미스터 김이란 이름으로 예약하고 싶은데요.

I already made a reservation.
이미 예약해놨어.

I'm calling to make an appointment with Dr. Choo.
추박사님과 예약을 잡으려고 전화했는데요.

💬 이렇게 말한다!

A: The restaurant looks crowded tonight.
B: I should have made a reservation for us.
    A: 오늘밤 레스토랑에 사람이 많은 것 같아.
    B: 예약을 미리 해두는 건데.

make an effort
노력하다

영어는 동사 자체로 쓰기보다는 동사의 명사형을 목적어로 갖는 동사구로 쓰이기를 좋아한다. have, take, give처럼 make 또한 다양한 동사구를 만들어낸다.

✓ 핵심포인트

make an agreement	합의하다(agree)
make an attempt	시도하다(attempt)
make a choice	선택하다(choose)
make a confession	고백하다(confess)
make an excuse	변명하다(excuse)
make an offer	제의하다(offer)
make a proposal	제안하다(propose)
make a reservation	예약하다(reserve)
make an announcement	알리다(announce)
make a mistake	실수하다(mistake)
make a speech	연설하다(speak)
make a contribution	공헌하다(contribute)

 이렇게 쓰인다!

I have to make a speech next week.
다음 주에 연설해야 돼.

It's time for you to make a choice.
네가 결정할 시간이야.

Finally, I have made a choice. I'm not going.
마침내, 결정했어. 나 안가.

We can make an exception this one time.
이번 한번 예외로 해줄게.

It's a private party. I can not make an exception.
사적인 파티라 예외를 둘 수가 없어요.

I have a confession to make. You didn't cause the accident.
고백할게 있어. 네가 사고를 유발한게 아냐.

I've got a confession **to make**. I'm not your mother.
고백할게 있는데 나 네 엄마 아니야.

Are you here to make a contribution to my campaign?
내 선거운동 도와주러 온거야?

I'm here to make a big announcement.
중대발표를 하려고 여기 왔어.

My father **made me an offer** that I couldn't refuse.
아버지께서 내가 거절할 수 없는 제안을 하셨어.

이렇게 말한다!

A: I'm sorry that my homework was turned in late.
B: I'll **make an exception** now, but never again.
  A: 숙제 늦게 제출해 죄송해요.
  B: 이번에는 예외를 두겠지만 다시는 안 돼.

A: I think we need to **make an offer** on the house.
B: The last thing that we want to do is make the wrong decision.
  A: 그집 구매신청을 해야 될 것 같아.
  B: 우리가 잘못된 결정을 내리고 싶진 않아.

A: We can go to Hawaii or to Tokyo.
B: Why don't you **make the choice for** us?
  A: 우린 하와이나 도쿄에 갈 수 있어.
  B: 우릴 위해 네가 정해줄래?

영어문장필사해보기

• 네가 결정할 시간이야.

• 아버지께서 내가 거절할 수 없는 제안을 하셨어.

make a call
전화를 걸다

make a call하면 전화를 걸다, 하다라는 뜻이고 take a call하면 오는 전화를 받는다라는 의미. 상대방과 얘기하고 있는데 중요한 전화가 온다면 I have to take this call이라고 양해를 구하면 된다.

✓ **핵심포인트**

make a call	전화를 걸다
take a call	전화를 받다

📝 **이렇게 쓰인다!**

I have to go make a call. I'll be back.
전화 좀 걸고, 곧 돌아올게.

She takes out her phone to make a call.
걘 전화기를 꺼내서 전화를 걸고 있다.

I made a call to the life insurance agent yesterday.
어제 생명보험설계사에게 전화했어.

Your girlfriend went to make a call. She'll be back soon.
네 여친은 전화하러 나갔어. 금방 올거야.

💬 **이렇게 말한다!**

A: This party doesn't have many people.
B: Let me make a call. I'll invite some friends.
　A: 이 파티에는 사람이 많지 않아.
　B: 내가 전화해서 친구들을 초대할게.

✏️ **영어문장필사해보기**

• 전화 좀 걸고, 곧 돌아올게.

make a mistake
실수하다

실수의 내용을 함께 말하려면 make a mistake+~ing 형태로 쓴다. 또한 아래 예문들을 통해 실수했다고(I made a mistake) 자인한 다음 어떻게 말을 풀어가는지를 기억해두자.

✓ 핵심포인트

make a big[huge] mistake	엄청난 실수를 하다
make a mistake+ ~ing	...하는 실수를 저지르다

📓 이렇게 쓰인다!

You're making a big mistake.
넌 큰 실수를 하는거야.

We made a huge mistake telling her about that.
걔한테 그걸 말하는 큰 실수를 했어.

I made a mistake. I admitted it.
내가 실수했어. 인정해.

I made a mistake. It's my fault.
내가 실수했어. 내 잘못이야.

I made a mistake. I should have told you.
내가 실수했어. 네게 말했어야 하는데.

💬 이렇게 말한다!

A: **This math problem looks like it is all wrong.**
B: **Maybe I made a mistake when doing it.**

　A: 이 수학문제는 완전 잘못된 것 같아.
　B: 아마도 문제 출제하다가 실수를 했던 것 같아.

✏️ 영어문장필사해보기

- 걔한테 그걸 말하는 큰 실수를 했어.

make a deal
거래하다, 타협하다

「…와 거래했다」는 make a deal with sb, Let's make a deal하면 「자 우리 이렇게 하자」라는 말이 된다. 거래 내용은 다음 문장으로 이어서 말하거나 혹은 make a deal to do~(…하기로 거래하다) 형태로 사용한다.

✓ 핵심포인트

make a deal with sb	…와 거래하다
make a deal to+동사	…하기로 거래하다

📝 이렇게 쓰인다!

Let's make a deal never to fight over it again.
그 문제로 다신 싸우지 않기로 거래하자.

I'll make a deal with you. If you lie to me, I will lie to you.
너랑 거래하겠어. 네가 거짓말하면 나도 하는 걸로.

I made a deal with the boss. He's not going to fire me.
사장과 거래했어. 날 안 자를거야.

I can't make a deal if you keep your mouth shut.
네가 입을 다물고 있으면 거래를 할 수가 없어.

💬 이렇게 말한다!

A: I am ready to sell my house.
B: Let's make a deal. I want to buy it.
  A: 내 집을 팔 준비가 되어 있어요.
  B: 거래합시다. 나는 구입를 원해요.

✏️ 영어문장필사해보기

• 사장과 거래했어. 날 안 자를거야.

make sense
말이 되다

make sense는 보통 대명사 주어인 That이나 It이 주어로 와서 「이해가 되다」, 「말이 되다」라는 뜻으로 쓰인다. 부정형태인 make no sense나 not make any sense는 「말도 안 돼」라는 의미. 「난 말이 안 돼」, 「넌 말이 되니」처럼 이해의 주체를 넣으려면 make sense to sb라고 하면 된다.

✓ 핵심포인트

make no sense = not make any sense	말이 안되다
make sense	말이 되다

📝 이렇게 쓰인다!

That makes sense.
일리가 있군.

It doesn't make any sense.
무슨 소리야, 말도 안돼.

Does that make any sense to you?
너한테는 이게 말이 돼?

How does that make any sense?
그게 어떻게 말이 되냐?

💬 이렇게 말한다!

A: Does this e-mail make any sense?
B: It does sound a little bit strange.
　　A: 이 이메일이 이해되니?
　　B: 정말 약간 이상한 것 같아.

✏️ 영어문장필사해보기

• 너한테는 이게 말이 돼?

03. 평생 이것저것 만드는 Make　　　　　　　　　　　　　　　　　**093**

make a difference
차이가 나다, 중요하다

make a difference는 「차이가 나다」라는 말로 비유적으로 「중요하다」라는 뜻. 또한 부정형 make no difference(not~any difference)는 차이가 안난다는 말로 「어느쪽이든 난 상관없다」, 「아무래도 괜찮다」는 말.

✓ 핵심포인트

make a difference (to sb) …에게 상관이 있다, 중요하다
make no difference[not make any difference] 전혀 중요하지 않다, 상관없다

📝 이렇게 쓰인다!

It's going to make a difference.
차이가 있을거야.

A few more people isn't going to make a difference.
사람 몇 더 온다고 달라질 건 없어.

That makes a difference.
그거 확실히 다른데.

What difference does it make?
그래서 달라지는게 뭔데?, 그게 무슨 차이가 있어?

It's not going to make any difference.
전혀 상관없어.

I don't care. (It) Makes no difference to me.
내 알바아냐. 상관없어.

It's going to make a big difference.
큰 차이가 있을거야.

She said it made no difference to her what movie we saw.
걘 무슨 영화를 보든 상관없다고 그랬어.

💬 이렇게 말한다!

A: Should I wash the car this afternoon?
B: No. It won't make a difference.
  A: 오늘 오후 세차해야할까? B: 아니. 별 차이 없을거야.

make sure
…을 확인하다, …을 확실히 하다

make sure (that)~는 「…을 확실히 하다」라는 의미. 주로 Let me make sure that~으로 상대방 말을 재차 확인할 때 혹은 반대로 상대방에게 Please make sure that~형태로 「…을 확실히 하라」, 「…을 꼭 확인해」라고 할 때 사용된다.

✅ 핵심포인트

Let me make sure that~	…을 확인해볼게
Please make sure (that)~	반드시 …하도록 해라
I want to make sure~	…를 꼭 확인해볼래
I want you to make sure~	네가 …을 확실히 해라

📓 이렇게 쓰인다!

Make sure that you arrive on time tomorrow.
내일 정시에 꼭 도착하도록 해.

I'll make sure that I keep in touch.
내가 꼭 연락할게.

I want to make sure that you're okay.
네가 괜찮은지 확인하고 싶어.

Please, make sure they come.
걔들이 꼭 오도록 해.

💬 이렇게 말한다!

A: **Make sure that you arrive on time tomorrow.**
B: **Don't worry. I'll be there early.**
  A: 낼 정시에 도착하도록 확실히 해.
  B: 걱정하지마. 일찍 올테니까.

영어문장필사해보기 ✏️

• 내일 정시에 꼭 도착하고.

make money
돈을 벌다

make에는 목적했던 것을 「손에 넣거나」(gain), 「…에 이르다」(reach)라는 뜻이 있다. 그래서 make money하면 「돈 벌다」, make a killing[fortune]하면 「떼돈을 벌다」라는 말이고 make a living하면 「생활비를 벌다」라는 뜻이 된다.

✔ 핵심포인트

make a money for	…하려고 돈을 벌다
make a fortune[killing]	떼돈을 벌다

📝 이렇게 쓰인다!

I am making (some) money.
돈을 좀 벌고 있어.

They made a killing in Las Vegas.
걔네들은 라스베거스에서 횡재했어.

I have to make money for my education.
교육비를 마련해야 해.

I'm here to make money.
난 돈벌러 여기 왔어.

💬 이렇게 말한다!

A: What is the job with the highest salary?
B: I think doctors make a lot of money.
　A: 가장 많은 급여를 주는 직업이 뭐야?
　B: 의사들이 돈을 많이 번다고 생각해.

영어문장필사해보기 ✏

• 난 돈벌러 여기 왔어.

make time
시간을 내다

어떤 일을 할 시간을 만들어낸다는 의미. 시간을 내서 할 일을 표현하려면 make time for+명사/~ing 혹은 make time to+동사 형태로 쓰면 된다.

✓ 핵심포인트

make time for+명사[~ing]	시간을 내서 …하다
make time to+동사	시간을 내서 …하다

📝 이렇게 쓰인다!

I make time for her but I don't make time for you.
걔한테는 시간을 내도 너한테는 시간낼 수 없어.

I have to make time to write my speech.
내 연설문을 쓰기 위해 시간을 내야 돼.

Make time. I'll be expecting you.
시간을 내봐. 널 기다리고 있을게.

Make time to talk to your wife.
시간을 내서 네 아내와 얘기를 해봐.

💬 이렇게 말한다!

A: **Always make time to be with your family.**
B: **Right. It's important to be close to them.**

  A: 항상 가족들과 지내도록 시간을 내.
  B: 맞아. 가족들과 가까이 있는 것이 중요하지.

✏️ 영어문장필사해보기

• 걔한테는 시간을 내도 너한테는 시간낼 수 없어.

make love (to sb)
(…와) 사랑을 나누다

make love하면 완곡어법으로 have sex와 동일한 의미의 표현. 사랑하는 대상은 make love to sb라 붙이면 된다.

✓ 핵심포인트

make love to sb	…와 사랑을 나누다
make a move on	추근대다(make a pass at)

📝 이렇게 쓰인다!

He made love to me.
그 사람과 난 사랑을 나눴어.

Did he make a pass at you?
걔가 네게 추근댔어?

They were made for each other.
걔들은 천생연분이야.

It's a match made in heaven.
천생연분이에요.

🔊 이렇게 말한다!

A: What is the most romantic thing you've done?
B: I made love to my girlfriend on our camping trip.
  A: 네가 해본 가장 낭만적인 일은 뭐야?
  B: 캠핑 여행에서 여친과 사랑을 나눈거야.

영어문장필사해보기 ✏️

• 그 사람과 난 사랑을 나눴어.

make it through
(어려운 상황을) 잘 넘기다, 해내다

「어렵고 힘든 상황을 가까스로 해내다」라는 뉘앙스를 갖는 make it through는 단독으로 쓰이거나 혹은 make it through+명사 형태로 쓰인다.

✓ 핵심포인트

| make it through+명사 | 잘 극복하다 |

📝 이렇게 쓰인다!

Do you think I can make it through today without falling asleep?
내가 오늘 졸지 않고 잘 해내리라 생각해?

So don't worry about it. You'll make it through.
그럼 걱정마. 넌 해낼거야.

The doctor said she wouldn't make it through the night.
의사가 밤을 넘기지 못한다고 했었다구.

He won't make it through the surgery unless we do our best.
우리가 최선을 다하지 않으면 걘 수술을 견디지 못할거야.

💬 이렇게 말한다!

A: **Every time I see you, you're studying hard.**
B: **I have to study to make it through medical school.**

　A: 널 볼 때마다 열심히 공부하고 있네.
　B: 의대에 들어가기 위해서는 공부를 해야 되요.

✏️ 영어문장필사해보기

• 그럼 걱정마. 넌 해낼거야.

make it
도착하다, 성공하다

앞서 언급했듯이 make는 「…에 도착하다」(reach)라는 뜻으로도 쓰이는데, 그 대표적인 예가 바로 make it. 보통은 「장소」 전치사 to와 함께 「…에 때맞춰 도착하다」(arrive on time)라는 뜻으로 쓰이며 비유적으로는 「성공하다」(succeed)라는 의미로도 사용된다.

✓ 핵심포인트

make it	해내다, 성공하다
make it on time	제 시간에 오다
make it to+(장소)명사	시간에 늦지 않게 …에 도착하다
make it on one's own	혼자 해내다, 자립하다

📝 이렇게 쓰인다!

I can't believe I made it to the gas station!
주유소에 드디어 왔구나!

When can you make it?
몇 시에 도착할 수 있겠니?

We're having a party for Sam. Hope you can make it.
샘을 위해 파티를 여는데 네가 올 수 있으면 좋겠어.

I won't be able to make it to the presentation.
나 발표회에 못갈 것 같아.

Let's make it around four.
4시쯤 보기로 하자.

I almost didn't make it to the party.
그 파티에 못갈 뻔했어.

I wonder if she made it on time.
걔가 제 시간에 도착했는지 모르겠네.

He made it big.
그 사람은 (사업에) 성공했어.

You'll never make it on your own.
넌 혼자 못해낼거야.

📢 이렇게 말한다!

A: Did you hear about the class meeting this weekend?
B: It sounds exciting. I hope all the students can make it.

A: 이번 주말에 학급회의 있다는 얘기들었니?
B: 재미있겠군. 모든 학생들이 참석하기를 희망해.

A: Ted is having a birthday party tonight.
B: I can't make it to the party. I'll be working.

A: 테드가 오늘밤 생일파티를 할거야.
B: 나는 파티에 참석을 못해. 일하고 있을거야.

A: I wonder if she made it on time.
B: I'm sure she did.

A: 걔가 제 시간에 도착했는지 모르겠네.
B: 분명 그랬을거야.

✏️ 영어문장필사해보기

- 몇 시에 도착할 수 있겠니?

- 나 발표회에 못갈 것 같아.

make a mess of
…을 그르치다

「(…를) 엉망진창으로 만들다」라는 의미로 여기서 make는 「일으키다」라는 뜻. 같은 맥락으로 「말썽을 일으키다」의 make trouble, 「소란피우다」의 make a scene, 「야단법석을 떤다」는 make a fuss about 등이 있다.

✓ 핵심포인트

make a mess of	…을 엉망으로 만들다
make trouble	말썽피우다

You made a mess of things.
당신이 일을 망쳤어.

I'm afraid I've made a mess here on your desk.
네 책상을 어질러놓은 것 같아.

Don't make trouble for me.
내게 말썽 피우지마.

Let's not make a scene. It's not worth it.
소란피우지말자. 그럴 가치도 없어.

이렇게 말한다!

A: The storm caused a lot of flooding in the countryside.
B: Yeah, it made a mess of the city too.
   A: 폭풍으로 시골에서 상당한 홍수 피해를 입었어.
   B: 그래, 도시 지역도 역시 엉망이 되었어.

영어문장필사해보기 ✎

• 네 책상을 어질러놓은 것 같아.

make fun of
…을 놀리다

「…놀리다」, 「속이다」라는 숙어인 make a fool of~와 같은 뜻으로 make fun of~ 다음에는 sb 나 sth이 올 수 있다.

✓ 핵심포인트

make fun of~	…을 놀리다
make a fool of~	…을 놀리다

📝 이렇게 쓰인다!

You're making fun of me?
너 지금 나 놀리냐?

Don't make fun of me, okay?
나한테 장난치지마, 알았어?

You're making a fool of yourself.
넌 어리석게 굴고 있는거야.

Don't make fun of me because of my size!
내 체구가 작다고 놀리지마!

💬 이렇게 말한다!

A: **It must be difficult to be a fat person.**
B: **Many people make fun of fat people.**
　A: 살찐 사람은 힘들거야.
　B: 사람들이 뚱뚱한 사람들을 놀리잖아.

✏️ 영어문장필사해보기

• 나한테 장난치지마, 알았어?

make nothing of
…을 무시하다

make가 much, little, nothing 등과 결합한 경우. make much of는 「…을 중시하다」라는 뜻이며 much 대신 little을 쓰면 「…을 경시하다」, 그리고 nothing을 쓰면 「…을 무시하다」라는 뜻이 된다.

 핵심포인트

not make anything of	…을 무시하다
make much of	…을 중시하다
make so little of	…을 경시하다
make the most of~	…을 최대한 활용하다
make the best of~	(어려움 속에서도) 최대한 노력하다, 극복하다

이렇게 쓰인다!

I can't make anything of it.
전혀 이해 못하겠어요.

Oh, don't make anything of his question.
저런, 그 사람 질문 무시해버려.

Why does he always make so little of my work?
왜 그는 늘 나의 업무를 무시할까요?

We only have 10 minutes left and I want to make the most of it.
10분밖에 안 남았고 난 이를 최대한 활용하고 싶어.

When she stood me up again, I decided to make the best of it.
걔가 날 다시 바람맞히자 난 이를 어떻게든 극복하기로 결정했어.

이렇게 말한다!

A: The criminal left some clues during the robbery.
B: Yes, but the police made nothing of the clues.
A: 범인이 강도중 단서를 남겼어.
B: 그래, 그런데 경찰이 그 단서들을 무시해버렸어.

make up one's mind
결심하다, 결정하다

눈에 친숙한 표현. make up one's mind는 '좋다 싫다' 입장이 분명한 경우로 「확실히 결정하다」라는 의미. 한 단어로 하자면 decide이고 달리 표현하자면 make a decision이라고도 한다.

✓ **핵심포인트**

make up one's mind	결정하다(decide)
make a decision	결정하다(decide)

📓 **이렇게 쓰인다!**

I haven't made up my mind yet.
아직 결정을 못했어.

Hurry up and make up your mind.
어서 마음을 결정해.

Make up your mind. What time is okay for you?
결정해. 몇 시가 좋아?

You make up your mind pretty quick.
어서 빨리 결정해.

I haven't made a decision yet.
아직 결정을 못했어.

💬 **이렇게 말한다!**

A: Are you going to join our team?
B: I haven't made up my mind yet.
  A: 우리 팀에 들어올거야?
  B: 아직 결정을 못했어.

✏️ **영어문장필사해보기**

• 결정해. 몇 시가 좋아?

make out

이해하다, … 인척하다, 애무하다

make out은 어렵사리 「알아보다, 알아듣다」(see, hear, or understand with difficulty), 「성공하다」, 「…인 척하다」 등 다양한 의미의 표현. 한편 「애무하다」라는 뜻의 속어로도 사용된다.

✓ 핵심포인트

make out sth[that 주어+동사]	…인 척하다(pretend)
make out with sb[sth]	…을 잘 해나가다
make sth out	알아보다, 이해하다
make out with sb	…와 애무하다

이렇게 쓰인다!

Can you make out what it says on the map?
지도에 뭐라고 써있는지 알아보겠어?

We can barely make out what they're saying.
걔네들이 뭐라고 하는지 거의 알아듣지 못하겠어.

Don't lie to me and make out you don't know what I'm talking about. 거짓말하지마 그리고 내가 말하는 걸 모르는 척하지 말라고.

I want to make out with my girlfriend.
여친하고 애무하고 싶어.

I saw you making out in the car.
네가 차에서 애무하는거 봤어.

이렇게 말한다!

A: How did you make out at the doctor's office?
B: He told me that I'm in really good health.
　A: 의사를 만난 결과가 어때?　B: 아주 건강이 좋은 상태래.

영어문장필사해보기

- 걔네들이 뭐라고 하는지 거의 알아듣지 못하겠어

make up

구성하다, (속이기 위해) 진짜 인척하다, 준비하다, 화장하다, 화해하다(~with)

다양한 의미로 쓰이는 숙어로 가장 많이 쓰이는 의미는 「이야기를 꾸며대다」, 「화해하다」 그리고 「화장하다」이다. 또한 be made up of는 「…으로 구성되어 있다」라는 기본 표현.

✓ 핵심포인트

make sth up	꾸며대다
make up	화장하다(put on one's makeup)
make up with sb	…와 화해하다

📝 이렇게 쓰인다!

I made up a story about that.
그거 꾸며낸거야.

I'm not making it up.
속이고 있는게 아니야, 얘기를 꾸며대는게 아니야.

Is that something you're making up?
이게 네가 꾸미고 있는거야?

He didn't recognize me at first without my make up.
걘 내 화장안 한 얼굴을 못알아봤어.

She was trying to make up with you. You should go eat with her.
걘 너하고 화해하려고 했어. 가서 걔랑 식사해.

💬 이렇게 말한다!

A: I can't tell my parents that we were drinking beer.
B: Make up a story. Tell them you were at the library.
　A: 맥주마시고 있었다고 부모님께 말못하겠어.
　B: 얘기를 꾸며봐, 도서관에 있었다고 하든지.

영어문장필사해보기 ✏️

• 이게 네가 꾸미고 있는거야?

make up for sth
보상하다, 벌충하다

잃어버린 것을 다른 것으로 보충하거나 보상한다는 의미. make up for~ 다음에 잃어버린 것을 말하면 된다. 또한 make it up to sb하면 「…에게 끼친 문제에 대해 미안한 마음으로 보상하겠다」는 의미이다.

✓ 핵심포인트

make up for the lost time	잃어버린 시간을 보충하다
make up for the past	과거를 보상하다

📝 이렇게 쓰인다!

That'll give us a chance to make up for lost time.
그건 우리가 잃어버린 시간을 보충할 기회가 될거야.

You want to do this to make up for the past?
과거를 보상하기 위해 이걸 하고 싶은거야?

I'll make up for it tomorrow, okay? I promise.
내가 내일 그거 보상할게, 응? 약속해.

💬 이렇게 말한다!

A: Why do I need to work on Sunday?
B: You have to make up for the days you were absent.
　A: 왜 제가 일요일에 일해야 하나요?
　B: 결근한 날들을 보충해야 하는거지.

✏️ 영어문장필사해보기

• 과거를 보상하기 위해 이걸 하고 싶은거야?

make it up to sb
보상하다

앞의 표현과 좀 유사하지만 이번에는 잃어버린 시간이 아니고 sb에게 끼친 문제에 대해 미안한 마음을 표현하고자 보상하겠다는 의미이다.

✓ **핵심포인트**

| make it up to sb | 보상하다 |

 **이렇게 쓰인다!**

I want to try to make it up to you.
내가 다 보상해주도록 할게.

Don't even try to make it up to me by calling my name.
내 이름을 부르면서 내게 보상을 하려고 하지마.

Is there anything I can do to make it up to you?
네게 보상해줄게 뭐 있어?

Let me make it up to you. I'll carry your stuff.
내가 보상해줄게. 네 물건 날라줄게.

💬 **이렇게 말한다!**

A: **You really let me down.**
B: **If you give me a second chance, I swear I'll make it up to you.**

A: 정말 날 실망시키는구나.
B: 한번만 더 기회를 주면 꼭 보상할게.

✏️ **영어문장필사해보기**

• 내가 보상해줄게. 네 물건 날라줄게.

make do with
…으로 때우다 (*make do without …없이 때우다)

이가 없으면 잇몸으로 때울 때처럼 make do with하면 원래 필요한 것이 없어 차선책으로 다른 것으로 때우다라는 의미가 된다.

✓ **핵심포인트**

make do with	…으로 때우다
make do without	…없이 때우다

📝 **이렇게 쓰인다!**

I had to make do with milk in my coffee.
커피를 탈 때 크림이 없어서 우유로 때웠다.

You'll have to make do with it.
이걸로라도 때워야 하겠는데.

I'm afraid you'll have to make do with me.
아무래도 나와 잘 지내야 될 것 같아요.

I'll make do with what I have here.
여기 있는 것으로 때울거야.

💬 **이렇게 말한다!**

A: The economy has been bad all over the world.
B: It's important to make do with what you have.
　　A: 전세계적으로 경기가 좋지 않아.
　　B: 네가 가진 것으로 버티는 것이 중요해.

📝 영어문장필사해보기

• 여기 있는 것으로 때울거야.

Get More

- **be made of[from]** …으로 만들어지다

    It's made from eggs! 그건 달걀로 만들어졌어!
    Do you know how to make cheese from milk?
    우유로 치즈를 어떻게 만드는지 아니?

- **make friends with** …와 친구를 사귀다

    You have to make friends with him. 걔랑 친구해야 돼.
    Don't make friends with the enemy. 적과는 친구하지 마라.

- **make ends meet** 수지타산을 맞추다

    We're barely making enough money to make ends meet.
    우린 간신히 빚이나 안지고 살 정도 밖에 못벌어.

- **make a face** 인상짓다

    Don't make a face. 이상한 표정 짓지마.

- **make a run for it** 도망가다, 서둘러 피하다

    Let's make a run for it. 도망가자, 빨리 피하자.

- **make off with** …을 가지고 도망가다

    They made off with my cell phone. 걔네들은 내 핸드폰을 가지고 도망갔다.

- **make believe** …인 체하다

    You don't have to make believe you're going to call.
    전화걸 것처럼 할 필요없어.

- **make it a rule to~** …하기로 규칙으로 정해놓다

    Let's make it a rule to turn out the lights every night.
    밤에는 언제나 전등을 끄기로 합시다.

Get More

● **make a day[night] of it** 하루를 즐겁게 보내다

　With your son, you'll make a day of it. 네 아들과 즐겁게 보낼거야.

That makes two of us. 나도 마찬가지야.[그렇게 생각해]

You've got it made. 넌 해냈어.

You've made your point. 네말 이해했어.

Haste makes waste. 서두르다가 일을 그르치기 마련이야.

That doesn't make the grade.
그렇게 해서는 안돼.(make the grade 필요한 기준에 다다르다, 성공하다)

We made history. 우린 정말 대단한 일을 해냈어.

Who died and made you king[Pope/God]?
누가 너더러 이런 일을 맡으라고 했어?

Make my day! 자, 덤벼!, 할테면 해봐!

Make mine the same. 같은 걸로 주세요.

04.
지금 이대로가 좋아

Keep

가장 기본적으로 …한 상태로 계속 유지하는 것을 말하는 동사로 「계속해서 …하다」라는 뜻. continue보다 많이 쓰이는 keep~ing를 눈여겨봐둔다. 이렇게 계속 유지한다는 점에서 「보존[관]하다」, 「약속 등을 지키다」, 「일기를 쓰다」라는 의미로도 사용되게 된다. 또한 keep it clean[secret]처럼 keep+목적어+형용사 형태로 쓰인다는 특징을 갖고 있는 동사이다.

 Keep 기본개념

01. 지니다, 보유하다, 맡다, 보관[존]하다
Can you keep this book for me? 이 책 좀 가지고 있을테야?

02. (뭔가 계속해서) 하다(keep ~ing)
Are you going to keep doing that? 계속 그렇게 할거야?
You keep saying that. 너 계속 그 얘기만 하네.

03. …한 상태로 있다(keep+형용사), …을 …상태에 놓아두다(keep~+형용사)
You'd better keep it safe. 그거 안전하게 하도록 해.
I kept myself very busy last month. 지난달에 무척 바빴어.

04. (사람을) 잡아두다, 머물게 하다
What's keeping him? 그가 왜 늦는거지?(keep=delay sb)
I don't know what's keeping him. 걔가 뭣 때문에 늦어지는지 모르겠어.
I won't keep you any longer. (전화통화에서) 네 시간 그만 뺏아야겠다.

keep ~ing

계속해서 …하다

어떤 행동을 「계속 …하다」라는 의미로 쓰이는데 keep on+~ing이라고도 한다. 「과거에 계속 …을 했다」고 할 때는 I kept ~ing이라고 하면 된다.

✅ **핵심포인트**

Keep ~ing!	계속 …해라!
I kept ~ing	난 계속 …했어

📖 **이렇게 쓰인다!**

I keep bumping into you.
우리 자꾸 마주치네요.

Keep going straight until you reach the church.
교회가 나올 때까지 곧장 가요.

You can't keep doing this to me.
나한테 계속 이렇게 하지마.

I kept paying for his education.
난 걔의 교육비를 계속 대줬어.

💬 **이렇게 말한다!**

A: This report is so hard to finish.
B: Keep working. We're almost done.

　A: 이 보고서는 끝내기가 무척 힘들어.
　B: 계속 해. 거의 끝나가잖아.

✏️ **영어문장필사해보기**

• 나한테 계속 이렇게 하지마.

keep going
계속하다

keep going은 어디로 이동하고 있다거나 무슨 일을 하고 있을 때 「계속 가」 혹은 「계속해」라는 표현. 또한 keep sb[sth] going하면 「…을 버티게 하다」, 「…을 계속하게 하다」라는 뜻이 된다.

 핵심포인트

keep going	계속하다
keep sb[sth] going	…을 계속하게 하다

이렇게 쓰인다!

Keep going! You can't miss it!
계속 가. 쉽게 찾을 수 있을거야!

Keep going. I'm listening.
계속해, 듣고 있으니까.

Should we go back or keep going?
돌아가야 될까 아니면 계속 가야 될까?

You did your best in this restaurant every day to keep it going.
넌 식당을 유지하려고 매일 최선을 다했어.

이렇게 말한다!

A: When will we receive our annual budget?
B: **Keep going on** the sales report.
    A: 예산 배정을 언제쯤 받게되는거죠?
    B: 매출 보고서 작성이나 계속 해.

영어문장필사해보기

• 계속해, 듣고 있으니까.

keep 003 — keep one's promise
약속을 지키다

keep은 지키다라는 뜻도 있어 keep one's promise하면 「약속을 지키다」라는 말이 된다. promise 대신 word를 써도 된다.

✓ 핵심포인트

keep one's promise[word]	약속을 지키다
keep a diary	일기쓰다
keep a secret	비밀을 지키다
keep early hours	일찍 일어나다
keep a record	기록하다
keep the change	잔돈을 갖다

📓 이렇게 쓰인다!

Here's twenty dollars, and keep the change.
여기 20달러요, 잔돈은 가지세요.

Don't worry. Bill always keeps his word.
걱정하지마. 빌은 언제나 약속을 잘 지켜.

Could you keep a secret?
비밀로 해줄래요?

You don't have to keep your promise.
넌 약속을 지킬 필요가 없어.

💬 이렇게 말한다!

A: Could you keep a secret?
B: Sure, what is it?
    A: 비밀로 해줄래?
    B: 물론, 뭔대?

✏️ 영어문장필사해보기

• 걱정하지마. 빌은 언제나 약속을 잘 지켜.

keep sb[sth]+형용사
…을 …한 상태로 놓아두다

keep은 어떤 상태로 계속 있는 것을 뜻해 keep+형용사하면 「계속 …상태이다」라는 뜻이 된다. 또한 발전하여 keep sb[sth]+형용사하면 「…을 …상태로 놓아두다」, 「…을 …하게 하다」가 된다.

✓ 핵심포인트

keep busy	계속 바쁘다
keep awake	깨어 있다
keep quiet (about)	(…에 대해) 조용히 하다
keep sth private	비밀로 하다
keep oneself busy	바쁘다

이렇게 쓰인다!

Keep cool.
진정해.

You can count on me. I'll keep it private.
날 믿어. 비밀로 할게.

I keep myself busy these days.
요즘 바빠.

It's our responsibility to keep it secret.
그걸 비밀로 하는게 우리의 책무야.

You'll keep quiet about that, if you're smart.
현명하다면 그거 입다물고 있어.

이렇게 말한다!

A: Why didn't Joe tell us about the money?
B: I guess he wanted to keep it secret.
  A: 조가 왜 그 돈에 대해 말하지 않았대?
  B: 아마 비밀로 하고 싶었나봐.

영어문장필사해보기

• 날 믿어. 비밀로 할게.

keep 005 — keep one's fingers crossed 행운을 빌다

손가락을 꺾어서 십자가 모양을 만든다는 것으로 「…에 대해 행운을 빈다」는 말이다. 행운을 바라는 내용은 on 뒤에 혹은 that절을 써도 된다. keep sb[sth]+ing[pp]의 구문.

✓ 핵심포인트

keep one's fingers crossed	행운을 빌다
keep sb waiting	…을 기다리게 하다
keep sb posted	…에게 최신 정보를 주다, 계속 소식을 전해주다

📓 이렇게 쓰인다!

I'll keep my fingers crossed (for you)!
행운을 빌어줄게!

I'm keeping my fingers crossed that he'll pass the exam.
걔가 시험에 붙으라고 계속 행운을 빌게.

Sorry to have kept you waiting so long.
너무 오래 기다리게 해서 미안해.

I've got to go. I'll keep you posted, okay?
나 가야 돼. 너한테 소식 전할게, 알았지?

Go back to your office. I'll keep you posted.
사무실로 돌아가. 네게 소식 전할게.

Keep me posted. I'll go see my lawyer.
소식전해줘. 가서 변호사 만날테니.

Keep me posted on how they're doing.
걔네들이 어떻게 지내는지 소식전해줘.

💬 이렇게 말한다!

A: Tomorrow I'm going to ask Amanda to marry me.
B: I'll keep my fingers crossed for you.

    A: 내일 아만다에게 청혼할거야.
    B: 행운을 빌어줄게.

keep sb company
…와 같이 있다, …와 동무하다

여기서 company는 같이 있어 외롭지 않은 사람, 즉 「동행(자)」이란 의미로 keep sb company하면 「…을 동행으로 하다」, 「…함께 있다」라는 표현이 된다.

✓ 핵심포인트

keep me company	(다른 사람이) 나와 같이 있다
keep you company	(내가) 너와 함께 있다
have company	일행(손님)이 있다

📓 이렇게 쓰인다!

Please keep me company for a while.
나랑 잠시 같이 있어줘.

Can you keep me company this weekend?
이번 주말에 나랑 있을래?

Mind if I keep you company for a bit?
잠깐 당신과 같이 있어도 돼요?

Do you have someone to keep you company tonight?
오늘밤 같이 있어줄 사람 있어?

I'll come and keep you company.
내가 가서 너랑 같이 있어줄게.

You can drop by right now, but I have company.
지금 들려도 되는데, 지금 손님이 있어.

💬 이렇게 말한다!

A: I have some free time this afternoon.
B: Good. You can stay here and keep me company.
　A: 오늘 오후 약간 시간이 있어.
　B: 좋아. 여기 남아서 같이 있어도 돼.

영어문장필사해보기 ✏️

• 이번 주말에 나랑 있을래?

keep 007 — keep an eye on
돌보다, 주의깊게 보다, 지켜보다

「주의 깊게 살피다」(watch carefully)라는 뜻으로 「…을 잘 살피거나」 혹은 「주의 깊게 감시하는」 것을 뜻한다. 가령 잠시 자리비우며 가방을 봐달라고 할 때, 혹은 아기를 맡기면서 안전하게 봐달라고 할 때 쓰면 제격이다.

✓ 핵심포인트
keep an eye on sb[sth]	…을 돌보다, 지켜보다

이렇게 쓰인다!

I'll keep an eye on him.
내가 저 놈을 감시하죠.

Did they send you over here to keep an eye on me?
걔네들이 널 보내 날 감시하게 했다고?

Would you keep an eye on this for me?
이거 좀 봐줄래요?

I need to keep an eye on my expenses.
내 씀씀이에 신경을 써야 되겠어.

이렇게 말한다!

A: Keep an eye on the cameras, will you?
B: Don't worry about a thing.

A: 카메라 좀 지켜봐주시겠어요?
B: 걱정하지 마세요.

영어문장필사해보기

• 이거 좀 봐줄래요?

keep in touch with
…와 연락하고 지내다

서로 연락을 주고 받는 상태라는 뜻으로 앞서 배운 get in touch(동작을 강조)와 같은 의미의 표현이다. 단독으로 keep in touch라고 해도 되고 연락을 주고받는 대상을 말하려면 keep in touch with sb라고 하면 된다.

✓ 핵심포인트

keep[get] in touch	연락하다, 연락을 주고받다
keep[get] in touch with sb	…와 연락하다

이렇게 쓰인다!

Let's keep in touch!
연락하고 지내자!

Do you still keep in touch with her?
걔랑 아직 연락하고 있어?

Keep in touch, okay?
연락하자, 응?

Do you and your brother keep in touch?
너하고 네 형 연락해?

이렇게 말한다!

A: Don't forget to drop me a line.
B: I'll make sure that I keep in touch.

A: 잊지 말고 꼭 연락해.
B: 내가 꼭 연락할게.

영어문장필사해보기

• 걔랑 아직 연락하고 있어?

keep 009 keep in mind
명심하다, 기억하다

앞서 배운 have in mind는 「…을 염두에 두다」라는 뜻인데 반해 keep in mind은 「…을 명심하다」, 「기억하다」라는 의미이다. keep sb[sth] in mind나 keep in mind that 주어+동사의 형태로 쓰인다.

✓ 핵심포인트

Keep in mind (that) 주어+동사 …을 명심해
Let's keep in mind (that) 주어+동사 …을 잘 기억해두자
I'll keep that in mind 기억해둘게요, 명심할게

이렇게 쓰인다!

Thanks. I'll keep that in mind.
고마워. 명심할게.

Keep in mind that she will never fall in love with you.
갠 다신 널 사랑하지 않을거란 걸 명심해.

Let's keep in mind this is our last chance to do that.
이게 우리가 그걸 할 수 있는 마지막 기회라는 걸 명심하자고.

Thanks for coming in. We will definitely keep you in mind.
와줘서 고마워. 꼭 널 기억할게.

이렇게 말한다!

A: **I want to get a new computer.**
B: **Keep in mind that will cost a lot.**
　A: 새 컴퓨터를 갖고 싶어.
　B: 비쌀 것이라는 점을 명심해.

영어문장필사해보기 ✎

• 갠 다신 널 사랑하지 않을거란 걸 명심해.

keep down
줄이다, (소리를) 낮추다, 억제하다, 숨기다

밑으로(down) 유지한다는 말로 뭔가 크기 등을 줄이거나 낮추는 것을 일차적으로 의미한다. 나아가 「…을 억제하다」, 「성공을 방해하다」, 「숨기다」라는 뜻을 갖는다.

✓ 핵심포인트

keep down	줄이다, 억제하다, 숨기다
keep one's head down	숨어있다, 자중하다
keep it down	조용히 하다(keep one's voice down)

이렇게 쓰인다!

Please keep your voices down.
제발, 목소리 좀 낮춰.

Would you keep it down?
조용히 좀 해줄래?

It's not easy to keep you down here like this. But I can't let you out.
널 이렇게 여기 숨기는게 쉽지 않지만 널 내보낼 수는 없어.

If you're so worried about privacy, just wear a hat, and keep your head down.
사생활이 그렇게 걱정되면 모자를 눌러쓰고 얼굴이 보이지 않도록 해.

이렇게 말한다!

A: **Keep it down** in there. I can't sleep.
B: Sorry, we were being so loud.
  A: 거기 좀 조용히 할래. 잘 수가 없네.
  B: 미안. 우리가 너무 시끄러워서.

영어문장필사해보기

• 제발, 목소리 좀 낮춰.

keep ~ from+명사[~ing]

…가 …하지 못하게 하다

keep이 「저지·억제」의 의미로 쓰인 경우. keep A from+명사[~ing]하면 「…가 …을 하지 못하게 하다」라는 의미. 주의할 건 from이 빠져 keep A +~ing하게 되면 「…을 …하게 하다」라는 뜻이 된다는 점이다.

✓ 핵심포인트

keep sb[sth] from+~ing	…가 …하는 것을 막다, …가 …하지 못하게 하다
keep oneself from	자신을 …못하게 하다
keep sb[sth]+~ing	…을 …하게 하다
keep sth from sb	…에게 …을 알리지 않다

📝 이렇게 쓰인다!

They keep me from getting work done.
걔들 때문에 일을 끝내지 못하겠어.

I was just trying to keep you from doing something stupid.
난 단지 네가 어리석은 짓을 못하도록 했던거야.

I moved all our stuff, to keep it from them.
내가 네 모든 것을 다 옮겨놨어 걔네들이 접근하지 못하게.

💬 이렇게 말한다!

A: Terry really misses his ex-girlfriend.
B: Try to keep him from calling her.

A: 테리가 전 여친을 진짜로 그리워해.
B: 걔가 그녀에게 전화를 못하게 해.

✏️ 영어문장필사해보기

• 난 단지 네가 어리석은 짓을 못하도록 했던거야.

keep sb[sth] off ~
...에 가까이 못하게 하다, 떨어져 있게 하다

잔디에 들어가지 마시오.(Keep off the grass)에서 보듯 keep off는 「...에서 떨어지다」라는 의미. keep A off (of) B의 형태로도 쓰여, 가령 「케익에서 손떼!」라고 하려면 Keep your hands off the cake!라 하면 된다.

✓ 핵심포인트

keep off	...에 가까이 못하게 하다
keep one's hands off	...에서 손떼다

📝 이렇게 쓰인다!

Hey, keep off the grass! Go on, get out of here!
야, 잔디에 들어가지마! 어서, 꺼져!

I think it's a good idea to keep children off drugs.
애들이 마약에 손대지 못하도록 하는 것이 좋겠다는게 내 생각이야.

Keep your hands off my son!
내 아들한테서 손떼!

That's my ass. Keep your hands off my ass!
내 엉덩이야. 손떼라고!

💬 이렇게 말한다!

A: Why is it so quiet in here tonight?
B: We decided to keep the TV off.
　A: 오늘밤 여기가 왜 이렇게 조용하지?
　B: 우린 텔레비전을 끄기로 했어.

✏️ 영어문장필사해보기

• 야, 잔디에 들어가지마! 어서, 꺼져!

keep up

(좋은 상태로) 유지하다

keep 013

keep up은 「계속해서 …을 하다」란 keep의 의미를 up을 통해 더욱 강조한 것. 「좋은 상태로 계속 유지하다」라는 뜻을 내포한다. 여기에 with를 붙여 keep up with하면 「…에 뒤처지지 않게 보조를 맞추다」라는 뜻이 된다.

✓ 핵심포인트

keep up	계속해서 …을 하다, 유지하다
keep up with	…에 뒤처지지 않다, …을 잘 알다
keep up the good work	계속해서 열심히 하다

이렇게 쓰인다!

Keep up the good work.
계속해서 열심히 해.

Keep it up!
꾸준히 하세요!

Hey, you got to keep up your strength.
야, 넌 힘을 계속 유지해야 돼.

I've got to keep up with him.
난 걔한테 뒤처지지 않아야 돼.

이렇게 말한다!

A: **My painting looks really nice.**
B: **Yeah. Keep up the good work.**

    A: 내 그림 진짜 멋있어 보인다.
    B: 그럼. 계속 열심히 해봐.

영어문장필사해보기

• 난 걔한테 뒤처지지 않아야 돼.

keep track of
…을 기록하다, …을 놓치지 않다, …의 소식을 알고 있다

track은 지나간 자국, 흔적이라는 의미로 keep track of~하면 '…에 주의를 기울여, …가 어디에 있는지 혹은 …에게 무슨 일이 일어났는지 등을 알고 있다'는 표현. 반대로 lose track of~하면 '…을 놓쳐서, …을 모르거나, …에 대한 정보가 없다'는 뜻이 된다.

✓ 핵심포인트

keep track of	…을 추적하다, 소식을 알다, 기억하다
lose track of	…을 놓치다, 잊다, 연락이 닿지 않다

📓 이렇게 쓰인다!

Do you keep track of your purchases?
구매한거 기록하나요?

I always keep track of whatever I bring to a party.
난 파티에 무엇을 가져갔는지 항상 기억해둬.

She lost track of her son in the accident.
걔는 그 사고로 아들과 연락이 끊겼어.

I forget to keep track of time. I've got to go.
시간가는 줄 몰랐네. 나 가야겠어.

💬 이렇게 말한다!

A: It seems like I never have any money.
B: You need to keep track of your spending.
　A: 내게 돈이 있었던 적이 없는 것 같아.
　B: 넌 돈 쓰는 것을 항상 기록할 필요가 있어.

✏️ 영어문장필사해보기

• 시간가는 줄 몰랐네. 나 가야겠어.

Get More

- **keep away from** …을 멀리하다

  You can't keep away from her. 넌 걜 멀리 할 수 없어.

- **keep at** 꾸준히 …하다, 계속해서 …조르다

  Please keep at it. Don't stop. 계속해서 해. 멈추지 말고.

- **keep sb out of ~** …을 …에서 벗어나게 하다

  Have you been keeping out of trouble? 별 일 없으시죠?

- **keep sth to oneself** …을 혼자 간직하다

  There are some things I like to keep to myself.
  내가 혼자 간직하고 싶은 것들이 있어.

- **keep your chin up** 기운내다

  Keep your chin up. Things will be getting better for you.
  기운내. 네 사정이 더 좋아질거야.

- **keep a straight face** 진지한 표정을 짓다

  I couldn't keep a straight face. 웃음을 참을 수 없었어.

- **keep an open mind** 편견을 갖지 않다

  I'm trying to keep an open mind. 편견을 갖지 않으려 해.

- **keep sb** …을 늦게 하다

  Where have you been keeping yourself?
  도대체 어디있었길래 코빼기도 안보였니?
  What's keeping him? 왜 이리 늦어?

▶ **keep pace with** …와 보조를 맞추다, …에 뒤지지 않게 하다

It's not easy to keep pace with her. 걔와 보조를 맞추는 건 쉽지 않아.

It'll keep. 비밀로 지켜질거야.

Keep your head up. Don't look down. 조심하고 다녀. 아래 쳐다보지 말고.

05.
이리로 언능 갖고 오는
Bring

take와 달리 가지고 오는 것을 말하는 동사. come의 경우와 똑같아서 take는 상대방이 있는 곳이 아닌 제 3의 장소로 가지고 가거나 데리고 가는 것을 뜻하는 반면 bring은 내가 있는 이곳으로 가지고 오거나 상대방이 있는 곳으로 가지고 가는 것을 말한다. 또한 What brings[brought] you to+장소?의 패턴이 유명한데 이처럼 사물이 주어로 와서 bring sb to~하게 되면 「…하게 만들다」라는 뜻이 된다.

 Bring 기본개념

01. 데려오다, 가져오다
You can't bring your pet with you.
애완동물은 데리고 올 수 없습니다.

I brought coffee for everyone.
여러분들을 위해 제가 커피 가져왔어요.

I forgot to bring a laptop computer for this class.
수업시간에 사용할 노트북 가져오는 걸 잊었어.

02. …하게 되다(사물주어+brings sb to~)
A taxi brought me to a museum. 택시타고 박물관에 갔어.

That[which] brings me to the (main) point.
본론으로 들어가자면, 제가 하고 싶은 말은.

bring sb sth
···에게 ···를 가져다 주다

bring이 4형식 구문으로 「···에게 ···을 가져다주다」라는 뜻으로 쓰인 경우. 가져다주는 대상을 먼저 말하면 bring sth for~라고 하면 된다.

✓ 핵심포인트

Could[Would, Can] you bring me sth?	···을 가져올래?
Bring me sth	···가져와
Did you bring me sth?	···을 가져왔어?

📝 이렇게 쓰인다!

Bring me a glass of vodka.
보드카 한 잔 가져와.

Could you bring me the newspaper?
신문 좀 가져올래?

What did you bring me today?
오늘 뭘 가져온거야?

We brought you some wine.
와인 좀 가져왔어.

💬 이렇게 말한다!

A: Thanks, I will return soon.
B: **Bring me** a coffee on your way back.
　　A: 고마워, 곧 돌아올게.
　　B: 돌아오는 길에 커피 좀 가져와.

✏️ 영어문장필사해보기

• 오늘 뭘 가져온거야?

bring 002

bring sb[sth] to~
…에(게) …를 데려가다, 가져가다

앞의 경우가 「내게 …을 가져오다」라는 것인데 반해 이 경우는 반대로 어떤 사람이나 사물을 다른 장소로 가지고 간다는 의미이다. 따라서 bring~ 다음에는 장소부사나 to+명사가 오게 된다.

✓ 핵심포인트

bring sb[sth] to+명사[장소부사]	…에(게) …를 데려가다, 가져가다
bring sb[sth] with you	…을 데리고 가다, 가져가다
bring ~ home	…을 집에 데려오다, 가져오다

📓 이렇게 쓰인다!

She brought another man into his bed again.
걘 또 다른 사내를 침대로 데려갔어.

I never bring Jesse to the park.
제시를 공원에 절대 데려가지 않아.

Bring her over here.
걜 이리로 데려와.

We'll have to pick her up and bring her to him.
우리는 걔를 픽업해서 걔한테 데려가야 돼.

💬 이렇게 말한다!

A: The big trip is scheduled for tomorrow.
B: Remember to bring food to the picnic.

A: 중요한 여행이 내일로 예정되어 있어.
B: 피크닉에 음식가져 오는 것을 기억해.

📝 영어문장필사해보기

• 제시를 공원에 절대 데려가지 않아.

What brings[brought] ~?
…에 어쩐 일이야?

What brings[brought] you~?는 어떤 장소에 온 목적[이유]를 묻는 말로 "무슨 일로 …에 왔냐?"라는 의미. you 다음에 장소부사나 to+명사가 온다. 보통 What brings[brought] you(down) here? 형태로 많이 쓰인다.

✓ 핵심포인트

What brings[brought] you here?	여긴 무슨 일이야?
What brings[brought] you to+장소명사?	…에는 무슨 일이야?

📒 이렇게 쓰인다!

So, what brings you here at such a late hour?
이렇게 늦은 시각에 무슨 일로 오셨습니까?

So, what brings you to New York?
그래, 뉴욕에는 어쩐 일이야?

What brings you to the hospital?
병원에는 어쩐 일이야?

What brings you to the strip bar, boss?
사장님, 스트립바에는 어쩐 일로 오셨나요?

💬 이렇게 말한다!

A: **What brings you here?** I thought you were at home.
B: I came to pick up some books that I forgot.
    A: 여긴 어쩐 일이야? 넌 집에 있다고 생각했는데.
    B: 깜박한 책 몇 권을 가지러 왔지.

✏️ 영어문장필사해보기

• 병원에는 어쩐 일이야?

can't bring oneself to~
···할 마음이 내키지 않다

조금 어렵게 느껴지는 미국식 표현. 직역하면 내 자신을 가져와서 '···할 수 없다'라는 말로 너무 기분이 언짢거나 내키지 않아「···을 할 마음이 생기지 않다」라는 뜻.

✓ 핵심포인트

can't bring oneself to+sth	···가 내키지 않는다
can't bring oneself to+동사	···할 맘이 내키지 않는다
can't bring oneself to tell~	···라고 말할 수가 없다

📓 이렇게 쓰인다!

You can't bring yourself to give me one little kiss?
내게 키스를 살짝 할 마음도 없는거야?

I couldn't bring myself to leave her.
난 걜 떠날 수 없었어.

I can't even bring myself to say it.
그걸 차마 말할 수가 없었어.

I can't bring myself to look at you.
너의 얼굴을 차마 쳐다볼 수가 없네.

💬 이렇게 말한다!

A: Sam needs to find a better job.
B: He can't bring himself to quit the one he has.
　A: 샘은 좀 나은 직장을 찾아야해.
　B: 현재 직장을 그만 둘 수가 없나봐.

✏️ 영어문장필사해보기

• 난 걜 떠날 수 없었어.

bring home sb[sth]
…을 집에 데려오다

bring home a friend(친구를 집에 데려오다)에서 보듯 주로 bring home sb to+V[for~]의 형태로 쓰인다. 물론 사물이 오면 …을 집에 가져온다는 의미가 된다.

✓ 핵심포인트
bring home sb	…을 집에 데려오다
bring home the bacon[groceries]	생활비를 벌다

📋 이렇게 쓰인다!

She brought home friends to meet her family.
걔는 가족들과 만나게 하려고 친구들을 집으로 데려왔어.

Bring home a person to help me clean.
내가 집 청소하는데 도와줄 사람 집으로 데려와라.

I brought home some people I work with.
같이 일하는 동료 몇 사람을 집으로 데려왔어.

He brought home Steve for Thanksgiving.
그는 추수감사절 날 스티브를 집으로 데려왔어.

💬 이렇게 말한다!

A: **I'm going to bring home Bob to meet my parents.**
B: **Oh, are you planning to marry him?**

    A: 나는 밥이 부모님을 만나도록 집으로 데려올거야.
    B: 그래? 걔랑 결혼할거니?

✏️ 영어문장필사해보기

- 같이 일하는 동료 몇 사람을 집으로 데려왔어.

bring about

…을 야기시키다, 일으키다(make sth happen, cause)

bring about은 about 다음에 나오는 것을 일어나게 한다는 의미로 「가져오다」, 「해내다」, 「성취하다」, 「초래하다」, 「야기하다」 등의 뜻을 갖는다. 특히 Sth brought about sth의 형태로 많이 쓰인다.

✓ 핵심포인트

| Sth brought about~ | …가 …를 초래하다, 야기하다 |

📝 이렇게 쓰인다!

That might bring about big trouble.
그로 인해 큰 어려움이 야기될 수도 있어.

The rain brought about flooding.
비로 인해 홍수가 발생했다.

Her marriage brought about two children.
그녀는 결혼해서 2명의 자녀를 낳았다.

Our meeting brought about a long friendship.
우리의 만남으로 오랜 우정이 이뤄졌다.

💬 이렇게 말한다!

A: The company lost a lot of money last year.
B: I know. It brought about many problems.
　A: 회사가 작년에 많은 돈을 잃었어.
　B: 알아. 그래서 많은 문제점들을 초래했지.

✏️ 영어문장필사해보기

- 비로 인해 홍수가 발생했다.

bring around

데리고 오다, 가져오다, 화제를 바꾸다, 설득하다, 의식을 되찾게 하다

곁으로(around) 데려오다(bring)라는 뜻으로 bring around는 집 등에 「데려오거나」, 「의식을 다시 찾게 한다」는 의미를 갖는다. 또한 뭔가 이동하거나 음식 등을 나누어준다고 할 때도 bring around를 사용한다.

✓ 핵심포인트

bring sb around (to sth)
bring sth around (to sb[sth])

…을 (…에) 데려가다, 의식을 되찾게 하다
이동시키다, 나누어주다

📝 이렇게 쓰인다!

She is a girl that your friend brought around.
쟨 네 친구가 데려온 아이야.

You can bring around your coworkers to the party.
파티에 네 동료들 데려와도 돼.

Why don't you bring the pizza around for us?
피자 좀 나주어주라.

Why don't you bring your date around to my office?
내 사무실로 만나는 애인 데려와라.

💬 이렇게 말한다!

A: Dan doesn't understand my feelings.
B: Try to bring him around to the way you feel.
　　A: 댄은 내 감정을 이해하지 못해.
　　B: 걔를 네가 느끼는 대로 한번 설득해봐.

영어문장필사해보기 ✏️

• 내 사무실로 만나는 애인 데려와라.

bring back
다시 가져[데려]오다, 생각나게 하다, 반환하다

bring back은 글자 그대로 다시(back) 가져오거나 데려온다(bring)는 말. 비유적으로 「…의 기억을 생각나게 하다」라는 뜻으로도 쓰인다.

✓ 핵심포인트

bring sth back for sb	…에게 …을 도로 가져가다
bring sb back sth	…에게 …을 돌려주다
bring sb back to life	의식[기운]을 되찾게 하다, 활기차게 하다

📋 이렇게 쓰인다!

Bring her back here, will you?
걔 이리로 데려와, 응?

They didn't bring back any food at all?
걔네들은 음식을 전혀 가져오지 않았어?

It brings back bad memories of middle school.
그것 때문에 중학교 때의 나쁜 기억이 나.

Can a relationship bring you back to life?
관계가 너를 기운나게 할 수 있을까?

💬 이렇게 말한다!

A: **Bring back** that paper when you're finished with it.
B: Don't worry, I will.
　　A: 신문 다보고 돌려줘.
　　B: 걱정마, 그렇게 할게.

✏️ 영어문장필사해보기

- 그것 때문에 중학교 때의 나쁜 기억이 나.

bring down
끌어내리다, 파멸시키다, …을 붕괴시키다

가져오긴(bring) 하지만 밑으로(down) 가져온다는 것으로 밑으로 데려오거나, 밑으로 이동하거나 가격 등을 낮추는 것을 말한다. '…을 끌어내린다'는 면에서 비유적으로는 「파멸시키다」, 「붕괴시키다」라는 의미로도 쓰인다.

✓ 핵심포인트

bring down	끌어내리다, …로 데려가다, 낮추다, 기를 꺾다, 파멸시키다
bring sb[sth] down a notch[peg] (or two)	…의 콧대를 꺾다

📓 이렇게 쓰인다!

What'd you bring me down here for?
날 왜 여기에 데려온거야?

I didn't mean to bring you down.
너희들 기분까지 망치게 할 생각은 아니었는데.

I've been waiting for the moment when I finally bring you down.
결국 널 무너트릴 순간을 기다려왔어.

You can bring down the guy who killed your father.
넌 네 아버지를 살해한 놈을 무너트릴 수 있어.

💬 이렇게 말한다!

A: Hattie got bad news when she went to the hospital.
B: Oh dear, that will bring down everyone.
　　A: 해티가 병원에 갔을 때 나쁜 소식을 접했어.
　　B: 저런, 모두를 힘들게 하는 소식일거야.

✏️ 영어문장필사해보기

• 날 왜 여기에 데려온거야?

bring in
영입하다, (법) 도입하다, 돈을 벌다

3가지 의미를 파악하고 있어야 한다. 먼저 조직이나 단체에서 「외부 인사를 영입하다」라는 뜻이 하나이고, 두번째로는 새로운 「법이나 제도를 도입하다」, 그리고 마지막으로는 「돈을 벌어오다」란 의미이다.

✓ 핵심포인트

bring in to+동사[on+명사]	(…을) …하려고 영입하다
bring in+돈	돈을 벌다

📒 이렇게 쓰인다!

I have decided to bring in an analyst to help us.
우리를 도와줄 분석가 한 사람을 영입하기로 마음먹었어.

Did you send a man all the way to Chicago to bring me in?
나를 영입하려고 시카고까지 사람을 보냈어요?

My wife brings in a lot of money every month.
내 아내는 매월 많은 돈을 벌어.

You bring in a hit man without my approval?
내 허락없이 청부살인업자를 고용한다고?

💬 이렇게 말한다!

A: **I have decided to bring in an analyst to help us.**
B: **Great idea! That is just what we need.**
   A: 우리를 도와줄 분석가 한 사람을 영입하기로 마음먹었습니다.
   B: 좋은 생각이군요! 우리가 필요한게 바로 그것이죠.

📝 영어문장필사해보기

• 우리를 도와줄 분석가 한 사람을 영입하기로 마음먹었어.

bring on
가져오다, 초래하다

bring on은 기본적으로 '…을 가져온다'는 것으로 나아가 뭔가 안 좋은 일들이 초래되거나 야기하는 것을 의미하기도 한다. 또한 bring it on은 보통 싸울 때 쓰는 말로 「어디 한번 해볼테면 해보다」라는 뜻이다.

✓ 핵심포인트

bring on	가져오다, 초래하다
bring it on	(도전에) 맞서다, 해보다
bring sth on sb	…에게 안 좋은 일을 초래하다
bring sth on[upon] oneself	…을 자초하다

이렇게 쓰인다!

What brought this on?
이게 왜 그러는거야?

How about I clear the table and bring on dessert?
내가 식탁을 치우고 디저트를 가져오면 어떨까?

You want to hit me? Bring it on!
날 치고 싶다고? 어디 해봐!

So I brought this on myself?
그래 내가 이걸 초래했다고?

What do you expect me to do? You brought this on yourself. 날더러 어찌라고? 네가 자초한거잖아.

이렇게 말한다!

A: Springtime is a beautiful time of year.
B: It brings on the hot weather of summer.
A: 봄은 일년 중 아름다운 때야. B: 봄이 지나고 나면 여름의 더운 날씨가 와.

영어문장필사해보기 ✏️

- 날 치고 싶다고? 어디 해봐!

bring out

갖고 나가다, 데리고 나오다, 밖으로 꺼내다, 나타내다, (제품을) 출시[발표]하다

밖으로(out) 갖고 나온다는 뜻에서 사람을 밖으로 나오게 하거나, 뭔가 밖으로 꺼낸다는 뜻을 갖는다. 비유적으로 「…을 출시하거나」, 「세상에 공표하는」 것을 말하기도 한다.

✓ 핵심포인트

bring out the best[worst] in sb	…를 최상[최악]의 상태로 만들다
bring sth out in the open	…을 세상에 공표하다

📝 이렇게 쓰인다!

I guess weddings just bring out the worst in me.
결혼식을 보면 난 최악의 상태가 돼.

I brought you out here because I want you to see this girl.
네가 이 여자애를 봤으면 해서 이리로 널 데려왔어.

We brought her out of the streets and gave her a new life.
우린 걜 거리에서 구해서 새로운 삶을 가져다줬어.

They didn't bring out the revised edition yet.
수정판은 아직 출간되지 않았어.

💬 이렇게 말한다!

A: Bring out the cookies that you made this morning.
B: Did you like the way they tasted?

　　A: 오늘 아침 네가 만든 과자를 꺼내와 봐.
　　B: 과자 맛은 좋았어?

✏️ 영어문장필사해보기

• 수정판은 아직 출간되지 않았어.

bring up
(화제를) 꺼내다, 가르치다, 기르다

bring up은 상대적으로 단순하다. 「아이를 키우다」와 「…에 대한 이야기를 꺼내다」라는 두 가지 뜻으로 주로 많이 사용된다. 또한 컴퓨터 화면에 띄우다라는 뜻으로도 자주 사용된다.

✓ 핵심포인트

bring sb up to+동사	…하도록 가르치다, 기르다
bring sb up as~	…로 기르다

📓 이렇게 쓰인다!

Are you going to bring up your child here while you go to school?
네가 학교 다니는 동안에 여기서 아이를 기를거야?

This isn't the best time to bring it up, but you have to get out of here.
이런 말 할 타이밍이 아닌 건 알지만, 그만 나가줘야겠어.

I'm really kind of surprised nobody's ever brought it up.
아무도 그 얘길 하지 않아 좀 놀랐어.

Please don't bring up the accident again.
제발이지 그 사고는 다시는 언급하지마.

💬 이렇게 말한다!

A: Sally gets angry very easily these days.
B: I know. I'm afraid to bring up new topics with her.
 A: 샐리는 요즘 매우 쉽게 화를 내.
 B: 알아. 걔에게 새로운 화제를 꺼내기기 두려워.

✏️ 영어문장필사해보기

• 네가 학교 다니는 동안에 여기서 아이를 기를거야?

Get More

▸ **bring along** …을 데리고 가다, 가져가다

Does he have a single friend that you could bring along for me?
날 위해 데려올 수 있는 독신친구가 있어?

▸ **bring into** 어떤 상황에 빠트리다

I can't believe you brought my boss into this! I'm going to get fired!
네가 사장님을 이런 상황에 빠트리다니! 나 해고될거라고!

▸ **bring together** 재회하다, 합치다

We were brought together to spend the night together.
우리는 밤을 함께 보내기 위해 모였어.

You always said fate brought us together.
넌 운명이 우릴 만나게 했다고 말했어.

▸ **bring sth to a close** 끝나다 (↔ come to a close 끝나다)

Let's bring this matter to a close. 이 문제에 대해 결정을 내리자.

▸ **bring ~ to one's knees** …을 복종시키다, 무릎꿇게 하다

Use it to bring any man to his knees. 이걸 이용해 남자를 말 잘 듣게 해.

▸ **which brings me to~** 그래서 …하게 되다

I got divorced again. Which brought me to the strip bar.
난 다시 이혼했고 그래서 스트립바에 오게 됐어.

▸ **bring a case[charges]** 소송을 일으키다

The district prosecutor refused even to bring charges.
지방검사는 소송거는 것조차 거부했어.

bring sb to one's senses 제 정신으로 돌아오게 하다
It brought me to my senses. 그 덕에 제정신으로 돌아왔어.
She came to her senses finally. 걔가 마침내 제정신으로 돌아왔어.

06/07.
들리는 걸 어떡해

Hear / Listen

들리는 소리를 듣다라는 뜻. 앞의 see와 더불어 지각동사의 대명사. see동사처럼 hear sb[sth]+동사[~ing] 형태로 「…가 …하는 것을 듣다」라는 의미로 쓰인다. hear에서 꼭 기억해야 둘 표현은 뭔가 다른 데서 들은 소식을 이야기할 때 쓰는 I('ve) heard that~, 그리고 Have you heard[Did you hear] that~?을 잘 암기해두어야 한다.

 Hear 기본개념

01. 들리다, 듣다
Excuse me, I didn't hear you well. 미안하지만 잘 못들었어요.
Did you hear that Cindy got married again?
신디가 다시 결혼한다는 말 들었니?
I heard you got fired a few weeks ago. 몇 주전에 해고됐다며.
I heard you and your husband live in Chicago.
너희 부부 시카고에 산다며.

02. …가 …하는 것을 듣다(hear ~ V/~ing)
I heard her singing in the bathroom.
난 걔가 화장실에 노래하는 걸 들었어.
I never heard her talking like that.
난 걔가 그렇게 말하는거 들어본 적이 없어.

hear it[that]
…을 듣다

주로 대화 중 오간 이야기나 소식 혹은 무슨 다른 들린 소리를 it이나 that으로 받아 hear it[that](…을 듣다)의 형태로 쓰인다.

✓ 핵심포인트

Did you hear that?	너 그 얘기 들었니?(이상한 이야기를 듣고서)
Did you hear?	너 얘기 들었니?
I didn't hear that	못 들었어
Do you hear that?	1. (상대방이나 자기가 바로 전에 한 말을 가리키며) 들었지?
	2. (이상한 소리를 듣고) 들었지?

📒 이렇게 쓰인다!

I am glad to hear that.
그것 참 잘됐다.

I am sorry to hear that. I never expected him to dump you.
안됐네. 걔가 널 차리라고는 생각못했어.

What are you talking about? That isn't the way I heard it. 무슨 얘기하는거야? 그건 내가 들은 이야기랑 달라.

Let's hear it. 어디 들어봅시다.

Now hear this. 자, 주목해 주세요.

💬 이렇게 말한다!

A: Today has been such a crazy day.
B: I'm sorry to hear that. What's going on?
　　A: 오늘 하루 정말 미치겠다.　B: 그렇다니 유감인걸. 무슨 일인데 그래?

영어문장필사해보기 ✏

• 안됐네. 걔가 널 차리라고는 생각못했어.

hear sb
…의 얘기를 듣다

이번에는 hear 다음에 사람이 와서 「…의 얘기를 듣다」, 「…의 말을 듣다」라는 의미로 쓰이는 경우. 상대방에게 "명심해"라고 하는 You heard me같은 관용표현은 미리미리 암기해둔다.

✓ 핵심포인트

You heard me	명심해
I hear you, I hear you	너랑 동감이야
Do you hear me?	내 말 듣고 있니?, 알았어!

이렇게 쓰인다!

I'm sorry I can't hear you. Please say it louder.
미안하지만 안들려. 좀 더 큰소리로 말해줘.

It's good to hear your voice. Where are you now?
네 목소리 들으니 좋으네. 지금 어디에 있어?

Did I hear you right?
그게 정말이야?

I can't[couldn't] hear you.
안 들려.

이렇게 말한다!

A: I need you to pay attention. Do you hear me?
B: Yes! Calm down. I hear you.
　　A: 주목해줘. 내말 듣고 있니?
　　B: 응! 진정해. 듣고 있어.

영어문장필사해보기 ✏

• 미안하지만 안들려. 큰 소리로 말해줘.

hear sb[sth]+동사[~ing]
…가 …하는 것을 듣다

see의 경우와 마찬가지로 hear+sb[sth]+동사[~ing]게 되면 「…가 …하는 것을 듣다」라는 의미가 된다. 역시 ~ing을 쓰면 동작의 진행을 강조하는 문장이 된다.

✓ 핵심포인트

hear sb[sth]+V[~ing]   …가 …하는 것을 듣다

📝 이렇게 쓰인다!

We heard you crying. Please don't cry.
네가 우는거 들었어. 울지마.

I've never heard him make that sound.
걔가 그런 소리를 내는거 못 들어봤어.

I've never heard her talk like this.
걔가 이렇게 말하는거 못 들어봤어.

What's going on here? I heard you yelling.
여기 무슨 일이야? 네가 소리지르는 걸 들었는데.

💬 이렇게 말한다!

A: I can hear her talking on the phone.
B: Is she talking to her boyfriend?

A: 걔가 전화하는 소리가 들려.
B: 자기 남친하고 전화하는거니?

✏️ 영어문장필사해보기

- 걔가 그런 소리를 내는거 못 들어봤어.

hear sb say (that)~

…가 …라고 말하는 걸 듣다

응용표현으로 hear sb 다음에 동사가 say that 주어+동사가 온 경우. 「…가 …라고 말하는 것을 듣다」라는 것으로 hear me say~, hear you say~ 등으로 쓰인다.

✓ 핵심포인트

I heard you say that S+V	네가 …라고 말하는 걸 들었어
You never heard me say that S+V	넌 내가 …라고 하는 말을 들은 적이 없어

📓 이렇게 쓰인다!

I heard you say that she was emotionally unstable.
네가 걔가 정서적으로 불안정하다고 한 말 들었어.

You never heard me say that I love you.
넌 내가 널 사랑한다는 말을 들어본 적이 없어.

You never heard me say that.
넌 내가 그렇게 말하는 걸 들은 적이 없어.

I'm very glad to hear you say that.
네가 그렇게 말해줘서 매우 기뻐.

💬 이렇게 말한다!

A: I heard somebody say that it will rain tonight.
B: Yeah, we'd better take an umbrella.
  A: 오늘밤 비가 올거라고 누가 그러던데.
  B: 그래, 우산가져가야 될거야.

📝 영어문장필사해보기

• 네가 그렇게 말해줘서 매우 기뻐.

hear (that) ~
…을 듣다

들은 내용이 좀 길어 문장으로 말하는 경우. I heard that~ 혹은 I've heard that~으로 들은 이야기를 꺼내거나 혹은 Did you hear that~? 혹은 Have you heard that~?으로 상대에게 「…을 들었냐?」고 물어볼 수 있다.

✓ 핵심포인트

I('ve) heard that 주어+동사 …라고 들었어
Have you heard[Did you hear] that~? …라는 소식 들었니?

📓 이렇게 쓰인다!

I hear you've been promoted.
너 승진했다며.

I heard you had some fun with her last night.
지난밤에 걔하고 재밌게 보냈다며.

I heard you were going to get married.
너 결혼할거라며.

Did you hear that she went to China to study?
걔가 공부하러 중국에 간거 알았어?

💬 이렇게 말한다!

A: **I heard you don't like watching basketball.**
B: **Right. I prefer to watch baseball games.**
　A: 농구경기 보는거 싫어한다며.
　B: 맞아. 야구경기보는 걸 더 좋아해.

✏️ 영어문장필사해보기

• 지난밤에 걔하고 재밌게 보냈다며.

never hear
…을 전혀 듣지 못하다

뭔가 듣지 못했을 때는 I didn't hear~ 혹은 I have never heard~라고 하면 된다. 「…을 못 들었다」, 「…을 들어본 적이 없다」라는 의미.

✓ 핵심포인트

I didn't hear~ …을 못 들었어
I have never heard~ …을 들어본 적이 없어

📒 이렇게 쓰인다!

I didn't hear you come in.
네가 들어오는 소리 못 들었어.

I didn't hear you leave the hotel room.
네가 호텔방 나가는 소리를 못 들었어.

You've never heard that before?
그거 전에 못 들어봤어?

I've never heard her talk like that.
걔가 저렇게 얘기하는 것을 들어본 적이 없어.

💬 이렇게 말한다!

A: Shawn is going to move to Hawaii.
B: **I never heard that.** Are you sure it's true?
　　A: 션이 하와이로 이사할거래.
　　B: 처음 듣는데. 정말 확실한거야?

✏️ 영어문장필사해보기

• 걔가 저렇게 얘기하는 것을 들어본 적이 없어.

hear sb out
…의 말을 끝까지 듣다

sb가 말하는 것을 중간에 끊지 않고 끝까지 열심히 듣는 것을 말한다. 주로 말하는 사람이 상대방에게 경청해달라는 의미로 Please hear me out의 형태로 많이 쓰인다.

✓ 핵심포인트

hear sb out …의 말을 끝까지 듣다

📓 이렇게 쓰인다!

Please, hear me out. This is important.
좀 잘 들어봐. 중요하다고.

Listen, just hear me out for a second.
저기, 잠시만 내 말 좀 들어봐.

I've been at this for hours. Just hear me out.
몇 시간 동안 이거 했는데 내 말 좀 들어봐.

Did she hear you out?
걔가 네 말 다 들어줬어?

💬 이렇게 말한다!

A: Your idea will never work.
B: Hear me out. It's a good idea.
  A: 네 아이디어는 절대로 안통할거야.
  B: 끝까지 들어봐. 이건 좋은 아이디어야.

✏️ 영어문장필사해보기

• 좀 잘 들어봐. 중요하다고.

hear about
…에 관해 듣다

글자 그대로 「…에 관한 이야기를 통해 들어서 알고 있다」는 말. hear about~ 다음에 들은 이야기를 명사로 써도 되지만 hear about sb ~ing의 형태로 「…가 …한다는 이야기를 듣다」라고 써도 된다.

✓ 핵심포인트

I heard about it	그 얘기는 들었어
I never heard about any of this	이 얘기는 전혀 들어본 적이 없어
I heard about it second hand	전해 들었어
I've heard all about it	그 일이라면 이미 알고 있어

📓 이렇게 쓰인다!

How did they hear about my divorce?
걔들이 내가 이혼한 걸 어떻게 들었대?

Have you heard about her secret boyfriend?
걔의 숨겨 놓은 남친얘기 들어봤어?

I heard about your engagement the other night. Congratulations.
요전날 밤 네 약혼얘기 들었어. 축하해.

I heard about you getting married next month.
네가 다음 달에 결혼한다는 이야기 들었어.

💬 이렇게 말한다!

A: I've heard about the Great Wall of China.
B: Would you like to go and visit it?
　　A: 중국 만리장성에 대해 들어봤어.
　　B: 한번 가볼래?

📝 영어문장필사해보기

• 요전날 밤 네 약혼얘기 들었어. 축하해.

hear of
…의 소식을 듣다

「…의 소식을 듣다」라는 말로 hear of 다음에 사람이 오거나 사물이 올 수 있다. 생략하여 Never heard of this, Never heard of her 등으로 쓰이기도 한다.

✓ 핵심포인트

| never heard of this | 들어본 적 없다 |
| never heard of her | 걔 소식 못들었다 |

📝 이렇게 쓰인다!

I never heard of such a thing.
그런 얘기 들어본 적 없어.

I've never heard of you until this morning.
오늘 아침까지 네 소식 들은게 없었어.

I've never heard of that until you told me about it.
내가 얘기해주기까지는 그 얘기를 들어보지 못했어.

I'm not kidding. I've never heard of this before.
농담아냐. 전에 이런거 들어보지 못했어.

Have you heard of the date rape?
데이트 성폭행에 대해 들어봤어?

What is a baby shower? Have you heard of that?
베이비샤워가 뭐야? 들어본 적 있어?

She never heard of me. This is not a good sign.
걘 내가 금시초문이래. 좋은 신호는 아니야.

How come you never heard of this?
어떻게 이 얘기를 들어본 적이 없어?

💬 이렇게 말한다!

A: Did you ever hear of a ghost living here?
B: No. Who told you there was a ghost here?

    A: 이곳에 살고 있다는 유령 이야기 들어본 적이 있니?
    B: 아니. 이곳에 유령이 있다고 누가 그랬어?

hear from
…로부터 듣다

from 다음에 사람이 와서 hear from하게 되면 「…로부터 소식을 듣다」, 「…을 통해서 이야기를 듣다」라는 의미로 주로 제 3자로부터 소식을 들었을 경우에 사용한다.

✓ 핵심포인트

I haven't[never] heard from sb …로부터 소식없어
(Have) You heard from sb? …로부터 소식있어?

📓 이렇게 쓰인다!

I haven't heard from him since the divorce.
이혼 이후에 걔 소식 몰라.

Unfortunately, I never heard from him.
안됐지만 걔한테서 들은 소식 없어.

You heard from the car sales dealer?
자동차 딜러에게서 연락 왔어?

Have you heard from Will?
윌로부터 소식 있어?

She'd really like to hear from you.
걘 너한테서 직접 듣고 싶어해.

💬 이렇게 말한다!

A: **It's good to hear from you again!**
B: **I'm glad to be back on the job.**
    A: 네 목소리를 다시 듣게 되다니!
    B: 다시 일할 수 있게 돼서 나도 기뻐.

✏️ 영어문장필사해보기

• 이혼 이후에 걔 소식 몰라.

listen (carefully)
주의깊게 듣다, 경청하다

hear와 달리 주의를 기울여 듣는다는 의미가 깔린 동사. 목적어없이 be listening의 형태로 「말을 듣다」라는 뜻으로 사용된다. 상대방 주의를 환기시킬 때는 Listen carefully 혹은 가볍게 Listen, 하고 자기가 할 말을 하면 된다.

✓ 핵심포인트

Listen carefully	잘 들어봐
Listen,	이봐,

📒 이렇게 쓰인다!

I'm listening.
듣고 있어, 어서 말해.

You're just not listening.
내 말 안 듣고 뭐하냐.

Listen carefully. This is very important.
잘 들어. 이거 중요한거야.

Listen, I'm broke, okay?
이봐, 나 빈털터리야, 알았어?

💬 이렇게 말한다!

A: Look, don't get so upset at me.
B: I'm angry because you're just not listening.
　A: 이봐, 나한테 너무 화내지마.
　B: 네가 내 말을 듣지 않으니까 화난거지.

✏️ 영어문장필사해보기

• 내 말 안 듣고 뭐하냐.

listen to~
…의 말을 듣다

listen to~ 다음에 사람이나 음악(music) 등의 소리를 낼 수 있는 것들이 와서 주어가 「…의 소리를 경청하다」, 「귀를 기울여 잘 듣다」라는 뜻이 된다.

✓ 핵심포인트

listen for	귀를 기울여 듣다
listen up	잘 듣다, 귀 기울여 듣다

 이렇게 쓰인다!

Are you listening to me?
내 말 듣고 있어?

He listens to me.
걔는 내 말 잘 들어.

They listened for a response and heard nothing.
걔네들은 답신에 귀 기울였지만 아무 소식도 듣지 못했어.

All right, everybody, listen up.
좋아, 다들 잘 들어.

이렇게 말한다!

A: What radio station do you listen to?
B: I listen to 88.1(eighty-eight point one) FM radio.
A: 어느 라디오 방송국을 듣고 있니?
B: FM 88.1을 들어.

영어문장필사해보기 ✏️

• 좋아, 다들 잘 들어.

Get More

- **(I hear you) Loud and clear** 잘 들려, 잘 알았어

   I hear you loud and clear. Don't worry about me. 잘 알았으니 걱정마.

- **From what I hear(d)** 내가 듣기로

   From what I hear, that's going to take a while.
   내가 듣기로는 그거 시간이 좀 걸릴거야.

- **So I hear** 그렇게 들었어 **So I've heard** 그렇다고 들었어

   You're not a doctor. So I've heard. 당신 의사 아니라며. 그렇다고 들었어.

- **hear it through the grapevine** 소문으로 듣다

   I heard it through the grapevine the other day. 요전날 소문으로 들었어.

- **won't[wouldn't] hear of~** …을 들으려 하지 않다

   My mother wouldn't hear of it. 엄마는 그 얘기를 들으려 하지 않았어.

- **hear the last of sb** …의 불평이 아직 끝이 아니야

   I don't think we've heard the last of her.
   걔 불평이 아직 끝나지 않은 것 같아.

- **never hear the end of it** 계속 …얘기를 할 것이다

   You will never hear the end of it. 넌 그 얘기를 계속 들을거야.

I'm sorry, I'm hard of hearing. 귀가 좀 안 좋아서요.
Now I've heard[seen] everything. 살다 보니 별 말[걸]을 다 듣[보]겠네.
So I've been told/So I hear. 그렇다고 들었어.
You'll never guess what I heard. 내가 무슨 얘기를 들었는지 넌 짐작도 못 할 걸.
I hear what you're saying. 무슨 말인지 알겠지만.(I hear what you say)
I could hear a pin drop. 정말 조용했어.

08.
걷지 말고 뛰어라

Run

무척 동적인 동사로 달리는 모습을 연상하면 많은 의미가 유추되거나 이해된다. 늦어서 급히 뛰어가거나 그러다 우연히 마주치거나 아니면 죄를 짓고 도망치거나 등을 기본으로 사람이 달리는 것처럼 어떤 기계 등이 돌아가거나 돌아가게 하는 것을 말하기도 한다. 좀 돌아가는 걸 크게 봐서 회사나 상점 등을 운영하는 것을 뜻하기도 한다. 명사로는 설사(the runs), 상영, 그리고 open run(상점 등이 열자마자 뛰어가는 것) 등을 의미한다.

 Run 기본개념

01. 달리다, 뛰어가다
I can run 100 meters in 14 seconds. 100미터를 14초에 뛸 수 있어.
I've got to run. 빨리 가야 되겠어.
I run about thirty miles per week. 일주일에 약 30마일 뛰어.

02. 움직이(게 하)다, 작동시키다[하다], 상영되다, 게재하다
The movie runs for more than 3 hours.
이 영화는 길이가 3시간이 넘어.
This computer doesn't run Window 11.
이 컴퓨터는 윈도우 11이 돌아가지 않아.

03. 운영하다, 경영하다, (선거에) 나가다(for)
I run a boutique. 미용실을 하고 있어.

04. 달리기, 설사, 공연의 상영, 야구의 득점
I've got the runs. 설사했어.
I have a runny nose. 코가 흘러.(My nose is running)

run
달리다, 뛰다

가장 기본적인 의미로 run은 to, down, toward 같은 방향 전치사와 결합하여 「…로 달려가다」, 「뛰어가다」라는 표현이 된다.

✓ 핵심포인트

run to[down, toward]	…로 달려가다, 뛰어가다
run to+동사	…하러 급히 가다

📝 이렇게 쓰인다!

I'm going to run to the car and get my stuff.
차로 뛰어가서 내 물건 가져올게.

I'm going to run down to the emergency room.
응급실로 뛰어 갈게.

I was running, and I ran to go find Jill.
난 뛰었어, 가서 질을 찾으려고 뛰어갔어.

You run to the store and I'll go get coffee.
네가 가게 뛰어갔다 와. 난 가서 커피 사올게.

💬 이렇게 말한다!

A: How long does it take to finish this race?
B: You will have to run for 30 minutes.

　A: 이 경주를 끝내는데 얼마나 걸릴까?
　B: 30분은 뛰어야 할거야.

✏️ 영어문장필사해보기

• 차로 뛰어가서 내 물건 가져올게.

08. 걷지 말고 뛰어라 Run

come running
기꺼이 달려오다, 도움을 청하다(~to sb)

오긴 오는데(come) 뛰어서(running) 온다는 뜻으로 「급히 오다」, 「달려오다」 그리고 비유적으로 「기꺼이 하다」라는 의미로 쓰인다. running 대신에 flying을 쓰기도 한다.

✅ **핵심포인트**

come running (back) to	…로 달려가다, 달려돌아가다
come running out of[from]	…에서 달려오다

The kids came running out of the house.
얘들이 집에서 뛰어나왔어.

She didn't come running back to you.
걘 네게 돌아가지 않았어.

When you hear it, come running.
그게 들리면 뛰어와.

💬 **이렇게 말한다!**

A: Everyone is feeling hungry tonight.
B: They'll come running when I serve dinner.
A: 오늘밤 모두 배고픔을 느끼고 있어.
B: 내가 저녁을 차려주면 걔들은 막 뛰어올거야.

✏️ **영어문장필사해보기**

• 내가 저녁을 차려주면 걔들은 막 뛰어올거야.

be running late
늦다

run late는 어디를 가는데 늦는다는 말로 주로 진행형인 be running late 형태로 잘 쓰인다. …에 늦었다고 하려면 be late for처럼 for를 써서 be running late for~라 하면 된다.

✓ 핵심포인트

be late for	…에 늦다
be running late for	…에 늦다

📝 이렇게 쓴다!

He's supposed to be here, but I guess he's running late.
걘 여기 있어야 하는데 늦나보군.

I was running late for a meeting.
난 회의에 늦었어.

Let's go right now. We're running late.
지금 바로 가자. 우리 늦었어.

I've got to go. I'm running late.
나 가야 돼. 늦었어.

💬 이렇게 말한다!

A: **It's after six o'clock right now.**
B: **Oh no! I am really running late!**

　A: 지금 6시가 넘은 것 같아.
　B: 큰일 났네! 정말로 늦었네!

✏️ 영어문장필사해보기

• 지금 바로 가자. 우리 늦었어.

run errands
심부름하다(= go on an errand)

errand는 다른 사람의 용무로 잠깐 어디를 가서 받아오거나 사오거나 하는, 즉 「심부름」이라는 의미. 심부름을 간다라고 할 때는 run errands[a errand], 심부름을 보낸다라고 할 때는 send sb on an errand라고 하면 된다.

✓ 핵심포인트
run one's errands	…의 심부름을 가다
go on an errand	심부름가다
send sb on an errand	심부름 보내다

📓 이렇게 쓰인다!

I have to run an errand.
심부름해야 돼.

I've got millions of errands to run.
해야 할 심부름이 엄청 많아.

Do you mind if I run a quick errand?
잠깐 심부름 갔다 와도 괜찮겠어?

I'm sorry. She shouldn't have you running errands.
미안. 걔가 널 심부름 보내면 안 되는데.

💬 이렇게 말한다!

A: Where is Joseph this morning?
B: He had to go run errands.

A: 오늘 아침 요셉은 어디에 있니?
B: 걔는 심부름가야 했어.

✏️ 영어문장필사해보기
- 해야 할 심부름이 엄청 많아.

run after
뒤쫓다, 뒤따라 달려가다

뒤를 따라가서(after) 달리는 것으로 「…을 뒤쫓는」 것을 뜻한다. 범인을 잡으러 뒤쫓는 경우도 있겠지만 단순히 뒤따라 뛰어가는 것도 의미한다.

✓ 핵심포인트

come running after	…을 뒤쫓아 달려오다
take off running after	…을 뒤따라 가기 시작하다

📝 이렇게 쓰인다!

Michael ran off and Jane ran after him.
마이클이 달아나자 제인이 그 뒤를 쫓았다.

He ran after her. They met in the hallway.
걘 걔를 뒤쫓아 가더니 복도에서 만났어.

Tom took off jogging again. Susie ran after him.
탐이 다시 조깅하기 시작하자 수지가 걜 뒤쫓았어.

Hurley took off running after Vincent.
헐리가 빈센트를 뒤쫓아 가기 시작했어.

💬 이렇게 말한다!

A: I got to the bus stop as my bus was leaving.
B: Did you still run after it?

A: 버스가 막 떠나려 할 때 버스정거장에 도착했어.
B: 쫓아갈 수 있었니?

영어문장필사해보기 ✏️

• 탐이 다시 조깅하기 시작하자 수지가 걜 뒤쫓았어.

run around (with)
뛰어 돌아다니다, 바쁘다

주변을 이리저리 뛰어다닌다는 연상이 되는 표현으로 이것저것 작은 일들로 무척 바쁜 모습을 떠올리면 된다. 특히 run around with sb하면 「잘못된 만남의 시간을 보내다」라는 뜻.

✓ 핵심포인트

run around+~ing	…하느라 바쁘다
run around with sb	(남녀간) 바람피다

📓 이렇게 쓰인다!

Are you running around looking for your earring?
귀걸이 찾느라고 정신없는거야?

They run around the house with toy airplanes.
걔네들은 장난감 비행기를 들고 집안을 뛰고 돌아다녀.

She's running around telling everyone that she's going to break up with Tom.
걘 탐과 헤어질거라고 모두에게 말하고 다녀.

She is running around the front yard trying to get him.
그녀는 걔를 잡기 위해서 앞마당을 뛰어 돌아다니고 있어.

💬 이렇게 말한다!

A: I don't think I can run around the track another time.
B: Hang in there! Just one more lap.

    A: 한 바퀴도 더는 못 뛰겠어.
    B: 끝까지 해봐! 딱 한 바퀴만 더 뛰면 돼.

✏️ 영어문장필사해보기

• 귀걸이 찾느라고 정신없는거야?

run away
도망치다, 달아나다

멀리(away) 달아난다는 의미로 「도망치다」, 「달아나다」라는 뜻. run off 또한 「급히 가버리다」, 「도망치다」라는 뜻으로 그 의미가 비슷하다.

✓ 핵심포인트

run away (from sb/sth)	(…로부터) 도망치다
run off [to+명사, to+동사]	(…로, …하러) 도망치다, 급히 가버리다
run away[off] with	도망치다, 사랑의 도피행을 하다

📓 이렇게 쓰인다!

You can't run away from that.
넌 그것으로부터 도망칠 수 없어.

I am going to run away from you.
너한테서 도망갈거야.

Did he run off to see his mom?
걔가 엄마를 만나려고 급히 갔어?

Why do you keep running away from me?
넌 왜 계속 나를 피해 달아나고 있는거야?

💬 이렇게 말한다!

A: Some children choose to run away from home.
B: They must have difficult lives.
  A: 일부 아이들은 가출하는 선택을 하기도 하지.
  B: 걔들은 힘든 인생을 살게 되지.

🖉 영어문장필사해보기

• 걔가 엄마를 만나려고 급히 갔어?

run sth by sb

…에게 …을 상의하다

sth을 sb에게 가져가 물어보고 그의 의견을 들어보거나 설명을 해달라고 하는 의미로 Run that by me again하면 「다시 말해줘」라는 표현.

✓ 핵심포인트

run sth by sb	…에게 …을 상의하다
(You'd better) Run it by me	내게 말해봐, 상의해봐

📓 이렇게 쓰인다!

You'd better run it by me.
나한테 상의해(내게 말해봐).

Just run it by Jimmy and tell me what he thinks.
지미한테 가서 물어보고 걔 의견을 내게 알려줘.

Great! You want to run it by me?
좋아! 내게 물어본다고?

I'd better run this by my wife.
난 아내와 이걸 상의해야겠어.

💬 이렇게 말한다!

A: This is the plan that I created.
B: Run it by my boss and see what he thinks.
A: 이건 내가 만들어낸 계획이야.
B: 내 보스와 상의해서 보스가 어떻게 생각하는지 알아봐.

✏️ 영어문장필사해보기

• 지미한테 가서 물어보고 걔 의견을 내게 알려줘.

run down

뛰어내려가다, 차에 치이다, 비난하다, 고장나다, 닳아지다

아래로(down) 달려간다(run)는 의미이며 나아가 「…을 추적하다」, 「파악하다」, 또는 「밧데리 등이 고갈되는」 것을 뜻한다. 또한 「차에 치이는 것」 혹은 「비난하는」 것을 말하기도 한다.

✓ 핵심포인트

run down	뛰어내려가다, 추적하다, 차에 치이다, 비난하다
run(-)down	피곤한, 낡아빠진

📔 이렇게 쓰인다!

I'm going to run down to the emergency room and check it out.
응급실로 달려가서 확인해봐야지.

Could you run down to the snack bar and get me some cookies?
스낵바에 빨리 가서 쿠키 좀 사다줄래?

I'll have Greg run down the gun's serial number.
그렉에게 총의 일련번호를 추적하라고 할거야.

I've been feeling a little run down lately.
최근에 좀 지쳤어.

💬 이렇게 말한다!

A: **Did you go to the gym today?**
B: **Yes, I exercised. Sweat is running down my shirt.**
　A: 오늘 헬스클럽 갔니?
　B: 응, 운동했어. 땀이 셔츠 속에서 흘러.

영어문장필사해보기 ✏️

• 응급실로 달려가서 확인해봐야지.

run for
선거에 후보로 나서다, …을 향해 달리다

대통령선거든 시장선거든 혹은 대학교내 클럽 회장 선거든 한 단체의 장을 뽑는데 출마하는 것, 즉 당선을 목표로 출마한다는 표현이다. 하지만 글자 그대로 「…을 향해 뛰다」라는 의미로도 쓰인다는 점을 알아둔다.

✓ 핵심포인트

make a run for it	도망치다
run for one's life	필사적으로 도망치다
run in the election	선거에 출마하다

📓 이렇게 쓰인다!

I don't know who's running for president.
난 누가 대통령 선거에 출마했는지 몰라.

He's running for city council.
그 사람은 시의회에 출마했어.

I guess you don't read the papers. I'm running for mayor.
신문을 안 보시나 본데요. 시장선거 후보입니다.

I wasn't planning on running for a second term.
재임선거에 나갈 계획이 없었어.

💬 이렇게 말한다!

A: My uncle says he's going to run for mayor.
B: There's no way he will ever win.
　　A: 삼촌이 시장에 출마할 계획이래.
　　B: 삼촌이 승리할 가능성은 없어.

영어문장필사해보기 ✏️

• 난 누가 대통령 선거에 출마했는지 몰라.

run into
…로 달려 들어가다, 어려움 만나다, …을 우연히 만나다

…안으로(into) 뛰어든다는 것으로 비유적으로 「어려움, 난관을 만나거나」 혹은 「우연히 사람을 만난다」는 것으로 이때는 run(come) across, bump into와 같은 표현이다.

✓ **핵심포인트**

run into　　　어려움 만나다, …을 우연히 만나다

 이렇게 쓰인다!

If you run into any problems, you call me.
무슨 문제 생기면 내게 전화해.

I ran into her on my way home.
집에 오는 길에 걔와 우연히 마주쳤어.

Good[Nice] running into you.
만나서 반가웠어.

He ran into a law school classmate.
걔는 로스쿨 동창생을 우연히 만났어.

If you run into any problems, call me.
무슨 문제 생기면 전화해.

💬 이렇게 말한다!

A: **I ran into Mike this morning.**
B: **How's he doing?**
　　A: 나 오늘 아침에 마이크를 우연히 만났어.
　　B: 어떻게 지낸대?

✏️ 영어문장필사해보기

• 집에 오는 길에 걔와 우연히 마주쳤어.

run out (of)

(…가) 부족하다(=run short of, run low)

어떤 것이 떨어져 없어진다는 의미로 「…이 부족하다」, 「…이 모자라다」라는 의미의 표현. 비슷한 표현으로 run short of, run low 등이 있다. 또한 run out on sb하면 「…가 어려울 때 도망치다」라는 뜻.

✓ 핵심포인트

run out (of)	…가 부족하다, 모자라다
run out on sb	…가 힘들 때 도망치다

📝 이렇게 쓰인다!

My luck ran out.
내 운이 다했어.

I ran out of gas. Where can we fill up?
기름이 다 떨어졌어. 어디서 기름넣어?

I'm running out of time.
시간이 얼마 안 남았어.(I'm running short of time)

My real dad ran out on me before I was born.
진짜 아빤 내가 태어나기도 전에 날 버리셨대.

💬 이렇게 말한다!

A: We ran out of paper for the copier.
B: I'll get the secretary to get some more.
  A: 복사기에 종이가 다 떨어졌어.
  B: 비서한테 종이를 좀 더 가져오라고 할게.

✏️ 영어문장필사해보기

• 기름이 다 떨어졌어. 어디서 기름넣어?

run over

…로 달려가다(to), 차로 치다, 훑어보다

'…의 위로(over) 달려간다'는 것으로 비유적으로 「차에 치이거나」, 「…을 훑어보는」 것을 뜻한다. 그냥 단순하게 run over (+장소)로 쓰이면 「…로 달려가다」라는 의미가 된다.

✓ 핵심포인트

run over to	…로 달려가다
run over	차로 치다, 훑어보다

📝 이렇게 쓰인다!

I'm going to have to run over there and beg him to stay with me.
내가 그리로 뛰어가서 걔에게 나와 함께 있자고 간청할거야.

When I got run over, I was on my way to propose to you.
차에 치였을 때 네게 청혼하러 가는 중이었어.

I'd like to run over today's schedule.
오늘 일정을 점검해봤으면 합니다.

He got run over while thinking about how to get home.
어떻게 집에 갈까 생각하다가 차에 치였어.

💬 이렇게 말한다!

A: How did the car get a flat tire?
B: You must have run over some broken glass.
　　A: 그 차가 어떻게 펑크가 났어?
　　B: 깨진 유리 위로 지나간 게 분명해.

✏️ 영어문장필사해보기

- 차에 치였을 때 네게 청혼하러 가는 중이었어.

run through
…을 가로질러 달려가다, 관통하다, 훑어보다

글자 그대로 「…을 가로질러(through) 뛰어가거나」, 「어떤 생각 등이 관통한다」는 의미로 쓰인다. 특히 run through one's mind는 「…가 …의 머리 속을 스치다」 혹은 「머리 속에 박혀 잊혀지지 않다」라는 의미.

✅ 핵심포인트

run through	…을 가로질러 달려가다, 관통하다, 훑어보다
run through one's mind	…가 …의 머리 속을 스치다

📓 이렇게 쓰인다!

It's been running through my mind ever since.
그 이후로 그게 내 머리 속에서 잊혀지지 않아.

Why are thoughts of that girl running through my head?
왜 그 여자애 생각들이 내 머리 속에서 잊혀지지 않지?

Okay, let's run through it one more time.
좋아 한번 더 훑어보자.

💬 이렇게 말한다!

A: The students are very excited today.
B: Tell them not to run through the hallway.
　A: 학생들이 오늘 꽤 들떠있어.
　B: 복도를 뛰어다니지 않도록 말해.

📝 영어문장필사해보기

- 그 이후로 그게 내 머리 속에서 잊혀지지 않아.

Get More

- **run along** 그만가라(명령형)

  Now run along so your daddy and I can make love.
  네 아빠와 사랑하게 그만 가봐라.

- **make a run for it** 도망가다, 빨리 피하다

  Let's make a run for it. 빨리 피하자.

- **be up and running** 잘 돌아가다

  Is the office up and running? 사무실은 잘 돌아가?

- **run a fever** 열이 나다

  I'm running a fever. 내가 열이 나.
  Jane's still running a fever. 제인은 아직도 열이나.

- **run in the family** …가 집안 내력이다

  Good looks run in the family. 잘 생긴 것은 집안 내력이야.

- **기간명사+running** …연속

  Our softball team has lost two years running.
  우리 소프트볼 팀이 2년 연속 졌어.

- **in the long run** 결국

  Well, in the long run, it doesn't matter. 어, 결국, 그건 상관없어.

- **run wild** 격해지다

  You let the boys run wild. 얘들 신나게 놀게 해.

09.
사람이든 기계든 하던 일 멈추는

Break

break하면 뭔가 깨트리거나 부서트리는 것을 말하는 동사로 일차적으로 다리나 팔 등이 부러지거나(break one's leg) 컴퓨터 등이 고장 나는 것을 말한다. 비유적으로 약속(break one's promise)이나 기록 등을 깨는 걸 또는 일을 하다 좀 쉬거나 혹은 애인과 사귀다가 잠시 헤어진 상태를 뜻하기도 한다. 좀 생소하지만 큰돈을 잔돈으로 바꾸는 것도 break라 하기도 한다.

 Break 기본개념

01. 깨트리다, 고장나게 하다, (법, 약속, 기록) 깨다
My son broke the computer. 내 아들이 컴퓨터를 고장나게 했어.
My display screen is broken! 휴대폰 액정 화면이 깨졌어!
She never broke her promise. 걘 절대 약속을 깨지 않았어.

02. (쉬거나 먹기 위해) 잠시 쉬다
How about we break for a while? 잠시 쉬는게 어때?
Let's break for coffee. 잠깐 쉬면서 커피 마시자.

03. (큰 돈을 작은 돈으로) 바꾸다
Would you please break this dollar bill for me?
이 달러를 잔돈으로 바꿔줄래요?

04. (명사) 휴식, 휴일, (TV) 광고시간
Would you like to begin after a short break? 잠깐 쉬었다 시작할래?
The break is over. 휴식시간 끝났어.

break one's leg
다리가 부러지다, …의 다리를 부러트리다

break는 「뼈가 부러지다」라는 뜻으로 break one's arm, break one's leg, break one's hip 그리고 좀 끔찍하지만 break one's neck 등으로 쓰인다.

✓ 핵심포인트

break one's leg [arm~] ~ing   …하다가 …가 부러지다

이렇게 쓰인다!

I have an interview tomorrow and I can't go if I break my leg.
낼 면접이 있는데 다리가 부러지면 못가지.

I didn't know that you broke your leg.
네 다리가 부러진 걸 몰랐어.

She broke my arm.
걔가 내 팔을 부러트렸어.

I broke my leg skiing last weekend.
지난 주말에 스키타다 다리가 부러졌어.

이렇게 말한다!

A: Did you have an accident, Mike?
B: I broke my leg while skiing.
  A: 마이크, 사고 났었니?
  B: 스키타다가 다리가 부러졌어.

영어문장필사해보기

• 네 다리가 부러진 걸 몰랐어.

09. 사람이든 기계든 하던 일 멈추는 Break

break one's promise
약속을 깨다

창문과 같이 물리적으로 깨는 것을 말하기도 하지만 break는 promise, rule, law, habit, record 등 추상명사를 목적어로 받아「…을 깨다」,「지키지 않다」,「끊다」 등의 의미로 쓰이기도 한다.

✓ 핵심포인트

break one's promise	약속을 깨다
break the law[rule, record]	법[규칙, 기록]을 깨다

📝 이렇게 쓰인다!

Well, it looks like they broke their promise.
음, 걔네들이 약속을 지키지 않은 것 같아.

I will do my best not to break my promise.
약속을 지키도록 최선을 다할게.

Every now and then, we have to break the rules.
가끔은 규칙을 깨야 돼.

You're asking me to break the law.
넌 나보고 법을 어기라고 하는거야.

💬 이렇게 말한다!

A: Forget about going to the party.
B: I can't break my promise to my friends.
　　A: 파티에 가는 건 잊어버려라.
　　B: 친구들과의 약속을 깨트릴 수는 없어.

✏️ 영어문장필사해보기

• 약속을 지키도록 최선을 다할게.

break the news to~
…에게 소식을 전하다

긴급뉴스를 break news라고 하듯 그리고 대부분의 긴급뉴스가 안 좋은 소식이듯 break the news to sb하면 주로 「안 좋은 소식을 …에게 전하다」라는 말이 된다.

✓ 핵심포인트
break the news to　　…에게 소식을 전하다

📝 이렇게 쓰인다!

I just accidentally broke the news of her infidelity to her husband.
걔의 부정을 남편에게 실수로 전했어.

I imagine that you were pissed off when she broke the news.
걔가 소식을 전했을 때 너 열받았겠다.

Let's go break the news.
가서 소식을 전하자.

I want to break the news to her if it's okay with you.
괜찮다면 내가 걔에게 소식을 전하고 싶어.

💬 이렇게 말한다!

A: Jack's mother just died in the hospital.
B: How can we break the news to him?
　　A: 잭의 어머니가 방금 병원에서 돌아가셨어.
　　B: 어떻게 잭에게 이 소식을 전하지?

✏️ 영어문장필사해보기
• 괜찮다면 내가 걔에게 소식을 전하고 싶어.

break one's heart
실망시키다, 마음 아프게 하다

「…의 가슴을 찢어놓다」라는 말로 「…와의 관계를 끝내거나」, 「열받게 하는 행동을 하는」 것을 뜻한다. heartbreaker는 그렇게 「마음을 아프게 하는 사람」을 말한다.

✓ **핵심포인트**

break one's heart	마음 아프게 하다
heartbreaker	마음을 아프게 하는 사람

📒 이렇게 쓰인다!

You broke my heart again.
네가 내 맘을 또 찢어놨어.

I broke up with a girl who broke my heart.
내 맘에 상처 준 여자와 헤어졌어.

Don't break my heart. Please get out of here.
내 마음을 아프게 하지마. 가버리라고.

I trusted you not to cheat on me but you broke my heart.
날두고 바람안필거라 믿었건만 넌 내 가슴을 찢어놨어.

💬 이렇게 말한다!

A: Why did your girlfriend leave you?
B: She didn't love me. It broke my heart.

A: 네 여친이 왜 너를 떠났냐?
B: 나를 사랑하지 않았어. 가슴이 찢어져.

✏️ 영어문장필사해보기

• 내 마음을 아프게 하지마. 가버리라고.

break for
…하러 잠시 쉬다

take a break로 잘 알려졌듯이 a break는 하던 일을 멈추고 「잠시 쉬는」 것을 말하는 것. 여기서는 동사로 쓰인 경우로 break for하면 「…하기 위해 잠시 쉬다」라는 표현이 된다.

✓ 핵심포인트

break for sth	…하러 잠시 쉬다
take a (short) break	잠시 쉬다
Give me a break	1. 좀 봐줘요, 기회를 줘요 2. 그만 좀 해라
Give it a break!	그만 좀 하지 그래!

📓 이렇게 쓰인다!

I'm about to break for lunch.
점심 먹으러 잠시 쉴거야.

We can talk about that later. I'm about to break for lunch.
나중에 그거 이야기하자. 난 점심 먹으려고 잠시 쉴거야.

Shall we break for a snack? Let's go out.
잠시 쉬면서 스낵 먹을까? 나가자.

Let's take a ten-minute break.
10분 간 쉽시다.

💬 이렇게 말한다!

A: OK everyone, let's take a break for lunch.
B: Thank god. I need to eat some food.
A: 좋아요 여러분, 점심 먹으러 쉽시다.
B: 고마워라. 난 지금 음식을 좀 먹어야 돼.

✏️ 영어문장필사해보기

• 나중에 그거 이야기하자. 난 점심 먹으려고 잠시 쉴거야.

break away
떨어져나가다, 이탈하다, 독립하다, (관계) 끊다

멀리 단절되어 떨어져 나간다는 의미. 물리적으로 「…에서 이탈하다」, 혹은 추상적으로 「…관계를 끊거나 그래서 독립하는」 경우 등을 뜻한다.

✓ **핵심포인트**

break away (from) 떨어져나가다, 관계를 끊다

📝 **이렇게 쓰인다!**

My son's trying to break away from me with a girl he's dating.
내 아들이 사귀는 여자애와 함께 날 떠나려 하고 있어.

He broke away from the group and joined us.
걘 그 사람들로부터 멀어져 우리에게 왔어.

I will be there as soon as I can break away.
내가 여기서 떠나는 대로 바로 갈게.

He grabbed and pulled her, but she broke away.
그는 그녀를 잡고 끌어당겼지만 그녀는 멀어져갔다.

🗣 **이렇게 말한다!**

A: How do icebergs enter the ocean?
B: They break away from the frozen areas.
 A: 어떻게 빙산이 대양으로 유입되니?
 B: 빙하지역으로부터 떨어져 나온거지.

📝 **영어문장필사해보기**

• 내 아들이 사귀는 여자애와 함께 날 떠나려 하고 있어.

break down

부서트리다, 없애다, 고장나다, 실패하다, 이해하기 쉽게 분리하다, 분류하다

「기계 등이 부서지다」, 「고장나다」, 혹은 「실패하다」 등의 의미이며 break sth down into~의 형태로 「…을 …로 분류하다」란 의미로도 사용된다. 또한 break down in tears는 「울음을 터트리다」란 뜻.

✓ 핵심포인트

break down	부서트리다, 고장나다
break sth down into~	…을 …로 분류하다

📝 이렇게 쓰인다!

My car broke down again.
자동차가 다시 고장났어.

Not again! This is the third time you've broken my computer!
또야! 네가 내 컴퓨터를 망가트린게 벌써 3번째야!

Everything can be broken down into three categories.
모든 건 3가지 분류로 나눠질 수 있어.

Did your car break down again?
네 차 또 고장났어?

💬 이렇게 말한다!

A: **Did your car break down again?**
B: **It did, and that's the third time in two weeks.**
    A: 네 차 또 고장났어?
    B: 응 그랬어, 그리고 2주 동안 이번이 세번째야.

✏️ 영어문장필사해보기

• 또야! 네가 내 컴퓨터를 망가트린게 벌써 3번째야!

break in

break 008

침입하다, 말하는데 끼어들다, 맞게 하다

break in(to)의 가장 기본적 의미는 깨고 안으로 들어온다는 것으로 도둑의 주 활동행위. break into는 특히 뭔가 「새로운 일을 시작하거나」, 「웃음 등을 갑자기 터트리는」 걸 뜻하기도 한다.

✅ 핵심포인트

break in on[with]	말하는데 끼어들다
break sb[sth] in	…을 맞게 하다, 적응시키다
break into	침입하다, (새로운 일을) 시작하다, (웃음, 울음 등 갑자기) 터트리다(burst into)

📋 이렇게 쓰인다!

We know who broke into your house.
우리는 누가 네 집에 침입했는지 알고 있어.

Did somebody break into my car?
누가 내 차에 침입했어?

I broke in my new shoes.
새로운 신발에 적응했어.

I broke into her house and almost got caught.
그녀 집에 무단침입했다가 거의 잡힐 뻔했어.

💬 이렇게 말한다!

A: Someone broke into the house and stole things.
B: Did anyone call the police about it?

A: 누군가 집에 침입해서 물건을 훔쳐갔어.
B: 누가 경찰에 신고하지 않았어?

✏️ 영어문장필사해보기

• 누가 내 차에 침입했어?

break off

꺽다, 부러지다, 떨어져 나가다, (말, 관계 등을) 끝내다, 중단하다

본체로부터 떨어져나가는(off) 것을 말하며 대화를 끝내거나 관계 등을 중단하는 것을 표현한다. 특히 break it off with 형태로「…와 헤어지다」(break up with)란 의미로 많이 쓰인다.

✓ 핵심포인트

break off	꺽다, 부러지다, 떨어져나가다, 중단하다
break it off (with)	관계를 끝내다

📓 이렇게 쓰인다!

Did it break off or did someone break it?
그게 떨어져 나간거야 아니면 누가 깨트린거야?

My father broke off his affair with Cindy.
아버지는 신디와의 관계를 정리하셨어.

If you want, I'll just break it off with her.
네가 원한다면, 그냥 걔와 그냥 끝내지 뭐.

I've got to break it off with Jim.
난 짐하고 헤어져야겠어.

💬 이렇게 말한다!

A: The mirror broke off the car door.
B: It will have to be replaced.
　A: 미러가 깨져서 차문에서 떨어져 나갔어.
　B: 교체해야 될거야.

✏️ 영어문장필사해보기

• 그게 떨어져 나간거야 아니면 누가 깨트린거야?

break out

일어나다, 발생하다, (발진, 종기 등이) 나다,
별안간 …하기 시작하다, 탈출하다(~of)

전쟁, 화재, 싸움 혹은 발진, 종기 등 부정적인 일들이 일어나는 것을 말한다. 또한 「별안간 …하기 시작하다」, 혹은 break out of~형태로 「…에서 탈출하다」라는 뜻으로도 쓰인다.

✓ 핵심포인트

break out	발생하다, 벗어나다
break out into	별안간 …하기 시작하다

📖 이렇게 쓰인다!

The fire broke out last night.
화재가 어젯밤에 발생했어.

I really want to break out of here.
난 정말 여기에서 벗어나고 싶어.

She broke out into a smile and stood up.
걘 갑자기 웃더니 일어났어.

Do you ever think about breaking out?
넌 도망갈 생각을 해보기는 하는거야?

💬 이렇게 말한다!

A: What were all of those sirens?
B: Three criminals broke out of jail.
    A: 이 사이렌 소리들은 다 뭐야?
    B: 3명의 범죄인들이 탈옥했대.

✏️ 영어문장필사해보기

• 화재가 어젯밤에 발생했어.

break up
부숴트리다, 해산하다, 헤어지다(with)

가장 많이 쓰이는 의미는 단연 남녀간 헤어진다는 것이다. break up하면 「헤어지다」, break up with하면 「…와 헤어지다」란 말이 돼 We broke up하면 "우리 헤어졌어," I broke up with her하면 "난 걔와 헤어졌어"가 된다.

✓ **핵심포인트**

break up	부숴트리다, 헤어지다
break up with sb	…와 헤어지다

 **이렇게 쓰인다!**

I'm going to break up with you.
우리 그만 만나자.

I broke up with her because she was so mean.
걔가 넘 야비해서 헤어졌어.

I broke up with Jim because he didn't want to have any children.
짐이 애를 원치 않아서 헤어졌어.

Have you seen Mike since you two broke up?
너희들 헤어진 후에 마이크 본 적 있어?

You're breaking up! Call me again!
소리가 끊어져서 들려! 다시 전화해!

이렇게 말한다!

A: **Why did you break up with Anna?**
B: **She wants to start a family. I'm not ready.**
　A: 왜 애나와 헤어진거야?
　B: 걘 가정을 꾸미려고 하는데 난 준비가 안돼서.

영어문장필사해보기 ✏

• 걔가 넘 야비해서 헤어졌어.

Get More

▶ **be broke** 땡전 한푼 없다

I'm broke. 난 빈털터리야.
The wedding was too expensive. I'm broke.
결혼식 비용이 많이 나가 돈 한푼 없어.

▶ **break through** 헤치고 나아가다, (난관을 딛고) 성공하다(breakthrough 새로운 돌파구)

That'll help me break through to her.
그게 내가 걔한테 들이대는데 도움이 될거야.

▶ **break with** …와 연을 끊다

I just broke with them a week ago. 일주일 전에 그들과 연을 끊었어.

▶ **break wind** 방귀를 뀌다

Do not break wind in the park. 공원에서 방귀를 뀌지 마라.

▶ **break even** 수지타산을 맞추다

This month, we will barely break even.
이번 달에는 수지타산을 맞추기 힘들거야.

▶ **break the ice** 어색함을 벗어나 대화를 시작하다 (그런 사람은 ice breaker라 한다.)

Okay, I've got to break the ice here. 좋아, 여기서 내가 이야기를 꺼내지.

▶ **make a break for it** 도망치다

Here they come. I say we make a break for it.
저기 걔네들이 와. 우리 도망쳐야 돼.

● a big break 좋은 기회

I don't care! This is a big break for me!
상관없어! 이건 내게 아주 좋은 기회야!

Tough break! 재수 옴 붙었군!
You sound like a broken record. 항상 똑같은 걸 요구하잖아.

You Know What? : interesting과 fun

interesting과 fun도 우리말로 둘 다 「흥미로운」, 「재미있는」이라는 뜻을 가지는 형용사이지만 쓰임엔 차이가 있다. 우선 interesting은 「지적인 재미」를 주는 경우에 쓰인다. 가령 어떤 책을 읽었는데 그 내용이 재미있었다든지 고대 역사에 관한 강의를 들었는데 흥미로웠다든지 하는 경우에 interesting을 쓸 수 있다. 또한 책과 같은 사물뿐만 아니라 사람이나 idea 등에 대해서도 그것이 주의를 기울이게 하거나 생각을 하게 만드는 등의 지적인 자극을 주는 경우에 interesting person, interesting idea 등과 같은 표현을 쓸 수 있다. 이에 반해 fun은 「감각적인 자극」을 주는 경우에 쓴다. 놀이동산(amusement park)에 가서 청룡열차를 탔는데 아주 재미있었다면 이때는 fun을 써야 한다.

10/11. 좋은 걸 어떻게
Like / Prefer

like 다음에 목적어로 동사가 올 경우에 의미 변화 없이 to+동사나 ~ing가 올 수 있는 것이 특징. 또한 like와 would like를 잘 구분해야 하는데 like는 일반적인 좋고 싫음을 그리고 would like는 지금 하고 싶은 것을 말하는데 사용된다. 한편 like는 things like that, like I said처럼 전치사로 「…와 같이」, 「…처럼」이라는 뜻으로도 많이 사용된다.

 Like 기본개념

01. like+명사[to+동사, ~ing] …(하기)를 좋아하다
I like you the best. 난 네가 제일 좋아.
Do you like Korean food? 한국 음식 좋아해?
I like listening to pop songs. 난 팝송 듣는 걸 좋아해.

02. would like+명사[to+동사]~ …을 원하다, …하고 싶다
Would you like some coffee? 커피 좀 드실래요?
I'd like to speak with Mark. 마크와 통화하고 싶은데요.

03. 전치사 like : …와 같이, …처럼
You shouldn't say things like that. 그렇게 말하면 안되지.
I'm allergic to things like computers. 컴퓨터 같은 것에 알러지가 있어.

04. prefer …을 더 좋아하다, 선호하다
I prefer to drive during the day. 나는 낮에 운전하는 것을 선호해.
Many people prefer warm weather. 많은 사람들은 따뜻한 날씨를 선호해.
She prefers to listen to classical music. 그녀는 클래식 음악 청취를 선호해.

like+명사
…을 좋아하다

I like~는 일반적으로 자신의 취향을 말할 때 쓰는 것으로 like+명사하면 …을 좋아하다라는 뜻이 된다. 지금, 현재 내가 갖고 싶거나 하고 싶은 것을 언급할 때 사용하는 I'd like~와 구분해야 한다.

✓ 핵심포인트

I like+명사	…가 좋다
I don't like+명사	…가 싫다
Do you like+명사?	…가 좋아?

📋 이렇게 쓰인다!

I like your ring tone.
너 핸드폰 벨소리 좋더라.

Is there any special dish that you like?
네가 좋아하는 뭐 특별한 요리있어?

I don't like it.
싫어, 그러지 말자.

Did you like it?
좋았어?

I hope you like it.
그게 네 맘에 들있으면 좋겠어.

💬 이렇게 말한다!

A: What was the highlight of your trip?
B: Everything was so beautiful, but I think I liked Big Ben the best.
  A: 여행중 뭐가 제일 멋있었어?
  B: 모든게 다 아름다웠는데 난 빅벤이 제일 멋있었던 것 같아.

✏️ 영어문장필사해보기

• 네가 좋아하는 뭐 특별한 요리있어?

like to+동사[~ing]

(일반적으로) …하는 것을 좋아하다

like의 목적어로 to+동사나 ~ing가 오는 경우로 …을 좋아한다는 의미. 지금 하겠다는게 아니라 「평소에 …을 좋아한다」라는 뜻. 지금, 현재 내가 갖고 싶거나 하고 싶은 것을 언급할 때 사용하는 I'd like~와 구분해야 한다.

✓ 핵심포인트

I (don't) like to+동사　　　…하는 것을 좋아하다[좋아하지 않다]
Do you like to+동사[~ing]?　…하는 걸 좋아해?

📓 이렇게 쓰인다!

I like to play computer games.
난 컴퓨터 게임하는 것을 좋아해.

He likes to play the field.
걔는 여러 여자를 두루 만나는 것을 좋아해.

Do you like to play golf?
골프치는거 좋아해?

I'm pretty outgoing, and I like to keep busy.
난 외향적이어서 바쁘게 사는 걸 좋아해.

💬 이렇게 말한다!

A: Why don't you slow down a bit?
B: I like to drive fast.

A: 좀 천천히 가자.
B: 난 빨리 달리는 걸 좋아해.

영어문장필사해보기 ✏️

• 난 컴퓨터 게임하는 것을 좋아해.

would like+명사
(지금) …을 원해

would like+명사는 앞의 like+명사와 달리 지금 바로 …을 원한다는 의미로 음식점 등에서 …을 주세요라는 의미로 자주 쓰인다. I want+명사와 같은 뜻이지만 좀 더 공손한 표현.

✓ 핵심포인트

I would like+명사	…로 할게, 난 …로 할래, …를 주세요
Would you like+명사?	…을 줄까요?

📝 이렇게 쓰인다!

I'd like a cup of coffee with my dessert.
디저트와 곁들여 커피 한 잔 주세요.

I'd like a key to room 1004, please.
1004호 열쇠 주세요.

I'd like two tickets for today's game.
오늘 게임 표 2장 주세요.

Would you like a glass of lemonade?
레모네이드 한 잔 하실래요?

💬 이렇게 말한다!

A: **Would you like** your steak rare, medium, or well-done?
B: **I'd like** it medium, please.
    A: 고기를 레어, 미디엄, 웰던 중 어떻게 해드릴까요?
    B: 미디엄으로 해주세요.

✏️ 영어문장필사해보기

• 디저트와 곁들여 커피 한 잔 주세요.

would like to+동사

(지금) …을 하고 싶다

would like to+V는 「지금 …을 원한다」라는 의미로 역시 I want to+V보다 좀 더 공손한 표현. 「지금 …을 하고 싶다」라는 의미로 I'd love to+동사와 같은 의미로 생각하면 된다.

✓ 핵심포인트

I would like to+동사 … 하고 싶어
Would you like to+동사? …을 할래?

📓 이렇게 쓰인다!

I'd like to play computer games.
난 컴퓨터 게임을 (지금) 하고 싶어.

I'd like to propose a toast.
축배를 듭시다.

Would you like to come this weekend?
이번 주말에 올래?

Would you like to go to a movie sometime?
언제 한번 영화보러 갈래?

💬 이렇게 말한다!

A: **I'd like to go shopping for my kids.**
B: **Okay, when would you like to go?**

  A: 애들한테 줄 것을 좀 사러 가고 싶어.
  B: 좋아, 언제 갈까?

영어문장필사해보기 ✏️

• 이번 주말에 오실래요?

I'd like that

그럼 좋지

I'd like that은 I would like that이란 말로 상대방 제안을 받고 승낙할 때 쓰는 표현. 「그렇게 한다면 난 좋을 것이다」라는 의미. 반면 I like that는 어떤 사실에 대해 내가 좋아하고 마음에 든 다고 할 때 사용하는 표현이다.

✓ 핵심포인트

I would like that	그럼 좋지
I like that	좋아, 마음에 들어

📓 이렇게 쓰인다!

I'd like that. That sounds sweet.
그럼 좋지. 고마워.

You're gorgeous. I like that.
너 참 예쁘네. 마음에 들어.

You want to work for me? I like that.
나하고 일하겠다고? 좋아.

I'd like that very much. I like hunting.
정말 하고 싶다. 난 사냥을 좋아해.

💬 이렇게 말한다!

A: What do you say we get together for a drink?
B: Oh I'd like that.

   A: 만나서 술 한잔하면 어때?
   B: 그럼 좋지.

✏️ 영어문장필사해보기

• 나하고 일하겠다고? 좋아.

would like sb to+동사
…가 …을 하면 좋겠다

would like sb to+동사하면 말하는 사람이 뭔가를 하겠다는게 아니라 sb가 to 이하를 하기를 바란다는 의미. 즉 상대에게 「…을 해달라」고 부탁하는 것으로 특히 사람을 소개할 때 많이 사용된다.

✅ 핵심포인트

I would like you to+동사	네가 …해줬으면 좋겠어
Would you like me to+동사?	내가 …할까?
Would you like+명사+pp?	…를 …하게 할까요?

📝 이렇게 쓰인다!

I'd like you to stay with me tonight.
오늘밤 네가 안 갔으면 좋겠어.

I'd like you to meet my friend, Jim.
내 친구 짐하고 인사해.

Would you like me to close the window?
창문 내가 닫을까?

Would you like these items delivered?
이 물건들을 배달해 드릴까요?

💬 이렇게 말한다!

A: **I'd like you to call your parents.**
B: **Yeah, I should talk to them soon.**
　A: 부모님에게 전화해요.
　B: 예. 곧 통화해야죠.

✏️ 영어문장필사해보기

• 내 친구 짐하고 인사해.

What would you like~?
무엇을 …할까요?

한편 would you like와 what이 결합하여 What would you like to+동사나 for+명사를 넣으면 상대방에게 무엇을 지금 원하는지, 무엇을 하고 싶은지를 물어보는 표현법이다.

✅ 핵심포인트

What would you like for sth?	…으로 뭘 원해?
What would you like to+동사?	뭘 …할테야?

📝 이렇게 쓰인다!

What would you like for dinner, beef or fish?
저녁으로 뭘 먹을래, 고기 아니면 생선?

What would you like (to have)?
뭘 드시겠어요?

What would you like to have for an appetizer?
애피타이저로 뭘 먹을테야?

What would you like to talk about first?
먼저 뭘 얘기하고 싶어?

💬 이렇게 말한다!

A: **Would it be possible to get another drink?**
B: Sure. **What would you like to have?**

A: 한 잔 더해도 될까요?
B: 그럼요. 뭐 마실래요?

✏️ 영어문장필사해보기

• 애피타이저로 뭘 먹을테야?

How do you like~?

…은 어때?

How do you like+명사?는 상대방에게 명사가 어떤지 느낌을 물어보는 말로 그냥 대명사를 써서 How do you like that?이라고도 한다. 또한 How do you like+동사[~ing]로 쓰게 되면 상대방의 의향을 물어보는 것이고 would를 써서 How would you like~?하게 되면 역시 상대방의 의향을 물어볼 때 긴요하게 쓰이는 표현이다.

✓ 핵심포인트

How do you like to+동사/[~ing]?	…하는 건 어때?
How do you like that?	저것 좀 봐, 황당하지 않냐?
How would you like+명사?	…은 어떻게 해드릴까요, …는 어떠세요?
How would you like it if S+V	…한다면 어떻겠어?
How would you like sth+pp ~	…을 어떻게 해줄까요?

📓 이렇게 쓰인다!

How do you like the steak?
고기 어때?

How do you like the people where you work?
네가 근무하고 있는 직장 사람들은 어떤 것 같아?

How do you like the new house you moved into?
네가 이사간 새 집은 어떤 것 같아?

My husband bought me a bag. How do you like it?
남편이 백을 사줬어. 어때?

How would you like your steak?
고기를 어떻게 해드릴까요?

How would you like your steak cooked?
고기를 어느 정도 익혀드릴까요?

How would you like to pay for this?
이거 어떻게 지불하시겠어요?

How would you like to get together next Monday?
다음주 월요일에 만나는거 어때?

🗨️ 이렇게 말한다!

A: How do you like your new job?
B: It's stressful. I don't enjoy it.
    A: 새 직장은 어때?
    B: 스트레스가 심해. 일이 즐겁지가 않아.

A: How would you like to pay for this?
B: With my credit card, if it's all right.
    A: 어떻게 계산하시겠습니까?
    B: 괜찮다면 신용카드로 내겠어요.

✏️ 영어문장필사해보기

- 네가 근무하고 있는 직장 사람들은 어떤 것 같아?

- 남편이 백을 사줬어. 어때?

10/11. 좋은 걸 어떻게 Like/Prefer

What ~ like?

…가 어때?

What's~like?는 How~?와 같은 의미. What does~look like?와 종종 비교되는 데 What~like?는 사람[사물]의 성격[성질]을 What does ~ look like?는 단순히 외관(appearance)이 어떤 모습인지를 물어보는 표현이다.

✓ 핵심포인트

What is+명사+like?   …(성격/성질)이 어때?
What does+명사+look like?   …(외관)가 어때?

📓 이렇게 쓰인다!

What is your girlfriend like?
네 여자친구 어때?

What is the weather like in New York?
뉴욕의 날씨는 어때?

What was the show like last night?
어젯밤 공연은 어땠어?

What's your sister like? Is she a nice person?
네 누이 어떤 사람이야? 착한 사람이야?

💬 이렇게 말한다!

A: **What is the new department store like?**
B: Awesome! It has a lot of brand-name products.

　　A: 새로운 백화점 어때?
　　B: 굉장해! 명품들이 많아.

✏️ 영어문장필사해보기

• 뉴욕의 날씨는 어때?

I'd like to think ~
…이길 바래

좀 낯설은 난이도가 있는 표현이지만 네이티브들은 즐겨 사용하기 때문에 알아두면 좋을 것이다. 자기의 희망사항을 표현하는 것으로 될지 안될지 모르겠지만 …면 좋겠다라는 뉘앙스. think 대신 believe를 쓰기도 한다.

✓ 핵심포인트

I'd like to think S+V   …이기를 바래

📝 이렇게 쓰인다!

I'd like to think I'm going to dance again.
내가 다시 춤을 추기를 바래.

I'd like to think you'd set me up with someone like him.
걔 같은 사람 소개시켜 주었으면 해.

I'd like to think that we're better than that.
우리가 그것보다 낫기를 바래.

I'd like to think that I have learned from my mistakes.
내가 실수를 통해 교훈을 얻었으면 해.

💬 이렇게 말한다!

A: **I'd like to think it over.**
B: **Okay, I'll give you until the end of the week.**
  A: 생각 좀 해볼게.
  B: 좋아, 이번주 금요일까지 시간줄게.

✏️ 영어문장필사해보기

• 우리가 그것보다 낫기를 바래.

be like
…같다

여기서 like는 전치사로 「…와 같은」이라는 뜻. I'm like you하면 나도 너랑 같은 생각, I'm not like you하면 "난 너랑 달라"가 된다. 또한 It's like~형태로 많이 쓰이는데 명사[~ing, 절] 등 다양하게 이어쓰면 된다.

✓ 핵심포인트

It's like+명사/~ing/주어+동사	…하는 것과 같아, …하는 셈야
I know[understand] what it's like to~	…하는 것이 어떤 건지 알아
You don't know[You have no idea] what it's like to~	…하는 것이 어떤건지 넌 몰라
It's not like sb to+동사	…하는 것은 …답지 않다

📓 이렇게 쓰인다!

But you're not like that?
너는 그렇지는 않다는거야?

It's not like that. It's not what you think.
그런거 아냐. 네가 생각하는 것과 달라.

It's like that.
그 경우와 비슷해, 그런 경험야, 그런거야.

It's like he hates me. He won't take my calls.
걔가 날 싫어하나봐. 내 전화를 안받아.

I know what it's like to be a teenager.
10대라는게 어떤 건지 알아.

💬 이렇게 말한다!

A: Dad just put his winter coat on.
B: It's like he thinks it will get colder.
　A: 아버지가 겨울코트를 입으셨어.
　B: 추워질거라 생각하시는 것 같아.

like that[this] before
이전에 이런 것

주로 not see[feel, do] anything like that(this) before 형태로 쓰이는데 의미는 "그런 걸 전에 본 적, 느낀 적, 한 적 없다"고 말하는 표현방식으로 「놀람」과 「강조」를 할 때 요긴하다.

✓ 핵심포인트

| like that[this] before | 전에 이런 것, 이전에 이런 것 |

이렇게 쓰인다!

Well, I have never seen anything like this before.
어, 전에 이런 것을 본 적이 없어.

I've never felt like this before.
이런 느낌 처음이야.

I never did anything like that before.
난 이런거 해본 적이 없어.

I've seen things like this before.
전에 이런거 본 적 있어.

이렇게 말한다!

A: My stomach really hurts today.
B: Have you ever felt like that before?
  A: 오늘 정말로 배가 아프다.
  B: 과거에 그런 적이 있었니?

영어문장필사해보기 ✏️

• 난 이런거 해본 적이 없어.

things like that
그런 것들

things like~는 「…와 같은 것들」이란 의미로 예를 들 때 쓰는 말. something like that하면 「그와 같은 것」, nothing like that(this)하면 「그런 것이 아니라」는 것과 또 「그만한 것이 없다」, 즉 「최고」라는 의미를 갖는다.

✓ 핵심포인트

things like that[this]	그런 것들
명사+like that	그런…, 그와 같은…
something[anything] like that[this]	그런 것
nothing like that[this]	그런 것이 아닌, 그만한 것이 없는(최고인)

📓 이렇게 쓰인다!

Peter, you can't ask people things like that.
피터야, 사람들에게 그런 것들 물으면 안돼.

Tom, something like this could ruin your life.
탐, 이런게 네 인생을 망칠 수 있어.

I knew something like this was going to happen.
이런 일이 일어날 줄 알았어.

Have you ever seen anything like this? I can't take my eyes off.
이런거 본 적 있어? 눈을 뗄 수가 없네.

There is nothing like that! It's the best.
저 만한게 없지! 최고야.

Oh, it's nothing like that.
그런 얘기가 아니에요.

Well, there's nothing like friends.
어, 친구만한 게 없지.

Nothing like this has ever happened to me before.
이런 일이 전에 나에게 일어난 적이 없어.

It's stuff like that.
그 비슷한거야.

Don't look at me like that.
그런 식으로 날 쳐다보지마.

I've never seen anything like it.
그런 건 처음 봐, 대단해.

I can't handle a girl like her.
걔 같은 여자애 상대못하겠어.

🗨️ 이렇게 말한다!

A: I don't want to live with my parents.
B: You shouldn't say things like that.
 A: 부모랑 같이 살기 싫어.
 B: 그렇게 말하면 안 되지.

📝 영어문장필사해보기

• 탐, 이런게 네 인생을 망칠 수 있어.

• 이런 일이 전에 나에게 일어난 적이 없어.

like sth about ~
…에 대해 …을 좋아하다

조금 어려울 수도 있지만 …에 대해 좋아하는 것을 말하는 것으로 about 다음에는 사람이나 사물이 온다. 주로 ~ what I like about~(…에 대해 내가 좋아하는 것)의 형태로 많이 쓰인다.

✓ 핵심포인트

sth what I like about sb[sth]   …에 대해 내가 좋아하는 것
This[That] is what I like about sb[sth]
    이게 바로 내가 …에 대해 좋아하는거야

📝 이렇게 쓰인다!

The thing I like about you is your determination.
내가 너에 대해 좋아하는게 너의 결단력이야.

That's what I like about you. You always get right to the point.
그게 바로 내가 널 좋아하는거야. 언제나 바로 본론으로 들어가지.

You know what I like about you?
내가 너의 어떤 점을 좋아하는지 알아?

This is what I like about New York.
이게 바로 내가 뉴욕을 좋아하는거야.

💬 이렇게 말한다!

A: **One of the things I like about Bill is his sense of humor.**
B: **You're right. I think so, too.**
    A: 빌에 대해 내가 좋아하는 점중의 하나는 그의 유머감각이야.
    B: 맞아. 나도 그렇게 생각해.

영어문장필사해보기 ✏️

• 그게 바로 내가 널 좋아하는거야. 언제나 바로 본론으로 들어가지.

if you like
원한다면

단독으로 if you like하면 「원한다면」, 「그러고 싶으면」이라는 뜻. if you like~ 다음에 명사나 to+동사가 오면 if절이 되어 「…한다면」이라는 조건절이 된다. 또한 whatever you like는 「좋으실대로」라는 의미이다.

✓ 핵심포인트

if you like	원한다면
if you like+명사[to+동사]	네가 …을 원한다면

이렇게 쓰인다!

If you like, you can go home.
원한다면 집에 가도 돼.

If you like it so much, why don't you buy it?
그렇게 좋다면 사지 그래.

Come take a look, if you like it.
원한다면 와서 봐봐.

이렇게 말한다!

A: When would you be available to start the job?
B: I could start as early as tomorrow if you like.
 A: 언제 출근할 수 있어요?
 B: 원하시면 내일부터도 가능합니다.

영어문장필사해보기

• 원한다면 와서 봐봐.

whether you like it or not
좋든 싫든

상대방이 좋아하든 싫어하든 …을 해야 한다고 말하는 것으로 상대방의 의사와 상관없이 어쩔 수 없음을 나타내는 표현이다. 참고로 whatever you like는 좋으실대로, as long as you like는 원하는 한의 의미이다.

✅ 핵심포인트

whatever you like	좋을대로
as long as you like	원하는 한

📓 이렇게 쓰인다!

Whether you like it or not, she is a suspect.
네가 좋든 싫든간에 걘 용의자야.

Whether you like it or not, I'm staying.
좋든 싫든, 난 계속 여기 있을거야.

Take as long as you like.
원하는 만큼 가져.

💬 이렇게 말한다!

A: Feel free to stay here as long as you like.
B: It's very kind of you to say so.

A: 계시고 싶을 때까지 맘놓고 머무세요.
B: 그렇게 말씀해주셔서 고맙습니다.

✏️ 영어문장필사해보기

- 좋든 싫든, 난 계속 여기 있을거야.

Like what?
이를 테면?, 어떻게?, 어떤 거?

상대방에게 어떤 일을 하는 방식을 물어보는 것으로 이를 테면 "어떻게 하는 것을 말하는거야?" 라는 뜻의 표현이다. Like this?라 하면 "이렇게 하면 돼?"라는 뜻.

✓ 핵심포인트

Like what?	이를테면 어떻게?
Like this?	이렇게 하면 돼?

📒 이렇게 쓰인다!

Like what? What do you have to do?
이를테면 어떤거? 네가 뭘 해야 하는데?

You need to something to do? Like what?
뭐 해야 할게 있다고? 예를 들면?

Are you saying that I've changed a lot? Like what?
내가 많이 변했다는거야? 예를 들면?

Like what? The soccer game?
예를 들면 뭐? 축구경기?

💬 이렇게 말한다!

A: **Please bring me some information on the company.**
B: **Like what?**
    A: 그 회사에 대한 정보를 몇가지 가져다주세요.
    B: 이를테면?

✏️ 영어문장필사해보기

- 뭐 해야 할게 있다고? 예를 들면?

like I said
내가 말한 것처럼

자기가 이미 말한 내용을 다시 언급하는 것으로 자기 말하는 내용을 강조할 때 주로 사용된다. 반대로 네가 말한 대로라고 하려면 like you said라고 하면 된다.

✓ 핵심포인트

like I said	내가 말한 것처럼
like you said	네가 말한 것처럼
like I said on the phone	전화에서 얘기한 것처럼
like I said before	전에 내가 말한 것처럼

📝 이렇게 쓰인다!

Like I said, I should go back and get dinner ready.
내가 말한 것처럼 집에 가서 저녁준비해야 돼.

Like I said, it's none of your concern.
내가 말했잖아, 네 일 아니라고.

Like you said, nobody saw anything.
네가 말한 것처럼 아무도 뭘 보지 못했어.

Like I said, I'm going to take you to the museum.
내가 말한 것처럼, 너를 박물관에 데려갈게.

💬 이렇게 말한다!

A: Why did you come home so late last night?
B: Mom, like I said, the bus was delayed.
　A: 어젯밤에 왜 그렇게 늦게 들어왔니?
　B: 엄마, 말씀드린 대로, 버스가 늦게 왔다니까요.

✏️ 영어문장필사해보기

• 내가 말한 것처럼 집에 가서 저녁준비해야 돼.

prefer+명사[~ing]
···을 더 좋아하다

prefer는 비교동사로 비교대상이 문장에 나오거나 혹은 문장 앞에 이미 나온 상태에서 '그것'보다는, '그 사람'보다는 prefer 다음에 나오는 것(사람)을 「더 좋아한다」라는 의미이다.

✓ 핵심포인트

prefer+명사	···을 더 좋아하다
prefer+~ing	···하는 것을 더 좋아하다
prefer sb ~ing	···가 ···하는 걸 선호하다

📓 이렇게 쓰인다!

I prefer draft beer.
난 생맥주가 더 좋아.

Thank you very much, but I prefer coffee.
정말 고맙지만 커피를 더 좋아해요.

I'm fine being alone. I even prefer it.
난 혼자 있는거 괜찮아. 더 좋아하는 편이야.

I prefer going to the bar downstairs.
난 아래층 바에 가는게 더 좋아.

I prefer you doing the job.
난 네가 그 일을 했으면 해.

💬 이렇게 말한다!

A: Will he go somewhere warm this winter?
B: No, he prefers mountains and skiing.

A: 걔가 이번 겨울에 따뜻한 곳에 갈거니?
B: 아니. 걔는 산과 스키를 선호해.

✏️ 영어문장필사해보기

• 난 혼자 있는거 괜찮아. 더 좋아하는 편이야.

prefer to+V
…하는 걸 더 좋아하다

이번에는 prefer의 목적어로 to+동사가 오는 경우. 「…하는 걸 더 좋아한다」라는 뜻이고 반대로 「…하지 않는 것을 더 좋아하다」라고 할 때는 prefer not to+동사를 쓰면 된다.

✓ 핵심포인트

prefer to+동사 …하는 걸 더 좋아하다
prefer not to+동사 …하지 않는 것을 더 좋아하다

📓 이렇게 쓰인다!

I prefer to be called a 'hero.'
난 영웅이라고 불리는 것을 더 좋아해.

I prefer to be alone. Please leave.
혼자 있고 싶어. 그만 가줘.

I prefer not to answer that right now.
그 대답은 바로 하지 않을래.

I prefer not to work on this project.
난 이 프로젝트를 맡고 싶지 않아요.

💬 이렇게 말한다!

A: Shall we take a taxi downtown?
B: We would prefer to walk there.
   A: 시내에 택시타고 갈까?
   B: 우린 걸어가는 것을 더 좋아해.

영어문장필사해보기 ✏️

• 난 이 프로젝트를 맡고 싶지 않아요.

prefer A[명사/~ing] to B[명사/~ing] B보다 A를 더 좋아하다

prefer A to B하게 되면 B보다 A를 더 좋아하다라는 표현으로 A와 B는 명사가 오거나 명사상당어구인 ~ing가 올 수 있다. 주의할 점은 비교대상 앞에는 than이 아니라 to가 온다는 점이다.

✓ 핵심포인트

prefer A to B — B보다 A를 더 좋아하다
prefer A~ing to B~ing — B하는 것보다 A하는 걸 더 좋아하다

이렇게 쓰인다!

I think I prefer New York to other cities in America.
미국에서 다른 도시들보다 뉴욕이 더 좋은 것 같아.

I prefer eating out in a restaurant to sitting around at home.
집에서 쓸데없이 시간 보내는 것보다 식당에서 먹고 싶어.

She prefers text messaging to leaving voice messages.
갠 음성메시지 남기는 것보다 문자메시지 남기는 것을 더 좋아해.

He prefers playing computer games to watching TV.
갠 TV시청하는 것보다 컴퓨터 게임을 더 좋아해.

이렇게 말한다!

A: I think I prefer New York to other cities in America.
B: Really? Is there some special reason for that?

  A: 미국에서 뉴욕이 다른 도시보다 더 좋아.
  B: 그래? 뭐 특별한 이유라도 있어?

영어문장필사해보기 ✏️

• 갠 음성메시지 남기는 것보다 문자메시지 남기는 것을 더 좋아해.

prefer A rather than B
B하느니 차라리 A하겠다

역시 비교 대상이 나오는 표현이지만 to 대신에 rather than을 써서 「…을 하느니 차라리 …을 하겠다」라는 것을 다소 강조하는 표현.

✓ 핵심포인트

| prefer A rather than B | B하느니 차라리 A하겠다 |

📝 이렇게 쓰인다!

I prefer chicken rather than steak.
난 고기보다는 닭을 더 좋아해.

Most kids prefer to enjoy free time rather than study.
대부분의 아이들은 공부보다는 자유시간을 즐기는 걸 좋아해.

She said that she prefers traveling rather than staying at home.
걘 집에 있는 것보다 여행하는 걸 더 좋아해.

💬 이렇게 말한다!

A: I prefer spring rather than summer.
B: Me too. Summer is much too hot.
　　A: 나는 여름보다는 봄을 좋아해.
　　B: 나도 그래. 여름은 너무 더워.

영어문장필사해보기 ✏️

• 난 고기보다는 닭을 더 좋아해.

I'd prefer+명사[to+동사]
…하는 것이 좋겠다

like(주어의 기호)와 would like(주어의 의지)의 차이처럼 prefer는 '단순히 선호하다'인 반면 would prefer는 '…을 더 했으면 한다'는 주어의 의지가 담긴 표현. I'd prefer~ 다음에는 명사(~ing), to+동사를 붙여 쓰면 된다.

✓ 핵심포인트

I would prefer+명사[to+동사] …하는 것이 좋겠다

📝 이렇게 쓰인다!

I'd prefer a beer if you have one.
맥주 있으면 한잔 하고 싶은데.

I'd really prefer a mountain bike.
산악자전거가 있으면 좋겠어.

I think that I would prefer the airport limo.
공항리무진이면 좋을 것 같아요.

I'd prefer not to get involved.
나는 개입하지 않는 것이 좋겠어.

💬 이렇게 말한다!

A: Are you ready to eat lunch?
B: I would prefer to keep working.
　A: 점심하러 갈래?
　B: 계속 일을 하는 것이 좋겠어.

✏️ 영어문장필사해보기

• 나는 개입하지 않는 것이 좋겠어.

I'd prefer it if~

…하면 좋겠다

if 이하이면 좋겠다는 현실과 다른 희망을 말하거나 혹은 정중하게 「…에게 …하지 말라」는 의미의 표현으로 쓰이기도 한다.

✓ 핵심포인트

I'd prefer it if~ …하면 좋겠다

📝 이렇게 쓰인다!

I'd prefer it if you didn't.
네가 그러지 않으면 좋겠어.

I'd prefer it if we didn't make an issue out of this at work.
직장에서 이걸 문제 삼지 않았으면 좋겠어.

I'd prefer it if you didn't call me chicken.
날 겁쟁이라 부르지 않으면 좋겠어.

I'd prefer it if we could keep it between us.
그건 우리사이의 비밀로 했으면 좋겠어.

💬 이렇게 말한다!

A: **I have your glasses at my house.**
B: **I'd prefer it if you gave them back.**
    A: 네 안경이 내 집에 있어.
    B: 돌려주면 좋겠어.

✏️ 영어문장필사해보기

• 직장에서 이걸 문제 삼지 않았으면 좋겠어.

Get More

- **like better** 더 좋아하다

    What do you like better, action or comedy?
    액션과 코미디 중에서 뭘 더 좋아해?

- **take a liking to** …이 좋아하기 시작하다

    They've really taken a liking to me. 걔네들은 정말 날 좋아하기 시작했어.

- **act like** …처럼 행동하다

    Stop acting like you're all that. 잘난척하지마.

- **eat like a bird** 소식하다(↔ eat like a pig 대식하다)

    You eat like a bird! 넌 정말 적게 먹는구나!

- **likes and dislikes** 좋아하는 것과 싫어하는 것

    I don't have any strong likes or dislikes.
    그렇게 좋아하는 것도 싫어하는 것도 전혀 없어.

- **like hell** 결코 …아니다, 강하게

    It hurts like hell. 너무 아프네요.

Do as you like. 좋으실대로.
Just like that! 바로 그렇게!
That's more like it. 그게 더 낫네.

12.
쉬지 않고 일하는

Work

단순히 '일하다'라는 의미로만 알고 있으면 낭패. 어디에서 「일하다」, 「근무하다」라는 의미로 물론 많이 쓰인다. 그러나 기계 등이 제대로 돌아가거나 작동시키다라는 의미 또는 여기서 발전하여 어떤 계획 등이 잘 진행된다는 의미로도 쓰이는데 네이티브들은 이런 의미로 work를 더욱 애용한다. 그리고 그런 의미로 쓰인 work는 일하다라는 의미의 work와는 달리 이해가 선뜻 오지 않는 경우가 많으니 긴장하면서 학습해본다.

 Work 기본개념

01. 일하다, 근무하다, 연구하다
I work around 10 hours a day. 난 매일 10시간 정도 일해.
Who do you work for? 어디서 일해?
Thanks for your hard work. 열심히 일해서 고마워.

02. (기계) 제대로 움직이다, 작동시키다
It's working fine. 기계가 잘 돌아간다.
My computer doesn't work. 내 컴퓨터가 작동이 안돼.
My father can't even work an iPad.
아버지는 아이패드를 다룰지도 모르셔.

03. (계획) 잘 진행되다, (약) 효과있다
My plan didn't work well. 내 계획이 잘 되지 않았어.

work hard
열심히 일하다

여기서 hard는 열심히라는 부사로 work hard하면 직장인의 덕목인 「열심히 일하다」라는 뜻이 된다. Don't work too hard는 헤어질 때 인사로도 쓰이는데 "쉬어가면서 해"라는 의미.

✓ 핵심포인트

work hard (to+동사)	(…하려고) 열심히 일하다
work around the clock	무척 열심히 일하다

📝 이렇게 쓰인다!

It's been a long day. We worked hard today.
오늘 참 힘들었어. 오늘 열심히 일했어.

You'd better work harder.
너 좀 더 열심히 해라.

We're working around the clock.
우리는 최선을 다하고 있어요.

I'm working hard to become a better man.
좋은 사람이 되려고 열심히 일하고 있어.

💬 이렇게 말한다!

A: You have to work hard. Don't let me down.
B: I'll do my best, boss. Believe me.

　A: 열심히 일해야 돼. 날 실망시키지마.
　B: 사장님, 최선을 다할게요. 믿으세요.

✏️ 영어문장필사해보기

• 오늘 참 힘들었어. 오늘 열심히 일했어.

work overtime
야근하다

역시 열심히 일한다와 같은 맥락의 표현으로 work overtime은 「야근하다」, 「늦게까지 일하다」라는 의미의 work late와 같은 의미이다.

✓ 핵심포인트

work overtime	야근하다
work late	야근하다

📓 이렇게 쓰인다!

I have to work overtime today.
오늘 야근해야 돼.

I can't meet you for dinner. I have to work overtime today.
저녁식사 같이 못해. 오늘 야근해야 돼.

Are you working overtime tonight?
오늘밤 야근해?

I don't work late tomorrow night. Let's get together then. 내일 밤에는 늦게까지 일 안해. 그때 만나자.

💬 이렇게 말한다!

A: How is your new job?
B: Not so bad. I have to work overtime sometimes, but I like the job.

    A: 새 직장은 어때?
    B: 그리 나쁘지 않아. 야근을 해야 할 때도 있지만 일이 마음에 들어.

✏️ 영어문장필사해보기

• 오늘 야근해야 돼.

work+시간

…동안 일해

work+시간관련 명사가 와서 언제 일하는지 그 시간을 말해줄 수 있다. 근무시간을 물어보는 What are the hours?의 답으로 쓰인다.

✓ 핵심포인트

be on a five-day work week	주 5일제 근무이다
work nights[days]	주간[야간] 근무이다

📒 이렇게 쓰인다!

You'd be working a five-day week, 9 to 5.
주 5일 9시부터 5시까지 일할겁니다.

Are you on a five-day week?
주 5일제 하니?

I'm working nights[days].
난 저녁[낮] 근무야.

My sister is a single mother who works nights.
나의 누이는 밤근무를 하는 한부모야.

💬 이렇게 말한다!

A: Why don't I ever see your husband?
B: He's very tired since he has to **work nights**.

　A: 왜 네 남편 한번 볼 수 없니?
　B: 야간근무를 하게 된 이래 남편이 무척 피곤해해.

✏️ 영어문장필사해보기

• 주 5일제 하니?

work

제대로 돌아가다

뭔가 효과적이고 성공적이라는 뜻으로 주로 사물주어가 오게 된다. 뭔가를 제대로 돌아가게 한다고 할 때는 make ~ work(get~ to work)라 하면 된다.

✓ 핵심포인트

It works!	제대로 되네!, 효과가 있네!
It doesn't work	제대로 안돼, 그렇겐 안돼
make sth work	…을 돌아가게 하다(get sth to work)

이렇게 쓰인다!

That's not how it works.
그렇게는 안돼.

It's never going to work[happen].
우린 안돼.(남녀관계가 못 이루어진다는 말)

Why didn't it work? What was the problem?
왜 제대로 안됐어? 문제가 뭐였어?

Never give up. There are ways to make this work.
절대 포기마. 항상 방법이 있게 마련이야.

이렇게 말한다!

A: Is the time on that clock correct?
B: No, it doesn't work. Check the time on your cell phone.

A: 저 시계 시간이 맞는거니?
B: 아냐. 그 시계는 작동을 하지 않아. 네 휴대폰 시간을 확인해봐.

영어문장필사해보기

• 왜 제대로 안됐어? 문제가 뭐였어?

make it work
제대로 돌아가게 하다

앞 표현의 사역형으로 'it'을 제대로 돌아가게 한다, 잘 작동되게 한다는 의미이다. it 대신에 things를 써서 make things work의 형태로 굳어져 많이 쓰인다. 물론 make marriage work처럼 다른 일반 명사가 올 수도 있다.

✔ 핵심포인트

make it work	잘 작동되게 하다
make things work	가능하게 하다(get sth to work)
make a relationship work	관계가 가능하게 하다

📒 이렇게 쓰인다!

We will find a way to make it work.
이게 제대로 돌아가게 하는 방법을 찾을거야.

I'm going to need some time to make it work.
그게 제대로 돌아가게 하는데는 시간이 좀 필요할거야.

The only person that can make marriage work is you.
이 결혼을 성사시킬 유일한 사람은 너야.

I thought about what it takes to make a relationship work.
관계를 제대로 돌아가게 하기 위해서 뭐가 필요한지 생각해봤어.

💬 이렇게 말한다!

A: **What do you think about that idea?**
B: **It will be difficult, but we can make it work.**
  A: 이 아이디어에 대해 어떻게 생각하니?
  B: 어려울거야. 그렇지만 우린 해낼 수 있어.

✏ 영어문장필사해보기

- 그게 제대로 돌아가게 하는데는 시간이 좀 필요할거야.

~ works for me[you]
내게[너에게] …이 괜찮다, 좋다

앞의 경우와 같은 맥락의 표현으로 사물주어+works for sb하게 되면 「…에게 …이 좋다」, 「괜찮다」라는 뜻. 특히 약속을 정할 때 많이 등장한다.

✓ 핵심포인트
사물주어+work for sb   …에게 통하다, 괜찮다

📝 이렇게 쓰인다!

It works for me.
난 괜찮아, 찬성이야.

Does it[that] work for you? Tell me what you think.
너도 좋아? 네 생각을 말해봐.

Does this afternoon work for you?
오늘 오후 괜찮으세요?

Does seven o'clock work for you?
7시 괜찮아?

💬 이렇게 말한다!

A: Let's see, is Friday all right?
B: Yes, I guess that works for me.
　A: 어디 보자, 금요일은 괜찮나요?
　B: 네, 그때가 좋을 것 같네요.

✏️ 영어문장필사해보기
• 오늘 오후 괜찮으세요?

work one's way to [through] 뼈빠지게 …하다

좀 점잖지 못한 표현. 단순히 열심히 일하다라는 표현으로는 부족한 경우에 쓰는 말로 우리말로는 뼈빠지게 일하다, 노력해서 …하다 정도의 의미가 된다.

✓ **핵심포인트**

work one's way[butt, ass] to[through]~ …하는데 뼈빠지게 일하다
work one's way through+학교 학비를 벌어서 학교를 다니다

📝 **이렇게 쓰인다!**

He's working his head off.
그는 뼈빠지게 일해.

I worked my way through med school.
내가 학비를 벌면서 의대를 다녔어.

I've been working my way through your checkbook.
네 수표책을 꼼꼼히 뒤져봤어.

💬 **이렇게 말한다!**

A: **I worked my way through med school.**
B: I know. You are the pride of our family.

    A: 난 학비를 벌면서 의대를 다녔어.
    B: 알아. 넌 우리 집안의 자랑이야.

✏️ **영어문장필사해보기**

• 내가 학비를 벌면서 의대를 다녔어.

work at
…을 열심히 하다

work at+장소명사가 나오면 주로 「…에서 일하다」(work for)이고 work at 다음에 일이나 ~ing 형태가 오면 「…얻으려고 혹은 향상시키려고 열심히 시도하다」란 뜻이 된다.

✓ 핵심포인트
work at+장소 …에서 일하다(work for sb)
work at sth[~ing] …에 열심히 하다

 이렇게 쓰인다!

They think I work at Starbuck's.
내가 스타벅스에서 일한다고들 생각해.

How long did you work at the store?
그 가게에서 일한지 얼마나 됐어?

I worked at getting the job done.
이 일을 끝내는데 열심히 했어.

I tried my best to work at this marriage.
이 결혼을 성사시키려고 최선을 다했어.

🗨 이렇게 말한다!

A: Learning English can be very difficult.
B: I know, but you have to work at it.
A: 영어공부하는 것은 매우 어려울 수 있지.
B: 알지. 그래도 열심히 해봐야지.

영어문장필사해보기 ✏

• 이 일을 끝내는데 열심히 했어.

work things out
일을 잘 풀어가다

앞의 work out을 이용한 표현으로 work things out하면 「일을 잘 풀어가다」, 「문제를 해결하다」라는 뜻이 된다. Things을 앞으로 해서 Things don't work out(일이 잘 안풀려)라고 할 수도 있다.

✓ 핵심포인트

work things out (with sb)	(…와) 일을 잘 풀어가다, 문제를 해결하다
Things work out	일이 잘 풀리다

 이렇게 쓰인다!

I really think it's great they work things out.
걔네들이 일을 잘 풀어나가는게 정말 대단한 것 같아.

I wanted to work things out with my husband.
남편과 일을 잘 풀어나가기를 원했어.

I'm trying to work things out with Eva.
난 에바와 일을 잘 풀어가려고 하고 있어.

Why do I have to work things out with a man who used me?
왜 날 이용한 남자와 일을 풀어나가야 돼?

Things will work out all right.
일이 잘 해결될거야.

Things didn't work out and he broke up with her.
일이 잘 풀리지 않아 그는 걔랑 헤어졌어.

💬 이렇게 말한다!

A: What's going on between you two?
B: We're working out our problems.

　A: 너희 둘 요즘 어떠니?
　B: 서로 간에 문제들을 해결해가고 있어.

work on
…을 일을 하고 있다

work for가 일하고 있는 장소를 말하는 반면 work on은 일을 하고 있는 대상을 말한다. work on the report하면 리포트를 작성한다는 말. 다만 work on sb하면 「…을 설득하다」, 「영향을 주다」라는 뜻이 된다.

✓ 핵심포인트

work on sth	…일을 하다
work on sb	…을 설득하다, 영향을 주다
work on ~ing	…일을 하다
work on what~	…에 종사하다

📝 이렇게 쓰인다!

I am working on it.
지금 하고 있어.

I'll get to work on it right now.
지금 바로 이 일을 시작할거야.

I'm going to work on this stuff at home tonight.
오늘밤 집에서 이 일을 할거야.

Let me work on this. I'll get it done by tomorrow.
내가 이거 할게. 내일까지 끝마칠게.

I was working on a crossword puzzle when you called this morning.
오늘 아침에 네가 전화할 때 난 크로스워드 퍼즐 풀고 있었어.

I'm going to work on my music this summer.
이번 여름에 내 음악작업을 할거야.

It would work on me when I was young.
내가 어렸을 때 그게 내게 통했을지도 모르지.

What are you working on now?
지금 뭐하고 있어?

We spent 2 years working on our problems.
우리 문제를 해결하는데 2년이나 소요됐어.

이렇게 말한다!

A: I'm so stressed out these days.
B: Oh? Do you have to work on a big project?
  A: 요즘 스트레스를 많이 받고 있어.
  B: 그래? 중요한 일을 해야 되는거야?

A: I'm going to work on this stuff at home tonight.
B: If you have any problems, give me a call.
  A: 오늘밤 집에서 이 일을 할거야.
  B: 문제가 생기면 나한테 전화해.

A: How long have you been working on that project?
B: I've been working on it all day long.
  A: 그 작업에 매달린지 얼마나 된거야?
  B: 하루 종일 하고 있는 중이야.

영어문장필사해보기

- 오늘 밤 집에서 이 일을 할거야.

- 지금 뭐하고 있어?

12. 쉬지 않고 일하는 Work

work out
잘되다, …하게 되다, 운동하다

중요한 표현이지만 의미가 분명하게 오지 않는 것 중의 하나. 먼저 어떤 안 좋은 상황이 주어로 올 경우에는 「나아지다」, 「좋아지다」, 그리고 work out+well(badly, all right, OK) 등이 오면 「…하게 되다」라는 의미로도 쓰인다.

✓ 핵심포인트

Sth works out	나아지다(get better)
work out for the best	결국은 잘 되다
Sth works out well[badly]	좋게(나쁘게) 되다(turn out)
Sb works out	잘 고안해내다, 좋은 계획을 짜다, 운동하다

📝 이렇게 쓰인다!

I hope it works out with you and Mike.
너하고 마이크하고 잘 되기를 바래.

How did everything work out?
어떻게 일은 잘 풀렸나요?

How's that working out for you? Is that good enough?
일이 잘되고 있나요? 충분해요?

It never would have worked out. I knew it!
애초에 가망이 없었어. 내 그럴 줄 알았어!

Let's work it out.
제대로 해보자.

Don't worry about a thing. We can work it out.
걱정 일도 하지마. 우리가 해결할 수 있어.

You can count on me. Everything will work out for the best.
날 믿어. 다 잘 될거야.

The figures that you gave me don't work out.
나한테 준 수치로는 답이 안 나와.

🗨 이렇게 말한다!

A: **How's** that new guy **working out**?
B: Not very well. He's all thumbs.
    A: 저 신입사원은 일을 잘 하고 있니?
    B: 잘 하진 못해. 손재주가 너무 없거든.

A: How did you make out at the lawyer's office?
B: In the end everything **worked out for the best.**
    A: 그 변호사 사무실에서 일이 어떻게 된거야?
    B: 결국에는 모든 일이 가장 좋게 해결됐어.

A: Keri is in such great shape.
B: That's because she **works out** every day.
    A: 케리는 대단히 건강해.
    B: 걔는 매일 운동하기 때문이야.

✏ 영어문장 필사해보기

- 일이 잘되고 있나요? 충분해요?

- 걱정 일도 하지마. 우리가 해결할 수 있어.

work up
점차 …하게 만들다

work up 다음에 interest, nerve, appetite 등이 오면 주어가 이런 명사를 갖게 만든다라는 것으로 관심, 용기를 갖고, 식욕을 느끼게 된다는 말. 또한 work~up하면 「…을 화나게 하다」라는 뜻으로 get worked up 형태로 쓰인다.

✓ 핵심포인트

work up+명사(interest, appetite)	주어가 …를(관심, 식욕) 갖게 하다
work sb up	…을 열받게 하다
get worked up (about)	(…에) 화나다

📝 이렇게 쓰인다!

That'll really work up your appetite for lunch.
그렇게 하면 정말 점심먹고 싶은 생각이 들거야.

Go work up some new ideas and then we'll go over it during lunch. 가서 새로운 생각을 만들어내봐 그럼 점심 때 검토해볼게.

I just think you're getting worked up over nothing.
난 네가 아무것도 아닌 일에 화내는 것 같아.

What are you so worked up about?
뭐 때문에 그렇게 화났어?

He got worked up. You'd better keep away from him.
걔 화났어. 걔 멀리해.

💬 이렇게 말한다!

A: **Have you worked up the courage to ask her out?**
B: **I'm still too afraid.**
　　A: 용기내서 걔한테 데이트 신청해봤어?　　B: 난 아직도 너무 두려운 걸.

✏️ 영어문장필사해보기

• 난 네가 아무것도 아닌 일에 화내는 것 같아.

have a lot of work
할 일이 많다

상대방에게 뭔가 거절하거나 혹은 자리를 먼저 뜰 때 필요한 표현. a lot of 대신 much를 써도 되지만 a lot of work가 훨씬 많이 쓰인다. have 혹은 have got을 쓰기도 한다.

✓ 핵심포인트

have (got) a lot of[much] work to do	해야 할 일이 많다
have a lot of work left	할 일이 많이 남아있다

📝 이렇게 쓰인다!

We have a lot of work today.
오늘 할 일이 많아.

Can I go? I've got a lot of work to do today.
가도 돼? 오늘 할 일이 많아서.

I have so much work to do on the case.
그 건으로 해야 할 일이 많아.

I have some work to do in my office.
사무실에서 할 일이 좀 있어.

I've got three or four more hours work left. Can you wait? 한 3,4시간 일 더 해야 돼. 기다려줄 수 있어?

How much work do you have left now?
얼마나 일이 남았지?

💬 이렇게 말한다!

A: What is our plan for tonight?
B: We'll be busy. We have a lot of work to do.
    A: 오늘밤 우리 계획은 뭐야?   B: 우린 바쁠거야. 할 일이 무척 많아.

✏️ 영어문장필사해보기

• 그 건으로 해야 할 일이 많아.

12. 쉬지 않고 일하는 Work

after work
퇴근 후

work가 명사로 쓰인 경우로 after work는 「퇴근 후에」, 그리고 at work는 「직장에서」라는 표현으로 be at work하게 되면 「근무 중」이라는 뜻이 된다.

✓ 핵심포인트

at work	직장에서(be at work 근무중이다)
after work	퇴근 후

📒 이렇게 쓰인다!

I'll be home right after work.
퇴근 후에 바로 집으로 갈거야.

Hey, what are you doing after work?
야, 퇴근 후에 뭐해?

I'm supposed to be at work all night.
난 밤새 근무해야 돼.

He likes to play computer games at work.
걘 근무 중에 컴퓨터 게임하는 걸 좋아해.

💬 이렇게 말한다!

A: **He needs to be picked up after work tomorrow.**
B: **I'll send a taxi for him.**
　　A: 그 사람은 내일 퇴근 후에 누가 좀 태워서 가야 해.
　　B: 내가 택시를 보낼게.

✏️ 영어문장필사해보기

- 난 밤새 근무해야 돼.

Get More

- **work on one's own** 혼자 처리하다

    I can't handle all this work on my own. 이 모든 일을 혼자 처리 못해.

- **put sb to work** …에게 일을 주다

    Let me put her to work. 걔에게 일을 줄게요.

- **work through** (어려운 문제를) 다루다, 풀어나가다

    I have some issues I need to work through.
    내가 풀어야 하는 문제가 몇 개 있어.
    Every family has problems to work through.
    모든 가정은 풀어나가야 할 문제들이 있어.

- **work off** (운동 같은 걸로 분노, 초조 등의 감정을) 없애다, 일해서 갚다

    He gets to work off his debt. 걘 빚을 갚아가고 있어.

guess work 어림짐작
I've just finished work. 방금 일을 끝냈어.
Keep up the good work. 계속 열심히 해, 계속 잘하다.
When will you be done with your work? 언제까지 일을 끝낼 거야?
Good work! 잘했어!
How's work with you? 일은 어때?
I'm up to my ears[neck] in work. 일 때문에 꼼짝달싹 못해.
It works (like a charm). (감쪽같이) 효과가 있네, 일이 되네.

13.
난 네가 필요해

Need

need는 필요하다라는 의미로 need something 혹은 need to+동사의 형태로 필요한 것이나 행동을 말하면 된다. 반대로 필요하지 않을 때는 I don't need~를, 상대방에게 그럴 필요없다고 할 때는 You don't need~라고 하면 된다. 또한 다른 사람이 …해주는 게 필요하다고 말할 때는 need sb to+동사라고 쓰면 된다.

 Need 기본개념

---

01. …가 필요하다(need+명사), …해야 한다(need to+동사)
If there's anything you need, don't hesitate to ask.
뭐가 필요한게 있으면 바로 말해.
I need some rest. 좀 쉬어야겠어.
I need to get back to the office. 사무실로 돌아가야 돼.

02. …가 …하는 것이 필요하다(need sb to+동사)
I need you to help me with this homework.
네가 이 숙제 좀 도와줘야 돼.
Do you need me to go with you? 내가 너와 함께 가줄까?

03. (명사) 필요, 요구, 의무
I don't see the need to go to school. 학교 갈 필요성을 모르겠어.
I don't see the need for it. 난 그럴 필요가 없다고 생각해.

need sth
…가 필요해

need 다음에 주어가 원하거나 주어에게 필요한 명사를 넣으면 된다. 명사 대신 it(that)을 써서 I need it, I don't need it(that), Do you need that?이라고 쓰기도 한다.

✓ 핵심포인트

I need+명사	나는 …이 필요해
You need+명사	넌 …가 필요해
Do you need+명사?	…가 필요해?

📝 이렇게 쓰인다!

I need your help.
네 도움이 필요해.

If you need anything, feel free to ask.
뭐든 필요하면 말만 해요.

I need more time to think it over.
생각할 시간이 더 필요해.

You need a break.
너 좀 쉬어야 돼.

Do you need an answer right now?
바로 답이 필요해?

💬 이렇게 말한다!

A: **I need a new bed to sleep on.**
B: **They sell them at the department store.**

　A: 난 잠잘 새 침대가 필요해.
　B: 백화점에서 팔거야.

✏️ 영어문장필사해보기

• 생각할 시간이 더 필요해.

13. 난 네가 필요해 Need

need sb
…을 원해, 필요해

이번에는 need 다음에 사람이 오는 경우. 앞의 경우처럼 I (don't) need, You (don't) need, Do you need~? 등의 형태로 사용하면 된다.

✓ 핵심포인트
need sb back …가 돌아오길 원하다

You can go now. I don't need you anymore.
가도 돼. 난 더 이상 네가 필요없어.

We need you back. When can you come back?
우린 네가 돌아오길 바래. 언제 돌아올 수 있어?

Why do you need me anyway?
그나저나 왜 날 필요로 하는거야?

I don't need you or anybody else!
너도 다른 사람도 다 필요없어!

이렇게 말한다!

A: **Is there a leak in your bathroom?**
B: **Yeah, I need a plumber to fix it.**
  A: 화장실에 물이 새니?
  B: 그래. 고치려면 배관공이 필요해.

영어문장필사해보기

• 가도 돼. 난 더 이상 네가 필요없어.

need to~
…해야 해, …할 필요가 있어

필요한게 어떤 사물이나 사람이 아니라 행동일 경우에는 need to+동사를 쓴다. 또한 need to be+pp 형태도 곧잘 사용된다.

✓ 핵심포인트

I need to+동사	나는 …을 해야 돼
need to be+pp	…해져야 돼

📝 이렇게 쓰인다!

I need to stay another day.
하루 더 묵어야 돼.

Hey, stay there. I need to talk to you.
저기, 거기 좀 있어봐. 얘기 좀 하자.

I need to borrow some money.
돈 좀 빌려야겠어.

Let's get together. We need to talk about something.
우리 만나자. 우리 얘기 좀 해야 할 것 같아.

💬 이렇게 말한다!

A: I have to go. I need to get to work.
B: Don't forget to take your lunch with you.
　A: 나 가야 돼. 일해야 돼.
　B: 점심 가지고 가는거 잊지마.

✏️ 영어문장필사해보기

• 우리 만나자. 우리 얘기 좀 해야 할 것 같아.

13. 난 네가 필요해 Need　　　　　　　　　　　　　　　239

You need to~
넌 …해야 돼

need to+동사의 표현법이지만 주어가 You로 시작하는 경우로 You need to+동사하면 「넌 …을 해야 돼」, Do you need to+동사?하게 되면 「네가 …해야 돼?」라는 묻는 문장이 된다.

✓ 핵심포인트

| You need+동사 | 넌 …을 해야 돼 | Do you need+동사? | …를 해야 돼? |

📓 이렇게 쓰인다!

You need to call her right now.
지금 당장 걔에게 전화해야 돼.

You need to talk with your teacher.
넌 네 선생님하고 얘기해야 돼.

Do you need to get up early tomorrow morning?
내일 아침 일찍 일어나야 돼?

Do you need to go?
가야 돼?

💬 이렇게 말한다!

A: **Do you know what I mean?**
B: **Yeah! You're saying you need to take a day off.**
　A: 무슨 말인지 알겠어?
　B: 어! 하루 쉬고 싶다는거지.

✏️ 영어문장필사해보기

• 내일 아침 일찍 일어나야 돼?

need sb to~
…가 했으면 해

내가 뭔가 하는게 아니라 sb가 뭔가 하기를 바란다는 문장. I need you to~와 Do you need me to~?를 기억해둔다.

✓ 핵심포인트

I need you to+동사 네가 …해줬으면 해
Do you need me+동사? 내가 …을 할까?

📓 이렇게 쓰인다!

I need you to get this done by tomorrow.
너 내일까지 이걸 끝내야 해.

I need you to leave right now. Don't even think about getting cute.
지금 당장 떠나줘. 귀여운 척할 생각은 하지도 마.

Mom, I need you to sign this document. It's for school.
엄마, 이 서류에 사인해주세요. 학교에 제출할거예요.

I need you to finish this by tomorrow.
너 내일까지 이걸 끝내야 해.

You really don't need me to live with you.
넌 정말 내가 너랑 살기를 원치 않는구나.

Do you need me to go on a vacation with you?
너랑 같이 휴가 갈 바래?

Do you need me to pick you up from the airport?
공항에서 널 픽업해줄까?

💬 이렇게 말한다!

A: Do you need me to stay longer?
B: No, we're all finished. You can go.

A: 내가 좀 더 있어야 해?
B: 아니, 우리 일은 다 끝났어. 가도 좋아.

don't need to~
…할 필요가 없어

need to+동사의 부정형 don't need to~는 …할 필요가 없다라는 말로 don't have to와 같은 의미이다. 상대방이 …하지 않다도 된다는 I don't need you to~도 빈출표현.

✔ 핵심포인트

You don't need to+동사	넌 …할 필요가 없어
I don't need you to+동사[~ing]	네가…하지 않아도 돼

📝 이렇게 쓰인다!

I don't need to think about it.
난 그걸 생각할 필요없어.

I don't need to know the details.
자세한 건 알 필요없어.

I don't need to take a test.
시험치를 필요가 없어.

I told you that you don't need to be here.
넌 여기 있을 필요가 없다고 했잖아.

I don't need you to help me. I can do it myself.
날 안도와줘도 돼. 혼자할 수 있어.

I got some help from my father. I don't need you to help me. 아버지에게서 도움을 좀 받았어. 네가 날 도와주지 않아도 돼.

💬 이렇게 말한다!

A: **I can help you finish your homework.**
B: **You don't need to stay here with me.**
　A: 네가 숙제 끝내는데 도와줄 수 있어.　B: 나랑 같이 머물 필요는 없어.

📝 영어문장필사해보기

- 넌 여기 있을 필요가 없다고 했잖아.

All I need is~
내가 필요한 건 …뿐이야

내가 필요로 하는 것을 강조하는 표현법으로 All I need is~를 기본형으로 여러 변형된 응용표현들이 있다. ~is 다음에는 명사 혹은 (to)+동사가 이어진다.

✓ 핵심포인트

All I need is+명사	내가 필요한 건 …뿐이야, 그저 …이 필요해
All I need is to+동사	내가 필요한 것은 …하는 것밖에 없어
All I need to do[tell, know] is~	내가 하[알고, 말하]고 싶은 건 …하는 것밖에 없어
All I need you to do is~	네가 해야 할 건 단지 …뿐이야

📓 이렇게 쓰인다!

All I need is five minutes.
내가 필요한 건 5분뿐이야.

All I need to do is have some more fun.
내가 필요로 하는 건 더 재미를 보는거야.

All I need to know is who you fell in love with.
내가 알고 싶은 건 네가 누구와 사랑에 빠졌냐야.

All I need you to do is sign here.
넌 여기에 사인만 하면 돼.

💬 이렇게 말한다!

A: **All I need is a beautiful girlfriend.**
B: **I don't think that you can find one.**
　　A: 내게 필요한 건 예쁜 여친뿐이야.
　　B: 찾기 힘들걸.

영어문장필사해보기 ✏️

• 내가 알고 싶은 건 네가 누구와 사랑에 빠졌냐야.

need 008
(There's) No need to~
…할 필요가 없다

상대방에게 「…할 필요가 없다」고 말하는 것으로 There's no need for+명사[to+동사] 형태로 써주면 되는데 There's~는 생략가능하다.

✓ 핵심포인트

That's all I need to~	내가 필요한 건 …뿐이야
be in need of~	…가 필요하다
see a need to~	…할 필요성이 있다
meet a need ~	…필요를 충족시켜주다

이렇게 쓰인다!

There's no need to be embarrassed.
당황할 필요없어.

There's really no need to explain.
정말이지 설명할 필요없어.

No need to talk about it.
얘기할 필요없어.

No need to lie.
거짓말할 필요는 없어.

이렇게 말한다!

A: You need to clean up this place!
B: I will. There's no need to get angry.

A: 넌 이곳을 청소해야 돼!
B: 할거에요. 화낼 필요는 없잖아요.

영어문장필사해보기

• 정말이지 설명할 필요없어.

Get More

- **That's all I need to~** 내가 필요한 건 …뿐이야

    That's all I need. 이게 내가 필요한 전부다.
    That's all I need to know. 내가 알고 싶은 건 그게 다야.

- **be in need of~** …가 필요하다

    I'm in need of a real friend. 난 진정한 친구가 필요해.

- **see a need to~** …할 필요성이 있다

    I don't see a need to go there. 거기 갈 필요가 없어 보여.

- **meet a need ~** …필요를 충족시켜주다

    I'm unable to meet your needs. 난 네 필요를 충족시켜줄 수가 없어.

14.
돌고 도는 세상

Turn

turn의 기본적인 의미는 She turned and walked away(돌아서 가버렸다)처럼 몸이나 얼굴의 방향을 바꾸거나 돌리는 것을 말한다. 따라서 turn left[right]하면 좌[우]회전하다는 뜻이 되며 또한 돌린다는 의미에서 스위치를 돌려서 끄거나 켜는 것을 뜻하기도 한다. 한편 get이나 become의 의미로 turn+형용사 형태로도 쓰이며 또한 turn+나이로 쓰면 「나이가 …가 되다」라는 뜻이 되기도 한다.

 Turn 기본개념

01. 돌리다, 뒤집다, (어떤 방향으로) 향하다, 향하게 하다, 바꾸다
Would you please turn the TV off? 텔레비전 좀 꺼줄래?
Go down this street and turn to the left.
이 길 따라 가서 좌회전해요.

02. 변화하다, 바뀌다(turn+명사[형용사])
My mother's hair began to turn grey.
어머니 머리가 희어지기 시작했어.

The weather is starting to turn cold.
날씨가 추워지기 시작하고 있어.

03. (나이, 시간) …이 되다
My wife's just turned 33. 아내가 막 33살이 되었어.
Our company will turn 100 next month.
우리 회사 다음 달에 100주년이야.

turn 001

turn and~
돌아서 …하다

turn의 가장 기본적인 의미는 몸을 돌려 방향을 바꾼다는 것이다. 그래서 turn and(to)+동사~ 하게 되면 「돌아서 …하다」라는 뜻이 된다.

✓ 핵심포인트

turn to~	…로 몸을 돌리다
turn and[to]+동사	돌아서 …하다

📋 이렇게 쓰인다!

He turned to leave, then turned back quickly.
걘 돌아서 가려다가 잽싸게 돌아섰다.

She turned on her side to turn off her cell phone.
걘 몸을 옆으로 돌려 핸드폰을 껐다.

They turned around and walked back to the office.
걔네들은 돌아서 사무실로 걸어 돌아갔다.

He just turned and walked away.
그냥 돌아서서 가버렸어.

💬 이렇게 말한다!

A: Where did your friend go?
B: He just turned to leave the room.
A: 네 친구는 어디로 갔니?
B: 걘 방금 돌아서 방을 나갔어.

영어문장필사해보기 ✏️

• 걘 돌아서 가려다가 잽싸게 돌아섰다.

14. 돌고 도는 세상 Turn

turn left[right]

좌(우)회전하다

몸을 돌린다는 것은 방향을 바꾼다는 것을 말하게 된다. 길 안내시 꼭 필요한 표현으로 turn left 하면 왼쪽으로 돌다, turn right하면 오른쪽으로 돌다라는 뜻이 된다.

✓ 핵심포인트

turn right = turn to the right	오른쪽으로 돌다, 우회전하다
turn left = turn to the left	왼쪽으로 돌다, 좌회전하다

📝 이렇게 쓰인다!

Go east for two blocks and then turn right.
동쪽으로 2블록 간 다음 우회전해요.

Go down this street and turn to the left.
이 길로 쭉 간 다음 왼쪽으로 도세요.

Take this road until it ends and then turn right.
이 길이 끝날 때까지 가서 우회전해요.

Turn left and go south three blocks and it's on the right.
좌회전해서 3블록 남쪽으로 가면 오른편에 있어요.

💬 이렇게 말한다!

A: **Turn left and go straight for 2 blocks. You can't miss it.**
B: **Thank you so much.**

　A: 왼쪽으로 돌아서 2 블록 곧장 가세요. 쉽게 찾을거예요.
　B: 정말 고맙습니다

📝 영어문장필사해보기

• 이 길이 끝날 때까지 가서 우회전해요.

turn one's back on~
…을 등지다, (도움) 거절하다, 외면하다

등(one's back) 돌리다(turn)라는 것은 돌아서다[앉다]라는 말로 비유적으로 「외면하거나」, 「…의 도움을 거절하는」 것을 뜻한다. 거절의 대상은 on sb[sth]으로 넣어주면 된다.

✓ 핵심포인트

turn one's back	거절하다, 외면하다
turn one's back on sb[sth]	…에서 눈을 떼다, 외면하다, 거절하다

📝 이렇게 쓰인다!

Why did you turn your back on him? I told you to take care of him!
왜 눈을 뗀거야? 걔를 잘 보살피라고 했잖아!

Now I only turned my back for a second and she was gone.
잠시 눈을 뗐는데 걔가 사라졌어.

Don't turn your back on him.
걔를 외면하지마.

If you turn your back on her, she will try to kill you!
걜 외면하면 널 죽일려고 할거야!

💬 이렇게 말한다!

A: I am not going to listen to you.
B: Don't **turn your back** while I'm talking!
    A: 네 말을 듣지 않을거야.
    B: 내가 말하고 있는데 외면하지마.

✏️ 영어문장필사해보기

• 왜 눈을 뗀거야? 걔를 잘 보살피라고 했잖아!

turn around

방향을 바꾸다, 상황이 호전되다, 호전시키다

turn around는 방향을 180도 바꾸는 것을 말한다. 비유적으로 상황이 호전되거나 호전시키는 것을 말하기도 하지만 일상에서는 「몸을 돌려 …하다」라는 뜻으로 turn around to(and)+동사가 많이 쓰인다.

✓ 핵심포인트

turn around and[to]+동사	몸을 돌려 …하다
turn around to look at~	돌아서서 …을 보다
turn around	상황이 호전되다

📓 이렇게 쓰인다!

I turned around to see where it was coming from.
그게 어디서 왔는지 보기 위해 돌아섰어.

I turned around to see who was entering the room.
나는 돌아서 누가 방에 들어오는지를 봤다.

They turned around and looked at Tammy.
걘 돌아서서 태미를 바라봤다.

He turned around and said "Again, I'm sorry"
걔 돌아서서 "다시 한번 미안해"라고 말했어.

💬 이렇게 말한다!

A: **I think we're lost now.**
B: **Let's just turn around and go home.**
　A: 우리가 길을 잃은 것 같아.
　B: 그냥 돌아서 집에 가자.

영어문장필사해보기 ✏️

• 나는 돌아서 누가 방에 들어오는지를 봤다.

turn away
고개를 돌리다, 외면하다

turn away는 「고개를 돌리다」라는 뜻에서 「외면하다」, 「거절하다」, 「피하다」라는 의미로 주로 쓰인다. 비유적으로는 「내쫓다」라는 의미도 있다.

✓ 핵심포인트

turn away	고개를 돌리다
turn away from sb	…을 피하다, 거절하다

📓 이렇게 쓰인다!

She kept trying to kiss me on the mouth, and I kept turning away.
걔가 자꾸 입에 키스하려고 해서 난 계속 얼굴을 돌렸어.

Don't you turn away from me. Look at me!
날 외면하지 말고, 날 보라고!

Lord, help us find the strength to turn away from evil when it tempts us.
주여, 악마가 유혹할 때 뿌리칠 수 있는 힘을 찾도록 도와주소서.

🗣 이렇게 말한다!

A: Many people wanted to see the show.
B: They had to turn away people at the door.
A: 많은 사람들이 그 쇼를 보기를 원했어.
B: 사람들을 문에서 돌려보냈어야 했어.

영어문장필사해보기 ✏️

- 날 외면하지 말고, 날 보라고!

turn out
…으로 판명되다(prove)

「사람들이 뛰쳐나오다」, 「생산하다」(produce), 「…을 끄다」 등 다양한 의미가 있지만 「…로 판명되다」라는 의미로 가장 많이 쓰인다.

✓ 핵심포인트

turn out well[fine, bad]	잘되다, 잘못되다
turn out to be+명사	…로 판명되다
It turns out (that) 주어+동사	…로 판명되다
as it turns out	밝혀진 바와 같이

📝 이렇게 쓰인다!

In the end it turned out for the best.
결국 그게 최선인 것으로 판명됐어.

Let's turn out all the lights and we'll watch the movie!
불 다 끄고 영화보자!

I just have a feeling that everything's going to turn out fine.
만사가 잘 될거라는 느낌이 들어.

Our relationship turned out to be a disaster.
우리의 관계는 비극으로 판명됐어.

She was engaged to a guy who turned out to be gay!
걘 약혼을 했는데 상대가 게이였대!

It turns out it was a mistake.
그건 실수였다고 판명됐어.

It turns out that he lied to us.
걔가 우리에게 거짓말한 것으로 밝혀졌어.

I thought the turkey turned out well, although it is a little salty.
칠면조 요리가 좀 짜지만 잘됐어.

이렇게 말한다!

A: I'm not sure we can get through this difficult time.
B: Don't worry. Things always turn out for the best.

A: 우리가 이 어려운 시기를 헤쳐 나갈 수 있을지 모르겠어.
B: 걱정마. 언제나 결과는 최선이잖아.

영어문장 필사해보기

• 불 다 끄고 영화보자!

• 우리의 관계는 비극으로 판명됐어.

• 그건 실수였다고 판명됐어.

turn back
뒤돌아서다, 돌아오다, 돌아오게 하다

turn back하면 돌아서 다시 온다는 의미로 몸을 돌려 「뒤돌아보다」, 「돌아오다」 혹은 다른 사람을 「돌아오게 하다」라는 의미로 쓰인다.

✓ 핵심포인트

turn back (to+N)	뒤돌아서다, 돌아오다
turn back to+V	돌아서 …하다
turn sb[sth] back	…을 돌아오게 하다

📝 이렇게 쓰인다!

Even though she never turned back, she knew Tom was behind her.
비록 뒤돌아보지 않았지만 탐이 뒤에 있다는 걸 알고 있었어.

They both turned back to look at the building.
걔네들은 돌아서서 그 빌딩을 바라보았어.

You have a right to turn back if you're scared.
겁나면 돌아갈 권리가 있어.

She turned back and decided not to enter.
그녀는 뒤로 돌아서 들어가지 않기로 했어.

💬 이렇게 말한다!

A: **A lot of snow is falling. Should we turn back?**
B: **No, let's keep going till we get there.**
　A: 많은 눈이 내리고 있어. 우리 돌아가야 할까?
　B: 아니, 거기 도착할 때까지 계속 가보자.

영어문장필사해보기 ✏️

• 걔네들은 돌아서서 그 빌딩을 바라보았어.

turn down
거절하다, 약하게 하다, 줄이다

아래로(down) 돌린다(turn)라는 의미로 「TV 소리 등을 줄이다」, 「약하게하다」라는 뜻이며 또한 비유적으로는 「거절하다」라는 뜻으로 쓰인다. 반대로 turn up하게 되면 「소리를 키우다」, 「모습을 드러내다」라는 표현.

✓ 핵심포인트

turn down	약하게 하다, 줄이다, 거절하다
turn up	소리를 키우다, 모습을 드러내다(show up)

이렇게 쓰인다!

I had to turn down a job in Indonesia.
인도네시아에서의 일자리를 거절해야 했어.

Tell the kids to turn down the TV.
얘들보고 TV 소리 줄이라고 해.

I don't know what's keeping them, but I'm sure they'll turn up.
걔네들이 뭐 때문에 늦는지 모르지만 모습을 드러낼게 확실해.

I'm sure they'll turn up.
걔네들이 모습을 드러낼게 확실해.

이렇게 말한다!

A: What are you going to do with the offer?
B: I'm pretty sure I'm going to turn it down.
   A: 그 제안을 어떻게 할거야?
   B: 거절하게 될게 분명해.

영어문장 필사해보기

• 인도네시아에서의 일자리를 거절해야 했어.

turn in
제출하다, 돌려주다, 잠자리에 들다

turn in은 「…을 제출하다」(hand in) 혹은 「잠자리에 들다」라는 의미이며 turn into는 「…로 변하거나 바뀌는」 것을 뜻한다.

✓ 핵심포인트

turn in	제출하다, 잠자리에 들다, (경찰에) 밀고하다
turn into	…로 바꾸다, …로 변하다

📓 이렇게 쓰인다!

Please turn in your papers by tomorrow.
내일까지는 서류를 제출하도록 해요.

You didn't even read it before you turned it in?
제출하기 전에 읽어보지 않았단 말야?

She went to the police to turn in a client.
걘 손님을 밀고하기 위해 경찰서에 갔어.

I had this room turned into a nursery.
난 이 방을 놀이방으로 바꾸었어.

Look at you! You turned into such a beautiful girl!
얘봐라! 너 정말 예쁘게 바뀌었어!

💬 이렇게 말한다!

A: Come on everyone, let's turn in.
B: But I don't feel sleepy right now.
　A: 모두 이리와. 잠자리에 들자.
　B: 하지만 나는 지금 졸리지가 않아.

✏️ 영어문장필사해보기

• 제출하기 전에 읽어보지 않았단 말야?

turn on
켜다, …가 흥미를 갖게 하다, 흥분시키다

turn down[up]이 소리를 줄이고 키우는데 반해 turn on[off]은 아예 전원을 켜거나 끄는 것을 말한다. 나아가 비유적으로 사람을 포함하여 뭔가 흥미를 느끼거나 못느끼게 하는 것을 뜻하기도 한다.

✓ 핵심포인트

turn on	켜다, 작동시키다, 흥미를 갖게 하다, 흥분시키다
turn off	끄다, 흥미를 못느끼게 하다, 흥분을 가라앉히다
Whatever turns you on	뭐든 좋을대로
You turn me on	넌 내 맘에 쏙 들어, 넌 날 흥분시켜

📋 이렇게 쓰인다!

Do you want me to turn off the TV?
TV 끌까?

I forgot to turn off the bathroom light last night.
지난밤에 화장실 불끄는걸 깜박했어.

Turn off the lights before you come to bed.
자기 전에 불을 꺼라.

I'll turn off the TV, if it bugs you.
방해되면 TV 끌게.

You have to turn the gas valve off before going out.
외출전 가스밸브를 꺼야 돼.

To be honest with you, I got very turned on by you.
솔직히 말해서 나 너한테 많이 흥분했어.

💬 이렇게 말한다!

A: Who forgot to turn on the alarm?
B: It's my fault.
   A: 누가 자명종 켜놓는 걸 잊어버린거야?
   B: 내 잘못이야.

14. 돌고 도는 세상 Turn   257

turn over
(몸을) 뒤집다, 양도하다, 넘기다

몸을 뒤집는 것이 일차적인 의미이고 나아가 다른 사람에게 양도하거나 넘겨주는 것을 뜻한다. 양도한다고 할때는 to+sb(sth)이 오기 마련이다.

✓ 핵심포인트

turn over	(몸) 뒤집다
turn over to	…에게 (…를) 넘기다

📒 이렇게 쓰인다!

We turned over and faced each other.
우린 몸을 뒤집고 서로를 쳐다봤어.

When did you turn it over?
그걸 언제 넘겨준거야?

Why didn't you just turn them over to me?
왜 그걸 내게 넘겨주지 않은거야?

Are you ready to turn over now?
자 이제 뒤집을 준비됐어?

💬 이렇게 말한다!

A: I think I hurt the back of my leg.
B: Turn over and let me look at it.
    A: 내 다리 뒤쪽을 다친 것 같아.
    B: 돌아서봐, 다친 부분을 보게.

영어문장필사해보기 ✏️

• 그걸 언제 넘겨준거야?

turn 012

turn to~
몸을 돌려 …하다, 도움을 얻다, 의지하다

turn to+동사는 앞서 나왔듯이 「몸을 돌려 …을 하는」것이고 turn to+명사하게 되면 「…을 향해 몸을 돌리다」는 의미로 비유적으로 「…을 다루다」, 「…에 의지하다」, 「…의 도움을 받다」라는 뜻으로 쓰인다.

✓ 핵심포인트

turn to+명사[동사]	…로 향하다, 몸을 돌려 …하다
turn a blind eye to	외면하다, …을 못본 척하다
turn a deaf ear to	외면하다, …을 못들은 척하다

📔 이렇게 쓴다!

Can we turn to the case?
사건에 집중할래요?

You shouldn't turn to drugs to escape from stress.
스트레스로부터 피할 목적으로 약물에 의지하면 안돼.

I tried to talk to him, but he turned a deaf ear to me.
걔하고 얘기하려 했는데 걘 못들은 척했어.

When people are in trouble, they usually turn to religion.
사람들은 어려움에 처하면 보통 종교에 귀의해.

💬 이렇게 말한다!

A: Everyone seems to love Lisa.
B: Yes, they turn to her when they need help.
　A: 누구나 리사를 사랑하는 것 같아.
　B: 그래, 사람들이 도움이 필요할 때 걔한테 의지하거든.

✏️ 영어문장필사해보기

• 사람들은 어려움에 처하면 보통 종교에 귀의해.

take turns
교대로 하다

turn이 명사로 쓰인 경우에는 「순서」, 「차례」라는 의미로 여러 다양한 표현을 만들어낸다. 특히 take turns+~ing하게 되면 「차례대로 …을 한다」라는 뜻.

✅ 핵심포인트

take turns ~ing	교대로 …하다
be one's turn (to+동사)	(…할) …의 차례이다
in turn	교대로
wait one's turn	차례를 기다리다

📒 이렇게 쓰인다!

Whose turn is it next?
다음은 누구 차례죠?

Let's speak in turn from now on.
지금부터는 교대로 말하자.

They took turns looking at each other.
걔네들은 교대로 서로를 쳐다봤어.

Maybe it's my turn to watch out for you.
이제 내가 널 지켜봐야 할 순서인 것 같아.

💬 이렇게 말한다!

A: I want to use the computer right now.
B: Not yet. We have to take turns.
　　A: 이제 내가 컴퓨터 쓸거야.
　　B: 아직 아니야. 서로 교대로 사용해야 돼.

✏️ 영어문장필사해보기

- 걔네들은 교대로 서로를 쳐다봤어

Get More

- **turn a profit** 수익을 내다 (make a profit)

    We've barely turned a profit. 우린 거의 수익을 내지 못했어.

- **turn one's attention to~** …에 관심을 기울이다

    Please turn your attention to the big screen.
    대형화면에 관심을 기울여주세요.

- **turn the corner** 모퉁이를 돌다, 고비를 넘기다

    I turned the corner of the house and entered the backyard.
    난 코너를 돌아 뒷마당으로 들어갔어.
    We've finally turned the corner. 우린 마침내 고비를 넘겼어.

- **turn the tables on** 역전시키다, 보복하다

    I'm going to turn the tables on them. 걔네들에게 보복할거야.

- **turn sth inside out** 속을 뒤집다

    It's kind of like turning a sock inside out. 그건 양말을 뒤집는 것과 같아.

- **turn sth upside down** …을 샅샅이 뒤지다

    They will turn this whole place upside down till they find it.
    걔네들은 그걸 발견할 때까지 이곳을 샅샅이 뒤질거야.

I spoke out of turn. 말이 잘못 나왔어.
I did not know where to turn. 뭘 어떻게 해야할지 몰랐어.

15.
넘어지고 미끄러지고

Fall

fall하면 절벽에서 떨어지거나(fall off a cliff) 침대에 쓰러지거나(fall onto the bed) 혹은 바닥이나 계단에서 쓰러지는(fall down the stairs) 것 등 다양하게 몸을 던져 넘어지거나 쓰러지는 것을 말한다. 여기서 발전하여 비유적으로 fall short처럼 바닥나다, 떨어지다라는 의미로도 쓰이며 또한 fall asleep이나 fall in love처럼 fall+형용사 형태로 어떤 상태로 되다라는 뜻을 갖기도 한다.

Fall 기본 개념

01. 떨어지다, 감소하다, (바닥으로)넘어지다

Did you hurt yourself when you fell?
넘어질 때 다쳤어?

She slipped and fell in the shower this morning.
걘 오늘 아침에 샤워하다 미끄러 넘어졌어.

02. (어떤 다른 상태로) 되다(fall+adj)

Why did you fall asleep in church?
교회에서 왜 잤어?

I'm falling in love with you.
난 너와 사랑에 빠졌어.

fall asleep
잠들다

fall이 become의 의미로 쓰인 경우. asleep은 '잠든'이라는 뜻의 형용사로 둘이 합쳐 fall asleep하면 「잠들다」라는 표현이 된다. 특히 fall asleep ~ing하면 「…하다 잠들다」란 뜻.

✓ 핵심포인트

| fall asleep | 잠들다 |
| fall asleep ~ing | …하다 잠들다 |

📖 이렇게 쓰인다!

Don't fall asleep at the wheel.
운전하면서 자지 마라.

I can't forgive you for falling asleep during sex.
섹스 중에 잠든 널 용서할 수가 없어.

She has fallen asleep waiting for you to call.
걘 네가 전화하길 기다리다 잠들었어.

You got drunk and fell asleep with your head in the toilet.
넌 취해서 머리를 변기에 쳐박고 잠들었어.

💬 이렇게 말한다!

A: Have you seen where Tammy is?
B: She fell asleep a few hours ago.
　A: 태미가 어디에 있는지 봤니?
　B: 몇 시간 전에 잠들었어.

✏️ 영어문장필사해보기

• 운전하면서 자지 마라.

15. 넘어지고 미끄러지고 Fall

fall 002

fall in love

사랑에 빠지다

모든 사람이 가장 좋아할 만한 표현. 역시 fall이 become처럼 쓰인 경우로 사랑을 하는 사람을 말하려면 fall in love with sb라 해주면 된다.

✓ 핵심포인트

fall in love	사랑에 빠지다
fall in love with sb	…를 사랑하다

이렇게 쓰인다!

She is definitely going to fall in love with you again!
걘 분명코 너를 다시 사랑하게 될거야!

I've got to stop falling in love with strange women.
낯선 여자들과 사랑에 빠지는 일은 그만해야겠어.

I fell in love with my divorce lawyer.
내 이혼 변호사와 사랑에 빠졌어.

I fell in love with the most beautiful girl in the world.
난 세상에서 가장 예쁜 여자와 사랑에 빠졌어.

이렇게 말한다!

A: They fell in love when they were working together.
B: How romantic. Did they get married?

A: 걔들은 함께 일하면서 사랑에 빠졌어.
B: 낭만적이네. 결혼은 했니?

영어문장필사해보기

- 내 이혼 변호사와 사랑에 빠졌어.

fall short of
…이 부족하다

여기 쓰인 fall 또한 become의 뜻으로 fall short of하면 「…이 부족하다」, 「모자라다」라는 뜻으로 be[run] short of와 같은 의미이다.

✓ 핵심포인트

fall short of sth	…이 부족하다
fall short of ~ing	겨우 …하지 않다

📋 이렇게 쓰인다!

Our supply of medicine fell short.
의료공급이 부족해.

We help people who fall short of cash.
우린 돈이 부족한 사람들을 도와.

At least they fell short of hitting me.
적어도 걔네들은 날 치기까지는 안했어.

He was falling far short of her high expectations.
그는 그녀의 큰 기대치에 한참 모자랐어.

💬 이렇게 말한다!

A: Did you make enough money to take a trip?
B: No, I fell short of the amount that I needed.
    A: 넌 여행을 할 정도로 충분한 돈을 벌었니?
    B: 아니, 필요한 액수에서 모자라.

✏️ 영어문장필사해보기

• 적어도 걔네들은 날 치기까지는 안했어.

fall apart
산산조각나다, 엉망이 되다, 상태가 안 좋아지다

apart는 '뿔뿔이 흩어져'라는 의미로 fall apart하면 「뿔뿔이 흩어져버리다」라는 뜻. 뭔가 「엉망이 되다」 혹은 「상태가 안 좋아지고 있다」는 의미로 쓰이는데 진행형으로 쓰일 때가 많다.

✓ 핵심포인트

| fall apart | 엉망이 되다 |

 이렇게 쓰인다!

My entire body is falling apart.
몸살에 걸려 온몸이 쑤셔.

My life is falling apart.
내 인생이 엉망진창이 되고 있어.

Things were falling apart at home.
집의 일들이 엉망이 되었어.

Everything fell apart. We had a big fight and then I got slapped.
모든게 다 엉망이 됐어. 우린 크게 싸웠고 난 뺨을 맞았어.

💬 이렇게 말한다!

A: Are you telling me your car is broken again?
B: Yeah, it's been falling apart recently.
  A: 네 차가 다시 고장 났다는거니?
  B: 그래, 최근에 엉망이 되어버렸어.

✏️ 영어문장필사해보기

• 내 인생이 엉망진창이 되고 있어.

fall down

넘어지다, 무너지다, 실패하다

바닥에 넘어지다 혹은 위에서 아래로 떨어지다라는 기본의미에서 fall down a cliff하면 절벽에서 떨어지는 것을, fall down the stairs하면 계단에서 넘어지는 것을 말한다. 비유적으로 「실패하다」라는 뜻으로도 쓰인다.

✓ 핵심포인트

Sth falls down	…이 무너지다
fall down the stairs	계단에서 넘어지다

📓 이렇게 쓰인다!

I fell down the stairs. I'm fine.
계단에서 넘어졌는데 괜찮아.

My father fell down the stairs the other day.
아버지가 요전날 계단에서 넘어지셨어.

I fell down the stairs and broke my tooth.
계단에서 넘어져 이가 부러졌어.

The building fell down. Three people were crushed to death.
건물이 무너져, 3명이 압사했어.

💬 이렇게 말한다!

A: **There is a lot of ice on the sidewalks today.**
B: **Be careful that you don't fall down.**
　A: 오늘 인도가 많이 얼었네.
　B: 넘어지지 않도록 조심해라.

영어문장필사해보기 ✏️

• 계단에서 넘어졌는데 괜찮아.

fall for

(트릭 등에) 속아 넘어가다, 사랑하기 시작하다

좀 낯설지만 많이 쓰이는 표현. 두 가지 의미로 쓰이는 것만 알아두면 된다. 먼저 상대방의 의도적인 거짓이나 계략에「속아 넘어가다」가 첫번째 의미이고 또 다른 의미는 fall for sb형태로「사랑에 빠지다」라는 뜻이다.

✓ 핵심포인트

Don't fall for it	(속아) 넘어가지마
Did you fall for him?	걔를 사랑했던거야?

📝 이렇게 쓰인다!

Don't fall for it. He'll only steal your money.
혹하지마. 네 돈을 훔칠려는거야.

You fall for it every time!
넌 매번 넘어가냐!

She's a patient. I can't fall for our patients.
걘 환자야. 난 환자들을 사랑할 수 없어.

Why does a girl fall for a bad boy?
여자는 왜 나쁜 놈을 좋아하는거야?

💬 이렇게 말한다!

A: Bonita is the smartest girl in our class.
B: I always fall for girls who are intelligent.
A: 보니타는 우리 반에서 가장 스마트한 아이야.
B: 난 항상 머리 좋은 여자애들에게 빠져.

✏️ 영어문장필사해보기

• 넌 매번 넘어가냐!

fall into

…에 빠져들다, …하기 시작하다, 구분되다

…안으로 떨어지거나 쓰러진다는 것으로 기본적으로 침대나 소파에 몸을 던져 넘어지듯 앉거나 눕는 것을 말하며 비유적으로 「…에 빠져들거나 시작하는」 것을 뜻하기도 한다.

✓ 핵심포인트

fall into place	이야기가 제대로 맞다, 앞뒤가 들어맞다
fall into the hands of	…의 수중에 넘어가다

이렇게 쓰인다!

I just fell into bed with my clothes on.
난 그냥 옷을 입은 채 침대에 누워버렸어.

She has fallen into a black hole of debt.
걘 엄청난 빚더미에 빠져있어.

Do you want to fall into the trap?
속임수에 빠지고 싶은거야?

It's all falling into place. The happy ending.
모든게 앞뒤가 들어맞아. 해피엔딩으로 말야.

이렇게 말한다!

A: **How did Patty hurt her leg?**
B: **She fell into a ditch while she was walking.**
　A: 패티가 다리를 어떻게 다쳤대?
　B: 걸어가다가 도랑에 빠졌대.

영어문장필사해보기

• 난 그냥 옷을 입은 채 침대에 누워버렸어.

fall off

…에서 떨어져나가다, (가격 등) 내려가다

본체에서 이탈하여(off) 떨어져나가는(fall) 것을 뜻한다. 자전거나 지붕에서 떨어지는 것뿐만 아니라 옷단추 등이 떨어져나가는 것도 뜻한다. 비유적으로 가격 등이 내려가는 것을 말하기도 한다.

✓ 핵심포인트

fall off	…에서 떨어지다
fall off the wagon	(금주하다) 다시 술을 마시기 시작하다

이렇게 쓰인다!

Nothing big, I fell off my bike.
별일 아냐. 자전거에서 떨어졌어.

You had an accident. You fell off our ladder.
넌 사고가 났었어. 사다리에서 떨어졌어.

Their arms have to be ready to fall off.
팔이 떨어지기 일보 직전일 걸.

She has definitely fallen off the wagon.
걘 분명 술을 다시 마시기 시작했어.

이렇게 말한다!

A: **Be careful you don't fall off the cliff.**
B: **This mountain is very difficult to climb.**
　A: 절벽에서 떨어지지 않도록 조심해.
　B: 이 산은 정말 등반하기 어렵네.

영어문장필사해보기

• 넌 사고가 났었어. 사다리에서 떨어졌어.

fall out
일어나다, …결과가 나오다, 싸우다

밖으로(out) 떨어져 나오는(fall) 것으로 어떤 일이 「일어나다」, 「…한 결과가 나오다」라는 의미로 쓰인다. 또한 머리나 이가 빠져나오거나 fall out with~형태로 「…와 싸우다」라는 의미로도 쓰인다.

✅ 핵심포인트

fall out of bed 침대에서 떨어지다
fall out with sb …와 다투다

📓 이렇게 쓰인다!

It wasn't my ring! It fell out of his jacket!
그건 내 반지가 아니라 걔의 옷에서 떨어져 나온거야!

I fell out of your bed this morning.
오늘 아침에 네 침대에서 떨어졌어.

My hair started falling out.
내 머리가 빠지기 시작했어.

We had some kind of big-time falling out.
우린 좀 크게 한바탕 싸웠어.

💬 이렇게 말한다!

A: So Maggie and Jason have been fighting?
B: Yeah, they fell out over their credit card bills.
  A: 그래 매기하고 제이슨이 싸웠어?
  B: 응,. 걔들 신용카드 대금 청구서를 가지고 서로 다퉜어.

✏️ 영어문장필사해보기

• 내 머리가 빠지기 시작했어.

fall on
…(위)로 넘어지다, (생일, 기념일이) 언제 …이다

…위로, …에게 넘어진다는 의미로 사람이 「…위로 넘어지거나」 사물이 「…을 덮치는」 것을 말한다. 비유적으로 「기념일이 …이거나」 책임 등의 소재가 「…에게 있다」 등 다양한 의미가 있다.

✓ 핵심포인트

(생일, 기념일) fall on+요일	언제 …이다 (일, 의무)
fall on sb	…의 책임이다, 책무이다
(요청) fall on deaf ears	무시당하다, 묵살되다
fall on one's head	거꾸로 떨어지다
Sb falls on hard times	어려움을 겪다
fall on the floor	바닥에 쓰러지다
fall on[to] one's knees	(존경의 표시로) 무릎 꿇다
fall on(to) sb[sth]	…로 무너지다, 쓰러지다
fall on one's back	뒤로 넘어지다

📒 이렇게 쓰인다!

I can't believe you laughed when I fell on the ice.
내가 얼음 위에 넘어졌을 때 네가 어떻게 웃을 수가 있어.

They fell on the bed and began kissing.
침대 위로 넘어져 키스하기 시작했어.

I fell on the floor this morning.
오늘 아침에 바닥에 넘어졌어.

My birthday will fall on a Sunday this year.
내 생일은 금년에 일요일이야.

Why does that responsibility always fall on us?
왜 우리가 항상 그 책임을 져야 해?

He suddenly lost his balance and fell on his back.
걘 갑자기 균형을 잃더니 뒤로 넘어졌어.

Sam fell on top of her and they began kissing again.
샘은 걔 위에 누웠고 그들은 다시 키스를 하기 시작했어.

The lunar new year falls on a different day each year.
음력 새해는 매년 날이 달라.

🗨 이렇게 말한다!

A: What day will you celebrate your birthday?
B: It's going to fall on a Friday this year.
  A: 네 생일이 무슨 요일이지?
  B: 금년에는 금요일이야.

A: A pile of books fell on me when I was working.
B: Oh dear. Did you get hurt by them?
  A: 내가 일하고 있는데 책 한 더미가 내게 떨어졌어.
  B: 어머나, 너 다쳤니?

A: Did the kids enjoy going skating?
B: They had fun but they fell on their backs a lot.
  A: 애들이 스케이팅을 즐겼니?
  B: 즐기기는 했는데 많이 넘어졌지.

영어문장필사해보기 ✏

• 내 생일은 금년에 일요일이야.

• 왜 우리가 항상 그 책임을 져야 해?

Get More

- **slip and fall** 넘어지다

    She slipped and fell and hit her head on the floor.
    걘 미끄러넘어져 머리를 바닥에 부딪혔어.
    He tripped and fell down the stairs. 걘 발에 걸려 계단위로 굴러 넘어졌어.

- **fall back on** 기대다, 의지하다

    She took off her shirt and fell back on the couch.
    걘 셔츠를 벗고 소파에 기댔어.

- **fall behind on[with]~** 늦어지다, 체납하다

    I've just fallen behind on my housework. 집안 일이 늦어졌어.

- **fall flat on one's face** 앞으로 꼬꾸라지다

    She fell flat on her face and broke her nose.
    걘 앞으로 꼬꾸라져 코가 부러졌어.
    She got up but tripped and fell flat on her face.
    걘 일어났지만 발에 걸려 앞으로 꼬꾸라졌어.

- **fall victim[prey] to ~** 병이 걸리다, …에 속다, 공격당하다

    We have fallen victim to an epidemic. 우린 전염병에 걸렸어.
    Laura fell victim to her love. 로라는 자기 사랑에 속고 말았어.

- **fall in with~** 우연히 만나 어울리다, 동조하다, 동의하다

    I was just a kid and I fell in with the wrong crowd.
    난 그냥 애였고 안 좋은 애들과 어울렸어.

16/17.
가지 말고 남아줘

Stay / Move

stay는 어디 가지 않고 현 장소에 남아있다라는 의미. 그래서 stay home, stay here 하면 집에 남아 있거나 여기 남아 있는 것을 뜻하고 stay away from이나 stay out of하면 「…에 가까이하지 않고 떨어져 있다」라는 뜻이 된다. 또한 앞의 fall, feel, keep, turn처럼 뒤에 형용사가 와 stay+형용사하게 되면 「…한 상태로 있다」라는 뜻이 된다.

 Stay 기본개념

01. 머무르다, 거주하다, 가만히 있다
Can you tell me where you're going to stay? 어디 묵으실건가요?
How long are you planning to stay in the US?
미국에는 얼마나 머무실건가요?
I'm sorry you can't stay here. 미안하지만 넌 여기 있으면 안돼.

02. …한 상태로 있다(stay+adj)
Please stay calm. 제발 진정해봐.

03. (명사) 머무름, 체류(기간)
Enjoy your stay. 잘 지내.
We're going to extend our stay in Seoul. 우린 서울에서 더 체류할거야.

04. move 움직이다, 가다, 이사하다
Don't move. 꼼짝마, 움직이지마.   **(It's) Time to move.** 이제 그만 가봐야겠어.
Let's move it. 가자.   **Let's move out.** 떠납시다.

stay and+동사
남아서 …하다

stop and+동사가 멈춰서 …하다인 것처럼 stay and+동사가 되면 「남아서 …하다」라는 의미가 된다. stay는 stop처럼 다음 동작의 예비동작을 의미할 때가 있기 때문이다.

✓ 핵심포인트

stay and+동사	남아서 …하다
stay to+동사	남아서 …하다

📓 이렇게 쓰인다!

Would you just stay and help me get dressed?
좀 남아서 나 옷입는 것 좀 도와줄래?

I'm going to stay and read my book.
남아서 책을 읽을거야.

I think one of us should stay and help her.
우리들 중 한 명이 남아서 걜 도와야 할 것 같아.

He stayed to see if it was done.
걘 남아서 그게 마무리 되었는지 확인했어.

💬 이렇게 말한다!

A: Will you be here this afternoon?
B: Yeah, I'm going to stay and organize my desk.
　A: 오늘 오후 여기에 있을거니?
　B: 응, 남아서 내 책상 정리 좀 하려고.

📝 영어문장필사해보기

• 좀 남아서 나 옷입는 것 좀 도와줄래?

let sb stay
…을 남게 하다

숙어라고 할 수는 없지만 일상회화에서 많이 보이는 형태이다. 내가 남는게 아니라 sb를 남게, 머무르게 하다라는 말.

✓ 핵심포인트

| let sb stay | 남게 하다, 머무르게 하다 |

📝 이렇게 쓰인다!

Will you please let her stay with me?
걔가 나와 함께 남게 해줄래요?

We'll just let her stay for a month.
우린 걜 한달간 머무르게 할거야.

If you let her stay here, she will stay forever.
걜 여기 남게 하면 걘 쭉 남아 있을거야.

Just let me stay a month.
한달만 있게 해줘.

🗣 이렇게 말한다!

A: Frank has been living at his uncle's house.
B: His uncle let him stay in the spare bedroom.
　　A: 프랭크가 삼촌 집에서 살고 있어.
　　B: 삼촌은 걔를 여유 침실 방에서 지내게 했어.

✏ 영어문장필사해보기

• 걔가 나와 함께 남게 해줄래요?

stay the same
그대로다, 변함이 없다

stay the same은 「변함이 없이 그대로 유지되는」 것을 말하는 숙어. 참고로 stay (as)+명사하면 「…(자격)으로 남다」라는 뜻이 된다.

✓ 핵심포인트

stay the same	변함없다
stay (as)+명사	…로 남다
stay the course	어려움 속에서도 완수하다, 끝까지 버티다

📓 이렇게 쓰인다!

Everything is great! Everything stayed the same!
모든게 다 좋아! 모든게 다 변함없어!

Promise me that you and I will always stay the same.
너와 내가 항상 변치않을거라 약속해줘.

Is it better if we just stay friends?
우리가 그냥 친구로 남는게 더 낫지 않아?

Do you think we'll stay friends after this?
이거 이후에도 우리가 친구로 남을거라 생각해?

💬 이렇게 말한다!

A: Brad Pitt doesn't seem very old.
B: He has stayed the same for about 20 years.
 A: 브래드 피트는 그대로 나이 들어 보이지 않아.
 B: 한 20년 간 그대로야.

영어문장필사해보기 ✏️

• 너와 내가 항상 변치않을거라 약속해줘.

stay+형용사
…한 상태로 있다

stay 또한 바로 뒤에 형용사나 동사의 과거분사가 와 「…한 상태를 유지하다」, 「…한 상태로 있다」라는 의미로 쓰이며 많은 빈출 표현을 만들어낸다.

✓ 핵심포인트

stay cool	침착하다
stay awake	자지않고 있다
stay late	늦게까지 남다
stay loose	차분하다, 평정을 유지하다
stay married	결혼을 유지하다
stay alive	살아있다

📔 이렇게 쓰인다!

What's your secret for staying healthy?
건강의 비결이 뭐야?

Stay cool, Cindy.
침착해라, 신디.

I'm just trying to stay awake.
졸지 않으려고 애쓰고 있어.

Can we please stay focused on my problem here?
여기 내 문제에 집중해줄래요?

💬 이렇게 말한다!

A: **You have to stay late tonight.**
B: **You can't be serious. I want to go home.**

A: 넌 오늘밤 늦게까지 남아 있어야 해.
B: 진심은 아니겠지. 난 집에 가고 싶어.

영어문장필사해보기 ✏️

• 건강의 비결이 뭐야?

stay put
가만히 있다, 움직이지 않다

앞의 stay+형용사[과거분사] 형태에서 stay 다음에 put의 과거분사형인 put이 온 경우. 놓여진 상태로 계속 있다라는 의미로 stay still과도 같은 의미.

✓ 핵심포인트

stay put[still] 가만히 있다

 **이렇게 쓰인다!**

All right, you two stay put right there.
좋아, 너희 둘 거기 그대로 있어.

Don't answer the phone, and stay put.
전화받지말고 그대로 있어.

Look, shut up and stay still.
이봐, 입다물고 가만히 있어.

Now that is just perfect. Stay put.
이제 그거 완벽하니. 가만히 있어.

이렇게 말한다!

A: Stay put and we'll have some fun together.
B: Oh, really? What do you want us to do?

A: 가만 있어, 우리 함께 좀 재미나게 놀거야.
B: 아, 정말? 우리가 어떻게 하면 되는데?

영어문장필사해보기 ✏️

• 전화받지말고 그대로 있어.

stay home
집에 머물다

stay 다음에 부사가 오는 경우. 여기서 home은 부사로 stay home하면 외출하지(go out) 않고 집에 남아 있는 것을 말한다.

✓ 핵심포인트

stay home	집에 남아있다
stay home from work[school]	출근[등교]하지 않다

📝 이렇게 쓰인다!

Do you mind if we stay home tonight?
오늘밤 집에 머물러도 돼?

Do you want to go out or stay home?
나갈래 집에 있을래?

Why don't you stay home from work today and just hang out with me?
출근하지말고 나랑 그냥 놀자.

I tried to stay home and study by myself but I can't.
집에 남아서 혼자 공부하려고 했는데 안돼.

🗣 이렇게 말한다!

A: Can you afford to go on vacation?
B: No, I will have to stay home this year.
    A: 휴가 갈 여유가 있니?
    B: 아니, 난 금년에는 집에 머물러야 할거야.

✏ 영어문장필사해보기

• 출근하지말고 나랑 그냥 놀자.

stay here
여기에 남다

stay here[there]는 여기(거기) 남다라는 말로 주로 다음에 with sb나 시간 표현이 오기 마련이다. 한편 사물이 주어로 ~stays here하면 「이건 비밀이다」라는 뜻.

✅ 핵심포인트
Sb stays here	…가 여기에 남다
Sth stays here	…은 비밀이다

📝 이렇게 쓰인다!

I'll just stay here with you.
너와 함께 여기 있을게.

I'm going to stay there for a while.
잠시 거기에 머물게.

My mom is waiting for me. I can't stay here all night.
엄마가 기다리고 있어. 난 밤새 여기에 못있어.

What is said here, stays here.
여기서 한 말은 모두 비밀을 지켜야 돼.

🗣 이렇게 말한다!

A: I wish I didn't have to go.
B: Then don't. Stay here.
  A: 내가 가지 않아도 되면 좋을텐데.
  B: 그럼 가지마. 여기 있어.

✏️ 영어문장필사해보기

• 잠시 거기에 머물게.

stay at
…에서 머물다

머무는 장소명사를 연결할 때는 전치사 at을 쓴다. 특히 「…의 집에 머물다」고 할 때는 stay at Kate's처럼 하거나 혹은 stay at her place처럼 쓰면 된다.

✓ 핵심포인트

stay at +사람이름's	…의 집에 머물다
stay at one's place	…의 집에 머물다
stay at some place	…에 머물다
enjoy one's stay at~	…에서 즐겁게 보내다

📓 이렇게 쓰인다!

I'm staying at the Intercontinental Hotel.
난 인터콘티넨탈 호텔에 투숙하고 있어.

I stayed at Julie's last night.
지난밤에 줄리 집에 있었어.

Tonight I will stay at my place.
오늘밤 난 집에 있을거야.

Can I stay at your apartment again tonight?
오늘밤 다시 네 아파트에 머물러도 돼?

I'll quit my job and stay at home with the baby.
직장 그만두고 아기랑 집에 있을테야.

I'll stay at your place until you kick me out.
네가 날 쫓아낼 때까지 네 집에 머물러 있을거야.

How about we stay at her house and have some fun?
걔네 집에 있으면서 재미있게 좀 노는게 어때?

💬 이렇게 말한다!

A: **Did you enjoy your stay at our hotel?**
B: **Yes, thank you. It was great.**

    A: 저희 호텔에서 즐겁게 묵으셨습니까?
    B: 네, 감사합니다. 아주 좋았어요.

stay+(for)
…동안 머물다

stay home[here]이 어디에 머무는지를 말하는 표현이라면 이번엔 얼마나 머무는지 머무는 시간을 말하는 표현으로 stay 다음에 시간부사(구)을 이어 말하면 된다.

✓ 핵심포인트

stay longer	더 머물다
stay another day	하루 더 머물다
stay too long	아주 오래 머물다
stay the night	밤새 머물다(stay overnight)
stay for+기간명사	…동안 머물다
stay for sb[sth]	…때문에 남다
stay as long as sb wants	…가 원하는 만큼 머물다

📒 이렇게 쓰인다!

I need to stay another day.
난 하루 더 묵어야 돼.

Maybe we should stay longer if you want to.
원한다면 우리가 좀 더 남아있어야 될지 몰라.

Are you planning on staying the night?
밤을 샐 계획이야?

You can stay as long as you want. I don't mind.
원하는 만큼 있어도 돼. 난 상관없어.

Can you stay for dinner?
남아서 저녁 먹을 수 있어?

Can you stay for some tea?
남아서 차 좀 마실 수 있어?

이렇게 말한다!

A: Would you like to **stay longer**?
B: If you don't mind, I'm ready to leave.
    A: 좀 더 머물고 싶어?
    B: 괜찮다면, 난 떠날 준비가 되어 있어.

A: How long are you planning to stay in the US?
B: I'm planning to **stay for** three weeks.
    A: 미국엔 얼마나 머물 계획이세요?
    B: 3주간요.

A: Athena, I'm glad you could come by.
B: I can only **stay for** about ten minutes.
    A: 아테나, 네가 들릴 수 있어 기뻐.
    B: 한 10분 정도만 머물 수 있어.

영어문장 필사해보기

- 원한다면 우리가 좀 더 남아있어야 될지 몰라.

- 원하는 만큼 있어도 돼. 난 상관없어.

stay away from
…에서 떨어지다, …을 멀리하다

…로부터(from) 멀리(away) 있다(stay)라는 말로 stay away from sb[sth]하게 되면 「…를 가까이 하지 않다」, 「멀리하다」라는 표현이 된다.

✅ 핵심포인트

Stay away from me! 꺼져!
Don't stay away so long 자주 좀 와

📝 이렇게 쓰인다!

Stay away from my daughter or you're dead man.
내 딸에게서 멀어져 그렇지 않으면 넌 죽은 목숨이야.

She is so mean. I think you should stay away from her.
걔 무척 야비하니까 멀리하는게 나아.

Stay away from the traffic accident.
교통사고 내지 않도록 해.

I'm strongly suggesting that you stay away from her.
그 여자를 제발 멀리하도록 하세요.

💬 이렇게 말한다!

A: What do you think of Brandon?
B: **Stay away from** him. He's no good.

A: 브랜든에 대해 어떻게 생각하니?
B: 걔는 멀리해. 안 좋은 애야.

✏️ 영어문장필사해보기

• 걔 무척 야비하니까 멀리하는게 나아.

stay back
뒤로 물러서다

뒤(back)에 남아있다(stay)라는 뜻으로 가까이 오지 말고 뒤로 물러서라는 말. 뒤에 from sth을 넣어 무엇으로부터 물러서야 되는지를 말할 수 있다.

✓ 핵심포인트

| stay back | 뒤로 물러서다 |

📓 이렇게 쓰인다!

You have to stay back. I have a bad flu.
넌 뒤로 물러서야 돼. 난 심한 독감에 걸렸어.

Just stay back!
물러나 계세요!

Stay back! I'm married.
물러나요! 난 결혼한 몸이라고요.

I need you to stay back right now!
너 당장 뒤로 물러나!

💬 이렇게 말한다!

A: **Stay back from the side of the mountain.**
B: **It looks very dangerous over there.**
　A: 산기슭에서 떨어져 있어라.
　B: 거긴 정말 위험해 보여.

✏️ 영어문장필사해보기

• 넌 뒤로 물러서야 돼. 난 심한 독감에 걸렸어.

stay in
…에 머물다

stay in sth하면 「…의 안에 머물다」라는 뜻이 되고 반대로 stay out하면 「들어가지 않고 밖에 있다」라는 의미가 된다.

✓ 핵심포인트

stay in	…안에 머물다
stay in there	거기에 있어, 참고 견디다
stay out	…밖에 머물다
stay out there	밖에 머물다
stay in touch with	…와 연락이 되다

📓 이렇게 쓰인다!

We'll stay in the car. I'll be right back.
우린 차에 있을게. 난 금방 돌아 올게.

I can stay out as late as I want.
난 내 맘대로 늦게 들어가도 돼.

It's best you stay in there.
네가 거기에 머무는게 최선야.

Let's stay outside a while.
잠시 밖에 머물자.

💬 이렇게 말한다!

A: Look at that rain. I'm going to stay in today.
B: Me too. I don't want to get wet.
　　A: 저 비오는 것 좀 봐라. 오늘 난 안에 있을게.
　　B: 나도. 비맞고 싶지 않아.

📝 영어문장필사해보기

• 난 내 맘대로 늦게 들어가도 돼.

stay over
머무르다, 하룻밤 묵다, 외박하다

stay over는 특히 하룻밤을 자기 집이 아닌 곳에 묵는다는 뜻을 기본적으로 갖고 있으며 또한 비행기를 갈아탈 때 잠시 머무는 것도 stayover라 한다.

✔ 핵심포인트

stay over(for)+시간명사 …동안 묵다
stay over till S+V …때까지 머물다

📝 이렇게 쓰인다!

We'll stay over till he shows up.
우린 걔가 올 때까지 기다릴거야.

I will stay over till your mother comes back.
네 엄마가 올 때까지 여기에 머무를거야.

Do you need me to stay over for a couple of days?
나보고 며칠간 머무르라고?

I've got to get up really early, so you can't stay over.
난 정말 일찍 일어나야 하니까 넌 자고 갈 수가 없어.

💬 이렇게 말한다!

A: Where are your kids tonight?
B: They are staying over with their cousins.
　A: 네 애들 오늘밤 어디 있니?
　B: 사촌들하고 머물고 있어.

✏ 영어문장필사해보기

- 네 엄마가 올 때까지 여기에 머무를거야.

stay out of
…에 가까이 가지 않다, 참견하지 않다

…로부터(out of) 떨어져 있다는 것으로 stay out of sth하게 되면 「…에 떨어져 있다」, 비유적으로 「개입하지 않다」라는 뜻이 된다.

✅ 핵심포인트

stay out of one's way[face]	…에서 사라져, 꺼져
stay out of trouble	문제없이 잘 지내다
(You) Stay out of this[it]!	좀 비켜라!, 넌 이것에 끼어 들지마!
(You) Stay out of here!	비켜주라!

📓 이렇게 쓰인다!

If you stay out of the way and stay quiet, you stay alive.
끼어들지 말고 조용히 있으면 넌 살아.

That's fine too. Just stay out of my face.
그것까지도 괜찮아. 그냥 내 눈에 띄지마.

Well, good luck to everyone. Stay out of trouble.
자, 다들 행운을 빌어. 문제일으키지 말고.

I asked you to stay out of this.
이거 끼어들지 말라고 했을텐데.

How many times have I told you to stay out of my freezer?
냉장고 얼씬대지 말라고 내가 몇 번이나 말했어?

Just stay out of this. It's not your business.
그만 두라고. 네 일 아니잖아.

Tim, could you just stay out of it?
팀, 그만 좀 둘래?

I told myself to stay out of this, but I can't.
그만 두려고 맘 잡는데 그렇게 안 돼.

You keep your noses clean. You stay out of trouble.
얌전히 있어. 문제 일으키지 말고.

🗨 이렇게 말한다!

A: Can I come see what you're doing?
B: Stay out of here. Can't you see I'm busy?
  A: 네가 뭘 하는지 볼 수 있니?
  B: 끼지 마. 나 바쁜거 안 보이니?

A: I hear the police arrested Carlos again.
B: I know. He can't stay out of trouble.
  A: 경찰이 카를로스를 다시 체포했다고 들었어.
  B: 알아. 걘 가만있지를 못해.

A: Why is my ex-girlfriend calling you?
B: Please you stay out of this.
  A: 왜 내 전 여친이 네게 전화하는거야?
  B: 제발 넌 빠져.

📝 영어문장필사해보기

• 자, 다들 행운을 빌어. 문제일으키지 말고.

• 그만 두려고 맘 잡는데 그렇게 안 돼.

stay up
자지 않고 있다

일어서서(up) 있다(stay)라는 말로 주로 밤늦게까지 자지 않고 깨어있다라는 의미. stay up late하면 「밤늦게까지 자지 않다」, stay up all night하면 「밤을 꼬박 새다」가 된다.

✓ 핵심포인트

stay up late	밤늦게까지 자지 않다
stay up until sth	…할 때까지 자지 않다
stay up all night (~ing)	(…하면서) 밤을 꼬박 새다

📓 이렇게 쓰인다!

We stayed up all night talking.
우린 밤새 얘기하면서 지냈어.

We just stayed up all night chatting on the internet.
우린 밤을 꼬박 새며 인터넷으로 대화했어.

If you don't mind, I could stay up late.
괜찮다면 밤늦게까지 자지 않을 수 있어.

I have to stay up and do a little work tonight.
난 오늘밤 늦게까지 자지 않고 일 좀 해야 돼.

💬 이렇게 말한다!

A: I feel like I want to go to sleep.
B: You have to try to stay up and study.
  A: 자고 싶은 느낌이야.
  B: 깨서 공부하도록 노력해야해.

영어문장필사해보기 ✏️

• 우린 밤을 꼬박 새며 인터넷으로 대화했어.

stay with
…와 머물다

stay with sb의 경우 「…와 함께 남아 있다」라는 의미. stay with 다음에는 또한 sth이 올 수도 있는데 stay with the company하게 되면 「회사에 (계속) 다니다」라는 뜻이 된다.

✓ 핵심포인트

stay with 머물다, …와 같이 있다
Stay with me! 내 말 계속 들어!, (죽어가는 사람에게) 정신차려!

📝 이렇게 쓰인다!

If you want, you can stay with me tonight.
네가 괜찮다면, 오늘밤 나랑 같이 지내자.

You can stay with me. I can take care of you.
나랑 같이 있어. 내가 돌봐줄게.

When we get to Chicago, can I stay with you?
우리가 시카고가면 너랑 같이 있어도 돼?

Can you hear me? Stay with me.
내 말 들려요? 정신차려요.

💬 이렇게 말한다!

A: I'd like you to **stay with me** tonight.
B: I can stay a little longer but I have to go home at twelve.
   A: 오늘밤 안 갔으면 좋겠어.
   B: 더 있을 수 있지만 12시에는 집에 가야 돼.

✏️ 영어문장필사해보기

• 네가 괜찮다면, 오늘밤 나랑 같이 지내자.

move in[out]
이사해오다[가다]

move의 기본적인 의미는 움직이다, 가다라는 동적인 동사로 move in하면 이사해들어오는 것을 반대로 move out하면 이사해나가는 것을 뜻한다.

✓ 핵심포인트
move in with   …와 함께 살다, 동거하다

이렇게 쓰인다!

I want you to move in with me.
나랑 함께 살자.

You can't move in with me.
넌 나랑 동거 못해.

I heard that he moved to Hollywood.
걔가 할리우드로 이사갔다며.

Why are you moving in with my son?
왜 내 아들하고 동거하려는거야?

이렇게 말한다!

A: **How about I move in with you?**
B: **Well, that would be great.**
　A: 내가 들어가 살면 어때?
　B: 어, 그럼 아주 좋지.

영어문장필사해보기 ✏️
- 나랑 함께 살자.

move on (to)

진행하다, 옮겨가다, 앞으로 계속 나아가다, 잇다

move on에서 'on'은 계속되는 진행을 뜻하는 것으로 move on하게 되면 따라서 움직임을 계속하다라는 뜻으로 여기 머물지 말고 다음 건, 다음 차례로 계속 나아가자는 의미가 된다.

✓ 핵심포인트

move on	계속 나아가다, 잇다
move on to	…로 나아가다
move on with	…을 계속 나아가다

📒 이렇게 쓰인다!

I failed at this job, so I'm going to move on.
이 일에 실패해서 다음 일로 넘어갈거야.

You'll move on when you're ready to.
준비되면 다음 단계로 넘어가.

Let's move on to number four, shall we?
4번으로 넘어갑시다, 그럴까요?

We have to move on to Plan B.
우린 차선책으로 넘어가야 합니다.

💬 이렇게 말한다!

A: Have we finished this part of the project?
B: Yes, let's move on to the next part.

A: 프로젝트의 이 부분을 끝냈어?
B: 어, 다음 부분으로 넘어가자.

✏️ 영어문장필사해보기

- 준비되면 다음 단계로 넘어가.

be moved by
…에 감동하다

move가 마음을 움직이는 경우. 타동사로 …의 마음을 감동시키다라는 뜻으로 쓰이는데 주로 수동태형인 be moved by의 형태로 많이 쓰인다. 또한 자주 쓰이는 형용사인 moving(감동적인=touching)도 함께 익혀둔다.

✓ 핵심포인트

be moved by	…에 감동하다
moving	감동적인(touching)

📝 이렇게 쓰인다!

She was so moved by Jack's story.
걘 잭의 이야기에 감동받았어.

It was very a touching speech.
매우 감동적인 연설이었어.

Thank you. Your devotion is touching.
고마워요. 당신의 헌신은 매우 감동적이에요.

I was moved by the President's speech.
난 대통령의 연설에 감동먹었어.

💬 이렇게 말한다!

A: We were moved by the people that helped us.
B: I think that they were very kind.
  A: 우릴 도와준 사람들에게 감동했어.
  B: 그 사람들이 무척 친절했다고 생각해.

✏️ 영어문장필사해보기

• 매우 감동적인 연설이었어.

get a move on
서두르다

늦었기 때문에 좀 서둘러야 한다는 의미로 주로 명령문 형태인 Get a move on! 혹은 Let's get a move on!이란 형태로 많이 쓰인다. 한편 get을 make로 바꿔 make a move on하면 이성에게 추파를 던진다는 뜻.

✓ 핵심포인트

get a move on	서두르다
make a move on	…에게 말을 걸다, 추근대다

📝 이렇게 쓰인다!

Get a move on!
빨리 움직여!, 시작해!

I'd better get a move on it.
빨리 서둘러야겠어.

If you don't get a move on, we're not going to make it.
서두르지 않으면 우리는 성공하지 못할거야.

He made a move on me.
그 사람이 내게 추근댔어.

💬 이렇게 말한다!

A: **Let's get a move on it. I want to leave.**
B: **OK, I'll be ready in ten minutes.**
  A: 서두르자. 난 떠나고 싶어.
  B: 알았어, 10분이면 준비 돼.

✏️ 영어문장필사해보기

- 서두르지 않으면 우리는 성공하지 못할거야.

Get More

- **stay for dinner** 저녁 먹으려고 남다[기다리다]

    I don't think I can stay for dinner. 저녁먹고 갈 수 없을 것 같아.

- **stay between~** …간의 비밀이다

    I have an idea. But it stays between us. Agreed?
    나한테 좋은 생각이 있어. 하지만 우리끼리만 하는 얘기니까 비밀을 지켜야 돼, 알았지?

- **stay clear of** …에서 멀리 떨어져 있다, …을 유보하다

    Stay clear of people who ask for money. 돈을 빌려달라는 사람들을 멀리해.

- **stay tuned** (TV나 라디오) 채널을 고정하다

    Don't go away. Stay tuned. 어디 가시지 마시고 채널을 고정하세요.

18.
확실하게 정해주는

Set

기본동사이긴 하지만 그리고 컴퓨터 때문에(set up) 많이 친숙해졌지만 그래도 아직은 쉽게 다가오지 않는 단어. 기본적으로는 put처럼 「…을 놓다」, 「두다」라는 뜻이며 그래서 비유적으로 「모범이나 기준, 예 등을 세우다」라고 할 때 쓰인다. 또한 날짜를 정할(set a date) 때도 쓰이거나 기계 등을 설치할 때도 set를 쓴다. 다른 동사와 달리 연상 작용이 수월치 않은 경우로 개개의 동사구를 예문과 함께 잘 이해해본다.

 Set 기본개념

01. 두다, 놓다
She set some flowers on the desk. 걘 책상 위에 꽃을 좀 올려놓았어.
The waiter set our meal in front of us.
웨이터가 우리 앞에 음식을 놓았어.

02. (모범, 예 등을) 세우다, 보여주다
Right now, BMWs set the standard for quality cars.
현재 BMW가 품질 좋은 차의 전형을 보여주고 있어.

03. (날짜 등을) 정하다, 맞추다, 설치하다
We haven't set a date yet. 아직 날짜를 정하지 못했어.
Would you help me set up the computer?
컴퓨터를 설치하는거 도와줄래?

set 001 — set a date
날짜(시간)를 정하다

결혼 날짜 등을 정하는 것을 말하며 그밖에 set the clock하면 시계를 맞추다, set the alarm 하면 자명종을 맞춰놓다라는 뜻이 된다.

✓ 핵심포인트

set a date (for~)	(…로) 날짜를 정하다
set the clock (for~)	(몇 시로) 시계를 맞춰놓다

📝 이렇게 쓰인다!

Have you set a date? Are you really getting married?
날짜 잡았어? 정말 결혼하는거야?

They set the date for May 11.
5월 11일로 날짜 잡았어.

I set my alarm six minutes fast.
내 시계를 6분 빨리 알람을 맞춰놨어.

I set the alarm for a quarter to six.
5시 45분에 알람을 맞춰놨어.

💬 이렇게 말한다!

A: So, you are planning to get married?
B: Yes, but my fiancee and I haven't set a date.

A: 그래, 넌 결혼할 계획이지?
B: 응, 그런데 내 약혼녀와 난 날짜를 잡지 못했어.

✏️ 영어문장필사해보기

• 날짜 잡았어? 정말 결혼하는거야?

set 002 — set a goal
목표를 세우다

뭔가 정해놓거나 정립해놓는 것을 말하는데 「어떤 목표를 정하거나」(set a goal), 「기록을 세우거나」(set a record) 혹은 「규칙을 세워놓거나」(set the rules), 「표준을 정해놓는」(set the standard) 것을 말한다. 한편 「모범을 보이는」 것은 set an example이라고 한다.

✓ 핵심포인트

set a goal[record]	목표[기록]를 세우다
set the rules[standard]	규칙[표준]을 세우다
set an example	모범을 보이다

📝 이렇게 쓰인다!

You'd better set an example for other people.
다른 사람을 위해 모범을 보이도록 해.

I will set the standard as a teacher.
교사로서 기준을 세울거야.

You're a grown up. You have to set an example.
너도 이제 다 컸으니 모범을 보여야 돼.

💬 이렇게 말한다!

A: **How can I make a million dollars?**
B: **You need to set a goal to help you do it.**
  A: 백만불을 어떻게 벌 수 있지?
  B: 넌 그렇게 할 수 있도록 목표를 세울 필요가 있어.

✏️ 영어문장필사해보기

• 다른 사람을 위해 모범을 보이도록 해.

18. 확실하게 정해주는 Set

set ~ on fire
…에 불을 지르다, 흥분시키다, 열받게하다

일차적으로 …에 불을 지르다라는 뜻이며 비유적으로 …을 격노하게 하거나 열받게 하는 것을 뜻한다.

✓ 핵심포인트

set sb[sth] on fire	…에 불을 지르다, 흥분시키다
set sth in motion	…가 작동하게 하다

이렇게 쓰인다!

I set your mother on fire.
내가 네 엄마 열받게 했어.

You want me to set something on fire?
나보고 뭔가 불지르라고?

She is the woman who set my heart on fire.
쟤가 내 가슴에 불을 지른 여자야.

이렇게 말한다!

A: **He is the man who set my heart on fire.**
B: **Why don't you ask him out?**
　A: 내 가슴에 불을 지른 사람이 저 남자야.
　B: 데이트 신청해봐.

영어문장필사해보기 ✎

• 내가 네 엄마 열받게 했어.

set ~ free
…을 자유롭게 하다, 풀어주다

기본 숙어로 set~free는 「…를 자유로운 상태로 만들어놓다」는 의미로 어떤 사람을 감방 등에서 풀어주는 등 뭔가 「구속하고 있던 것을 놔주다」라는 뜻이다.

✓ 핵심포인트
set ~ free	풀어주다

 이렇게 쓰인다!

How about setting your parrot free?
네 앵무새 풀어주는게 어때?

And you let me go, set me free.
나 좀 보내줘. 제발 풀어줘.

You enjoy him and then set him free.
걘 즐긴 다음 놔줘 버려.

She escaped herself or someone set her free.
걘 스스로 탈출했거나 아니면 누군가 풀어준거야.

이렇게 말한다!

A: **Didn't you have a bird in this cage?**
B: **I did, but I decided to set him free.**
　A: 이 새장에 새가 있지 않았어?
　B: 있었지, 그런데 난 풀어주기로 했어.

영어문장필사해보기 ✏
• 네 앵무새 풀어주는게 어때?

18. 확실하게 정해주는 Set

be all set
준비되다

be set (for)~은 「…하도록 정해졌다」는 의미에서 「…할 준비가 되어 있다」라는 의미로 쓰인다. 주로 be all set~으로 쓰이며 be ready와 같은 의미.

✓ 핵심포인트

(be) all set up for~	…을 위해 준비된
(I'm) All set.	(난) 준비 다 됐어
Get set[ready]!	준비해라!
You all set?	준비됐어?

📝 이렇게 쓰인다!

Are you all set for traveling?
모두 여행갈 준비됐어?

You all set to go? We might be late.
갈 준비됐어? 우리 늦을지 몰라.

We're all set to leave. Let's go on a cruise.
우리 모두 떠날 준비됐어. 크루즈 여행을 떠나자.

Everything's all set for the wedding except a bride.
신부만 빼고 결혼준비는 다 됐어.

💬 이렇게 말한다!

A: **I think we're just about ready for the meeting.**
B: **Is everything all set up?**

　A: 회의 준비가 거의 다 된 것 같은데요.
　B: 전부 다 준비됐나요?

✏️ 영어문장필사해보기

• 신부만 빼고 결혼준비는 다 됐어.

be set to~
…로 해놓다, …로 설정해놓다

set은 기본적으로 「…을 설정하다」, 「정하다」 등의 의미로 이의 수동태형인 be set to+동사는 「…하기로 설정해놓다」, 「…하기로 되어 있다」 등의 의미를 갖는다.

✓ 핵심포인트
be set to~   …로 해놓다, …하기로 되어 있다

She's set to receive it when she turns twenty-five.
걔는 25세가 되면 그것을 받기로 되어 있어.

I'm sorry, but my phone was set to vibrate.
미안, 휴대폰을 진동으로 해놨거든.

When are you set to interview Bob?
언제 밥을 인터뷰하기로 되어 있어?

My father is set to give testimony in the trial.
아버지는 재판에서 증언하기로 되어 있어.

📢 이렇게 말한다!

A: Is everyone ready to get started?
B: I think they are set to get to work.
　　A: 모두가 시작할 준비가 되었니?
　　B: 모두 일할 준비가 된 것 같아.

✏️ 영어문장필사해보기
- 미안, 휴대폰을 진동으로 해놨거든.

set (sb) to work
일하기 시작하다

set to work는 일하기 시작하되 단호하게 열정적으로 일하는 것을 말하며 반면 set sb to work처럼 set 다음에 목적어로 다른 사람이 나오는 경우 그 사람이 원치는 않지만 일을 시킨다는 의미를 갖는다.

✓ 핵심포인트
set to work	열정적으로 일하기 시작하다
set sb to work	강제적으로 일시키다

📓 이렇게 쓰인다!

How about we set to work right now?
이제 일하기 시작하자.

I set the kids to work on their textbooks.
애들이 교과서를 공부하도록 시켰어.

Let's set them to work painting the house.
걔들이 집에 페인트 칠을 하도록 시켜.

I'll set you to work organizing the files.
난 네가 파일들을 정리하도록 시킬거야.

💬 이렇게 말한다!

A: Did you meet the new maid?
B: Yeah, I set her to work cleaning the bathroom.
    A: 새 가정부를 만나보았니?
    B: 응, 화장실 청소를 시켰어.

✏️ 영어문장필사해보기

• 이제 일하기 시작하자.

set 008: set against
…반대하게 하다, 반감을 품게 하다

against는 서로 반하여라는 뜻을 갖는 단어로 set against하면 서로 친했던 사람들이라도 사이를 나쁘게 만들거나 반감을 품게 만드는 것을 말한다. 또한 같은 맥락으로 …에 대해 반대하는 것을 뜻한다.

✓ 핵심포인트

set sb against sb   서로 반감을 품게 하다
set sth against sth   서로 비교해보다

📓 이렇게 쓰인다!

I'm dead set against it.
난 절대 반대야.

The tennis match will set Andre against Pete.
앙드레와 피트가 테니스 경기에서 맞붙을거야.

Their jealousy set Tim against Tom.
질투심으로 팀과 탐이 갈라섰어.

The football game set our school against its rival.
우리 학교와 라이벌 학교 간 축구 경기가 벌어졌어.

💬 이렇게 말한다!

A: **The tournament will set us against another team.**
B: **I'm sure we are going to be the winners.**
    A: 토너먼트로 우리와 다른 팀이 붙을거야.
    B: 우리가 승리할 것으로 확신해.

✏️ 영어문장필사해보기

• 난 절대 반대야.

set aside
비축하다, 따로 떼어놓다

옆쪽(aside)에다 따로 놓아두는(set) 것으로 「따로 별도로 떼어놓다」, 「비축하다」라는 뜻이 된다. put aside와 비슷한 의미.

✓ 핵심포인트
set aside	비축하다, 따로 떼어놓다

 이렇게 쓰인다!

He had money set aside for this.
걘 이걸 대비해 돈을 따로 비축해두었어.

I set aside this weekend to celebrate my wife's birthday.
이번 주말은 아내생일을 축하하기 위해 비워두었어.

I have a lot of time. I set aside my whole weekend.
나 시간 많아. 주말 전체 비워놨어.

The money we set aside is not enough.
우리가 비축한 돈은 충분치 않아.

 이렇게 말한다!

A: Can you set aside your work for now?
B: No, this has to be completed today.
  A: 넌 잠시만 네 일을 제쳐놓을 수 있니?
  B: 안돼, 오늘 끝내야 되거든.

영어문장필사해보기 ✏️

• 걘 이걸 대비해 돈을 따로 비축해두었어

set off
출발하다, 작동시키다, 폭발시키다, 알람을 울리게 하다

off는 본체에서 떨어져 나오는 것을 연상하면 된다. 그래서 기계 등을 작동하도록 하거나 폭탄을 터트리거나 혹은 「…하러 출발하는」 것 등을 말한다.

✓ 핵심포인트

set sth off …을 폭발시키다, 작동시키다
set off to+동사 …하러 출발하다

📒 이렇게 쓰인다!

We're going to have to set it off manually.
우리는 그걸 수동으로 작동시켜야 될거야.

They set off to get the baby back.
걔네들은 아이를 되찾으러 출발했어.

We set off to visit the country.
우린 시골을 방문하러 출발했어.

We set off on a short trip to Tokyo.
우린 도쿄로의 짧은 여행을 시작했어.

💬 이렇게 말한다!

A: Where has your son gone?
B: He set off to travel around Europe.

A: 네 아들이 어디로 갔니?
B: 유럽 일주하러 떠났어.

✏️ 영어문장필사해보기

• 우린 도쿄로의 짧은 여행을 시작했어.

set on
정하다, 결정하다

수동형으로 많이 쓰이는데 be set on~하면 「마음이 …로 정해졌다」, set eyes on~하면 「…을 처음보다」, 「만나다」, 그리고 have one's heart set on~하면 역시 「…로 마음을 결정했다」라는 뜻.

✓ 핵심포인트

be set on~	…로 정해지다, …로 마음이 가 있다
have one's heart set on~	…로 마음을 결정하다

 이렇게 쓰인다!

You're still set on that?
아직도 그걸로 정한 마음 변함없어?

If you're set on divorce, I can't help you with that.
이혼을 결심했다면 나도 어쩔 수가 없어.

I never really had my heart set on being a novelist.
소설가가 되길 맘속에 결정한 적이 없어.

I wanted to marry you the first time I set eyes on you.
널 처음 본 순간 너와 결혼하고 싶었어.

이렇게 말한다!

A: Why doesn't she become a doctor?
B: She is set on becoming a lawyer instead.
A: 왜 걔는 의사가 되지 않았어?
B: 대신 변호사가 되기로 맘먹었어.

영어문장필사해보기

• 이혼을 결심했다면 나도 어쩔 수가 없어.

set 012 set out
시작하다, 출발하다

set out 역시 앞의 set off와 뜻이 비슷하여 「…를 향해 떠나다」, 「출발하다」, 비유적으로 「…을 시작하다」라는 의미로 쓰인다.

✓ 핵심포인트

set out	떠나다, 출발하다, 시작하다
set out to+동사	…하기 시작하다

📔 이렇게 쓰인다!

She set out to break some records of her own.
걘 자기 자신의 기록을 깨기 시작했어.

That evening, she set out to break her pattern.
그날 저녁, 걘 자기 패턴을 깼어.

They set out to find out who loved her.
누가 걜 사랑했는지 알아내기 시작했어.

The boss set out to find out who farted in the meeting.
사장은 회의중에 누가 방귀를 뀌었는지 알아내기 시작했어.

💬 이렇게 말한다!

A: What do you plan to do here?
B: We've set out to find the missing gold coins.
  A: 넌 여기서 무슨 계획을 하고 있니?
  B: 우린 사라진 금동전들을 찾기로 했어.

✏️ 영어문장필사해보기

• 누가 걜 사랑했는지 알아내기 시작했어.

18. 확실하게 정해주는 Set

set 013 — set up

세우다(establish), (일정 등을) 정하다, 속이다

컴퓨터 setup으로 많이 알려진 숙어. 뭔가 세우거나, 시작[설정]하거나 회의일정을 정하는 것 등 다양한 의미로 쓰인다. 또한 「…을 속이다, 모략에 빠트리다」(make sb be blamed wrongly)라는 뜻으로 자주 쓰인다.

✓ 핵심포인트

set sb up (for sth)	…을 속여 …하게 하다
set a meeting up for~	회의를 …로 잡다

📓 이렇게 쓰인다!

I'd like to set up an appointment for Thursday.
목요일로 약속을 정하고 싶어.

Is everything all set up?
전부 다 준비됐어?

You set me up! I'll pay you back.
네가 날 함정에 빠트렸어!, 너에게 갚아줄거야.

She claimed that someone in the room set her up.
그녀는 이 방의 누군가가 자신을 함정에 빠트렸다고 주장했어.

💬 이렇게 말한다!

A: **Can I help you, sir?**
B: **I'd like to set up an appointment for next week.**

　A: 무슨 일이시죠, 선생님?
　B: 다음 주로 예약을 하고 싶은데요.

✏️ 영어문장필사해보기

- 네가 날 함정에 빠트렸어!, 너에게 갚아줄거야.

set 014

set sb up (with sb)
(…에게) …를 소개시켜주다

남녀간을 이야기할 때 꼭 나오는 표현으로 set sb up with~하면 「…을 …에게 소개시켜주다」라는 의미로 set 대신 fix를 써도 된다.

✔ 핵심포인트

set[fix] sb up with~	…을 …에게 소개시켜주다
set sb up on a date	…을 데이트시켜주다, 미팅시켜주다

📓 이렇게 쓰인다!

I'm not asking you to set me up.
만남을 주선해달라는 얘기가 아니야.

You set me up with the woman that I've dumped twice.
내가 두 번이나 차버린 여자를 소개시켜준거야.

Is it okay with you if I set him up on a date?
걔 미팅시켜줘도 너 괜찮겠어?

How could you set me up with this creep?
어떻게 그런 이상한 놈을 소개시켜준거야?

💬 이렇게 말한다!

A: **Phil is the nicest guy I've ever met.**
B: **Let's set him up with your sister.**

    A: 필은 내가 여태껏 만난 사람중에 가장 멋진 놈이야.
    B: 네 여동생에게 소개시켜주자.

영어문장필사해보기 ✏️

• 걔 미팅시켜줘도 너 괜찮겠어?

Get More

- **set back** 뒤로 물러서게 하다, 방해하다

    Losing the contract was a setback for our company.
    그 계약을 놓쳐서 회사는 퇴보하게 되었어.

- **set down** 내려놓다

    Thanks, you can just set it down there. 고마워, 그냥 그거 거기에 내려놓아.

- **set in** 시작하다

    The shock set in 12 hours later. 충격이 12시간 후에 시작됐어.

- **set one's mind to** …하기로 맘먹다

    I'm sure you could accomplish anything you set your mind to.
    네가 맘먹은 건 뭐든지 성취할 수 있을거라 확신해.

19/20.
잊어버리면 어떻게 기억해야지

Forget/ Remember

잊을 걸 기억하는 경우도 있고 기억해야 하는 걸 잊을 때도 있다. 이번에는 잊고 기억하는 것을 동시에 알아본다. 특히 주의해야 할 것은 앞으로 해야 할 것을 잊는 것은 forget to+동사, 그리고 이미 한걸 잊었을 때는 forget about ~ing을 사용한다. 마찬가지로 앞으로 해야 하는 걸 기억하는 건 remember to+동사, 그리고 지나간 것을 기억할 때는 remember ~ing라 한다는 것이다.

 Forget/Remember 기본개념

01. forget : 잊다, 기억못하다, …을 잊고 두고 오다
How could I forget? 어떻게 잊겠어?
I forgot to buy her a present. 걔한테 선물사주는거 잊었어.
Don't forget to get me a present. 선물 사다주는거 잊지마.
You forgot? 잊었어?

02. remember : 기억하다
I can't remember which sister. 어느 누인지 기억이 안나.
I know, I remember that! 알아, 기억난다고!

forget sb[sth]
…을 잊다, …을 두고 오다

forget의 가장 큰 의미는 「…을 잊다」(생각하지 않다)와 「…을 두고 오다」라는 뜻이다. forget 다음에는 사람이나 사물이 온다.

✓ 핵심포인트
| forget sb[sth] | …을 잊다, …을 두고 오다 |

📝 이렇게 쓰인다!

I think I forgot my receipt.
영수증을 두고 온 것 같아.

We had to go back because I forgot my jacket.
쟈켓을 두고 와서 돌아가야 했어.

I hope that we can forget the whole thing.
우리가 모두 다 잊길 바래.

Forget her! You don't need her.
걜 잊어! 넌 걔 필요없어.

💬 이렇게 말한다!

A: **Whoops! I forgot my groceries in the car again.**
B: **Do you want me to go get them for you?**
　　A: 이런! 차 안에 또 장봐온 걸 두고 왔네.
　　B: 내가 갖다 줄까?

✏️ 영어문장필사해보기
• 쟈켓을 두고 와서 돌아가야 했어.

forget about~

…을 잊다, 신경 안쓰다, …하기로 한 걸 잊다

어떤 추상적인 일이나 행동 등을 잊거나 신경 안 쓰다라고 하려면 forget sth사이에 about을 넣어 forget about sth[~ing]이라고 하면 된다. 물론 forget about 다음에 사람이 올 수도 있다.

✓ 핵심포인트

forget about+명사[what~]	…을 잊다, 신경안쓰다
forget about ~ing	…하기로 한 것을 잊다

📝 이렇게 쓰인다!

I think it's best that we just forget about it.
우리가 그냥 그걸 신경안쓰는게 최선인 것 같아.

You should just forget about what I said in the office.
내가 사무실에서 한 말은 다 잊어.

You can forget about Tammy, she left us.
태미는 잊어버려, 우릴 떠났잖아.

I try to forget about the people around me.
난 주변사람들을 잊어버리려고 하고 있어.

💬 이렇게 말한다!

A: I'm going to the bank this afternoon.
B: Don't forget about the money you need to deposit.
　A: 오늘 오후 난 은행에 갈거야.
　B: 입금할 돈 잊지마.

영어문장필사해보기 ✏️

- 내가 사무실에서 한 말은 다 잊어.

forget to~
…할 것을 잊다

앞으로 …하기로 되어 있는 것, 해야 되는 것을 깜박 잊었다는 표현. forget 다음에 "to+동사" 형태로, 해야 되는데 하지 않은 것을 말하면 된다.

✓ 핵심포인트

I forgot to+동사　　…하는 걸 잊었어
You forgot to+동사　넌 …하는 걸 잊었어

📓 이렇게 쓰인다!

I forgot to pick up my dry cleaning!
세탁물 가져오는걸 잊었어!

I just forgot to return his call.
걔 전화에 답한다는걸 잊었어.

Excuse me? You forgot to give me my receipt.
실례지만 영수증 안주셨는데요.

I forgot to buy her a birthday present.
그녀의 생일선물 사는 걸 깜박했어.

💬 이렇게 말한다!

A: Why didn't you prepare a report?
B: It's my fault. I forgot to do it.
　A: 왜 넌 보고서를 안 만들었어?
　B: 내 잘못이야. 내가 잊었어.

✏️ 영어문장필사해보기

• 걔 전화에 답한다는 걸 잊었어.

forget that~
…을 잊다

잊어버린 내용을 말하는 것이 길 경우에는 forget 다음에 (that) 주어+동사를 이어 붙이면 된다. that 이하를 잊거나 신경쓰지 말라는 의미.

✓ **핵심포인트**

I forget (that) 주어+동사	…을 잊었어
Forget (that) 주어+동사	…을 잊어버려

📝 **이렇게 쓰인다!**

You just forgot that I told you this?
내가 이거 너한테 말한거 잊었어?

You forgot that you had that suitcase?
그 가방을 갖고 있는 걸 잊었어?

I can't believe it! I forgot you were here.
이럴 수가! 네가 여기 있다는 걸 잊었어.

Forget that I said anything.
내가 뭐 얘기하는거 신경쓰지마.

💬 **이렇게 말한다!**

A: **I'll be going to New York in December.**
B: **Many people forget that it's cold there in the winter.**
　A: 12월에 난 뉴욕에 갈거야.
　B: 많은 사람들이 겨울에는 그곳이 춥다는 것을 까먹어.

✏️ **영어문장필사해보기**

• 이럴 수가! 네가 여기 있다는 걸 잊었어.

forget what~
…을 잊다

forget 다음에는 that 주어+동사만 오는 것이 아니라 what[how~] 주어+동사도 와서 잊어버린 것을 다양하게 표현할 수 있다.

✓ 핵심포인트

I forget what[who] 주어+동사 …을 잊다
I forget how (much, good) 주어+동사 얼마나 …한지 잊다

📓 이렇게 쓰인다!

Don't forget what we talked about last night.
간밤에 우리가 얘기한거 잊지마.

We've forgotten who he is.
걔가 누군지 잊었어.

I forgot how much I love driving.
내가 얼마나 운전을 좋아하는지 잊었어.

I always forget how beautiful you are.
네가 얼마나 예쁜지 늘 잊어.

💬 이렇게 말한다!

A: Did you bring the items I wanted?
B: I'm sorry, **I forgot what** you asked me for.
　　A: 내가 원했던 것들 가져왔어?
　　B: 미안. 네가 뭘 원했는지 잊깜박했어.

✏️ 영어문장필사해보기

• 네가 얼마나 예쁜지 늘 잊어.

Don't forget to~
···하는 것을 잊지마라

Don't forget to+동사는 일종의 이중부정으로 상대방에게 「꼭 잊지 말고 ···해라」라는 표현이다. 뭔가 부탁하거나 혹은 뭔가 주의를 줄 때 사용하면 된다.

✓ 핵심포인트

Don't forget to+동사 ···하는 것을 잊지마라
Don't forget (that) S+V ···하는 것을 잊지마라

이렇게 쓰인다!

See you later. Don't forget to e-mail me.
나중에 봐. 잊지말고 메일 보내고.

Please don't forget to make a backup of those files.
그 파일의 복사본을 꼭 만들어 놓아.

Don't forget that tomorrow is my birthday.
내일이 내 생일인거 잊지마.

Hey, kids, don't forget to lock the door.
얘들아, 문닫는거 잊지마라.

이렇게 말한다!

A: Take care. And don't forget to e-mail me.
B: I'll do that when I get home!
　　A: 조심해. 그리고 잊지 말고 내게 이메일 보내고.
　　B: 집에 가서 보낼게!

영어문장필사해보기

- 그 파일의 복사본을 꼭 만들어 놓아.

Forget (about) it
잊어버려, 신경쓰지마, 됐어

굳어진 표현으로 상대방이 감사하거나 혹은 사과할 때 괜찮다고 하는 말로 「됐어」, 「신경쓰지마」라는 의미이다. 혹은 상대방의 부탁에 "No"라는 의미로 쓰이기도 한다.

 핵심포인트

Forget (about) it   잊어버려

 이렇게 쓰인다!

Let's just forget it.
잊어버리자고.

Forget it. You can't understand.
됐어. 넌 이해못해.

Oh, forget it. It's not that important.
저기 잊어버려. 그리 중요한 것도 아냐.

Forget it. I'm not going to tell you now.
됐네. 지금은 너한테 얘기 안할거야.

이렇게 말한다!

A: I didn't buy any candy for you.
B: Forget about it. I'll buy some later.
    A: 난 너한테 줄 캔디를 사오지 못했어.
    B: 됐어. 나중에 내가 사지 뭐.

영어문장필사해보기

• 저기 잊어버려. 그리 중요한 것도 아냐.

I'll never forget~
절대 …을 잊지 않을거야

「잊지 않고 가슴 속에 담아두겠다」는 나의 강한 의지의 표현. I'll never forget sth[sb]이라고 하면 된다.

✓ 핵심포인트

I'll never forget~ …을 절대 잊지 않을거야
You'll never forget~ 넌 …을 절대 못 잊을거야

📓 이렇게 쓰인다!

You should remember this. I'll never forget you.
이거 기억해둬. 난 널 영원히 잊지 못할거야.

I will never forget this.
이걸 절대 잊지 않을거야.

You will never forget me. I'm sure about that.
넌 나를 못 잊을거야. 그거는 분명해.

I promise you I will not forget this.
절대 이거 안 잊을거라 약속할게.

💬 이렇게 말한다!

A: **Didn't Elise look great tonight?**
B: **I'll never forget the dress she was wearing.**
  A: 일리스가 오늘밤 멋지게 보이지 않았어?
  B: 걔가 입었던 드레스를 결코 못잊을거야.

✏️ 영어문장필사해보기

• 이거 기억해둬. 난 널 영원히 잊지 못할거야.

I almost forgot~
…을 깜박 잊을 뻔했어

forget 앞에 부사 almost를 붙이면 「거의 잊을 뻔했다」는 말로 아슬아슬하게 잊지 않고 기억해 냈다는 말이다. 반대로 totally(completely)를 붙이면 「까마득히 잊고 생각을 못했다」가 된다.

✓ 핵심포인트

I almost forgot~ …을 깜박 잊을 뻔했어
I totally[completely] forget~ …을 깜박 잊었어

📝 이렇게 쓰인다!

Oh, I almost forgot. Your file is here.
어, 깜박할 뻔했어. 자 여기 네 파일야.

I almost forgot about her present.
걔 선물을 깜박할 뻔했어.

We totally forgot about lunch!
점심 깜빡했어!

I totally forgot. I'm pregnant! I have to eat for two!
완전히 깜빡했네. 난 임신했으니 2인분을 먹어야 돼!

💬 이렇게 말한다!

A: I almost forgot to lock the apartment door.
B: You've got to be careful about robbers.

A: 아파트 문을 잠그는 것을 거의 깜박했어.
B: 강도에 대해 유의해야 돼.

✏️ 영어문장필사해보기

• 걔 선물을 깜박할 뻔했어.

remember
…을 기억하다

remember가 목적어 없이 단독으로 쓰이는 경우가 있다. 그 중 일상회화에서 빈출하는 표현들만 골라 정리해본다. 잘 기억해두었다가 활용해본다.

✓ 핵심포인트

I just remembered	이제 생각이 나네
I don't remember	기억이 안나
You remembered!	너 기억하고 있구나!
Just remember	기억해봐

📝 이렇게 쓰인다!

Oh! I can't believe he remembered!
오! 걔가 기억하고 있을 줄 몰랐어!

Remember back in college. We had a lot of fun.
대학 다닐 때 생각해봐. 우리 재미있었잖아.

How can you not remember that?
어떻게 그걸 기억을 못해?

You don't have to pretend to remember.
기억하는 척하지 않아도 돼.

💬 이렇게 말한다!

A: **Did you take your vitamins this morning?**
B: **I don't remember. I'll take them now.**
  A: 너 오늘 아침 비타민 복용했니?
  B: 기억을 못하겠네. 지금 먹을게.

✏️ 영어문장필사해보기

• 대학 다닐 때 생각해봐. 우리 재미있었잖아.

remember sb[sth]
…을 기억하다

이번에는 remember 다음에 sb나 sth이 오는 경우. Remember your manners는 버릇 없이 굴지 말고 예의를 지키라는 관용표현.

✓ 핵심포인트
You remember~?	너 …가 기억나?
remember it[that]	…을 기억하다

📓 이렇게 쓰인다!

You remember my brother Louis?
내 오빠 루이스 기억나?

You remember the necklace I gave you last year?
작년에 준 목걸이 기억나?

I remember that, it wasn't so bad.
그거 기억나는데 그리 나쁘지 않았어.

To be honest, I don't remember you.
솔직히 말해서, 너 기억이 안나.

💬 이렇게 말한다!

A: When is your mom's birthday?
B: You tell me. You remember things quite well.

　A: 언제가 어머니 생일이니?
　B: 그거야 네가 알지. 너 기억력 좋잖아.

✏️ 영어문장필사해보기

• 작년에 준 목걸이 기억나?

remember ~ing
…한 것을 기억하다

remember 다음에 명사 대신 ~ing 형태가 오는 경우로 예전 과거에 「…했던 것을 기억한다」는 의미이다. 미래의 일을 기억한다는 remember to+동사와 구분해야 한다.

✓ 핵심포인트

remember+~ing	(예전에)…한 것을 기억하다
Do you remember ~ing?	…한게 기억나?

📒 이렇게 쓰인다!

I remember reading **about this palace.**
이 궁전에 관해 읽은게 기억나.

Do you remember talking **to me yesterday?**
어제 내게 얘기했던거 기억나?

Do you remember having **a conversation with this young man?**
이 젊은 남자와 얘기한 기억이 납니까?

I'm sorry, but I don't remember dating **you.**
미안하지만 너와 데이트한게 기억이 안나.

💬 이렇게 말한다!

A: **I can't remember go**ing **home last night.**
B: **You were half asleep when you left the office.**
    A: 어젯밤 집에 간게 기억이 안나.
    B: 네가 사무실을 떠날 때 비몽사몽이었어.

📝 영어문장필사해보기

- 미안하지만 너와 데이트한게 기억이 안나.

remember sb[sth] ~ing
…가 …한 것을 기억하다

앞의 경우처럼 과거에 한 행동을 기억한다는 점에서는 동일하지만 내가 한 행동이 아니라 다른 사람 등이 행동한 것을 기억한다는 의미의 표현이다. remember 다음에 sb[sth]+ ~ing을 붙이면 된다.

✓ 핵심포인트
remember sb[sth] ~ing   …가 …한 것을 기억하다

📝 이렇게 쓴다!

I don't remember you doing the laundry.
네가 세탁하는 걸 본 적이 없어.

I remember people telling me about it.
사람들이 그거에 대해 얘기했던게 기억나.

You remember me telling you that joke, right?
내가 너한테 그 조크한거 기억해, 응?

How can you not remember us kissing?
어떻게 우리가 키스한 걸 기억못해?

💬 이렇게 말한다!

A: **I really love to go swimming.**
B: **I remember you swimming at the beach.**
  A: 난 정말로 수영하는 것을 좋아해.
  B: 난 네가 바닷가에서 수영했던 것을 기억해.

영어문장필사해보기 ✏️
• 어떻게 우리가 키스한 걸 기억못해?

remember to~
…할 것을 기억하다

remember+~ing와 달리 remember 다음에 to+동사가 이어지면 「앞으로 …할 것을 잊지 않고 기억하다」라는 뜻이 된다.

✓ 핵심포인트
remember to do …할 것을 기억하다

Did you remember to buy the toothpaste?
치약 사는 걸 기억했어?

Remember to e-mail me.
잊지 말고 메일보내.

Just remember to wake us up before you go.
잊지 말고 너 가기 전에 우리 깨워.

Remember to speak up and don't turn your backs to the audience.
큰소리로 말하고 관객에게 등을 돌리지마.

이렇게 말한다!

A: **Damn, I forgot a condom.**
B: **Just remember to keep it safe.**

A: 젠장, 콘돔 챙기는 걸 깜빡했어.
B: 조심하는거 잊지 말라고.

영어문장필사해보기

• 잊지 말고 메일보내.

remember that ~
…을 기억하다

remember 다음에 절이 올 수도 있는데 특히 You have to remember~, I want you to remember~ 등의 형태로 쓰인다.

✓ 핵심포인트

(Do) You remember that~ ?	너 …가 기억나?
Remember that[how]~	…를 기억해
You have to remember that~	…을 기억해야 돼, 명심해야 돼
I want you to remember that~	…을 꼭 기억해

 이렇게 쓰인다!

Do you remember that you said you were going to get me a present?
내게 선물 준다고 한 말 기억나?

She told me to always remember that the best was yet to come.
걘 항상 더 좋은 날이 올거라는 걸 항상 기억하라고 말했어.

You have to remember she's a different person when she drinks.
넌 걔가 술 마시면 달라지는 걸 기억해야 돼.

You have to remember that my love for you is real.
너에 대한 내 사랑은 항상 진짜였다는 걸 잊지마.

I want you to remember that I'm a good person.
내가 좋은 사람이라는 걸 기억해줘.

I want you to remember that I forgave you.
내가 널 용서했다는 걸 기억해줘.

I need you to remember that we are all here for you.
우리 모두 널 위해 여기 있다는 걸 기억해줘.

I want you to remember that I gave you 500 dollars.
네게 500달러 준거 기억하길 바래.

Remember that you and I aren't friends anymore.
우린 더 이상 친구가 아니라는 걸 기억해.

You remember that Christmas we had much fun.
우리가 재밌게 보낸 그 크리스마스 기억나?

이렇게 말한다!

A: I'm going to take a nap for a while.
B: **Remember that** we're going to a movie tonight.
  A: 난 잠시 낮잠을 자야겠어.
  B: 오늘밤 우리 영화 보러가기로 한 것 기억해.

A: How is Tom's mom doing these days?
B: **Do you remember that** she was put in the hospital?
  A: 탐의 엄마는 요즘 어떻게 지내니?
  B: 걔 엄마 병원에 입원했던 것 기억하지?

A: **I want you to remember that** we're having an exam.
B: All of us will need to study for it.
  A: 넌 우리가 시험을 볼 것이라는 것을 기억하길 바래.
  B: 우린 모두 시험에 대비해 공부할 필요가 있을거야.

영어문장필사해보기 ✎

- 걘 항상 더 좋은 날이 올거라는 걸 항상 기억하라고 말했어.

- 내가 좋은 사람이라는 걸 기억해줘.

remember what[how] ~
…한 것을 기억하다

이번에는 that절이 아니라 의문사 what, why, how 등의 의문사를 붙여서 remember what[why, how] 주어+동사의 표현을 연습해본다.

✓ 핵심포인트

remember what~	…을 기억하다
remember why~	왜 …인지 기억하다
remember how~	어떻게[얼마나] …인지 기억하다

📝 이렇게 쓰인다!

You remember what that is?
그게 뭔지 기억나?

Do you remember why you dumped the guy?
네가 왜 걜 찼는지 기억해?

Just remember how much we all like you.
우리 모두 얼마나 널 좋아하는지 기억해.

Do you remember how your father used to be?
네 아빠가 어땠는지 기억하니?

I can't even remember what she looks like.
걔가 어떻게 생겼는지 기억도 안나.

I can't even remember why we were fighting!
우리가 뭐 때문에 싸웠는지 기억도 안나!

I don't remember how we ended up in bed together.
우리가 어떻게 함께 침대로 들어가게 되었는지 기억 안나.

Remember how you hate people talking behind your back?
네 뒤에서 욕하는 사람들을 네가 얼마나 싫어하는지 기억해봐.

🗨️ 이렇게 말한다!

A: Do you remember what happened during our vacation?
B: Oh yeah, it rained for five days straight.
   A: 우리 휴가 때 무슨 일이 있었는지 기억하니?
   B: 그래, 5일간 쉬지 않고 비가 왔었지.

A: I don't remember why we're being punished.
B: It's because we skipped school last month.
   A: 난 왜 우리가 처벌을 받았는지 기억을 못하겠어.
   B: 우리가 지난달 학교를 빼먹어서 그랬지.

A: Remember how we planned the party?
B: Sure. I'll make the food and you greet the guests.
   A: 우리가 어떻게 파티를 계획했었는지 기억해?
   B: 그럼. 난 음식을 만들고 넌 손님을 맞이한다는거지.

📝 영어문장필사해보기

• 네가 왜 걜 찾는지 기억해?

• 우리가 뭐 때문에 싸웠는지 기억도 안나!

remember when~
…한 때를 기억하다

시간과 장소에 대한 기억이 많기 마련. 의문사 중에서도 when, where를 써서 remember when[where] 주어+동사 형태 및 remember+시간명사+when 주어+동사 형태를 알아본다.

✓ 핵심포인트

remember (the day) when~	…한 때를 기억하다
remember where~	어디서 …했는지 기억하다

📓 이렇게 쓰인다!

Remember when we went to Central Park?
우리가 언제 센트럴파크에 갔는지 기억나?

Remember when I lived with you?
내가 너랑 살던 때 기억나?

I remember the day I got my first paycheck.
첫 월급 받았던 때가 생각나.

I remember when we first got engaged.
우리가 처음 약혼한 때를 기억해.

Do you remember when you spent Thanksgiving with us?
우리랑 추수감사절 함께 보낸거 기억해?

Do you remember where the car was parked?
차가 어디에 주차되어있는지 기억해?

💬 이렇게 말한다!

A: **Remember when we went to the beach?**
B: **I loved walking along the shore when we were there.**
　　A: 우리가 바닷가에 갔을 때 기억해?
　　B: 우리가 그곳에 있을 때 바닷가를 따라 걷는 것을 좋아했었지.

영어문장필사해보기 ✏️

• 차가 어디에 주차되어있는지 기억해?

놓치면 아까운 동사표현들

- **be proud of** …가 자랑스럽다
  Way to go! I'm so proud of you. 잘했다! 네가 정말 자랑스러워.

- **cheer up** 기운내다
  You'll have a good job interview. Cheer up! 면접을 잘 볼거야. 기운내!

- **look on the bright side** 긍정적으로 보다
  You have to look on the bright side. 긍정적으로 생각하라고.

- **hurry up** 서두르다
  Hurry up! We'll be late. 빨리 좀 가! 이러다 늦겠다.

- **screw up** 실수하다, 망치다
  But I screwed up big time. 하지만 내가 큰 실수를 했는걸.

- **propose a toast** 건배하다
  I'd like to propose a toast. 건배하자.

- **figure out** 이해하다
  I can't figure it out either. 나 역시 알 수가 없는데.

- **handle** 처리하다, 다루다
  Let me handle it. 내가 처리할게.

- **walk sb to** …까지 걸어서 배웅하다
  You don't have to walk me home. 집까지 나하고 함께 걸어갈 필요없어.

- **focus on** 집중하다
  I'm just trying to focus on this. 이거에 집중하려고 하고 있어.

- **cheat on** 커닝하다
  You should be ashamed of cheating on your exam. 커닝한 걸 수치스러워해야지.

- **bump into** 우연히 마주치다(= run into = run across)
  I keep bumping into you around here. 이 근처에서 자주 만나네.

- **look forward to+**명사[~ing] …을 학수고대하다
  I look forward to receiving it. 그거 받을 날만 기다리고 있어.

remember the last time when ~ …한 마지막 때를 기억하다

remember+시간명사+when 주어+동사의 한 경우로 '시간명사'가 the last[first] time인 경우이다. 「언제 마지막[처음]으로 …한 때를 기억하다」라는 의미이다.

✓ 핵심포인트

remember the last time when~ 　　마지막으로 …한 때를 기억하다
remember the first time when~ 　　처음 …한 때를 기억하다

📝 이렇게 쓰인다!

I can't remember the last time we kissed.
우리가 마지막으로 키스한 때를 기억 못하겠어.

I can't remember the last time I was out that late.
그렇게 늦게 외출한 마지막 때를 기억 못하겠어.

I can't remember the last time I was in a bar.
내가 마지막으로 바에 간게 기억안나.

Can you remember the last time you were alone?
네가 마지막으로 혼자 있었던 때 기억해?

I can't remember the last time I stayed up all night.
마지막으로 밤샌 때가 기억이 안나.

I can't remember the last time I had so much fun.
내가 마지막으로 그렇게 재미있었던 때가 기억이 안나.

I remember the first time I asked a girl out.
내가 여자에게 처음으로 데이트 신청한 때를 기억해.

I remember the first time I met you.
내가 처음으로 널 만난 때를 기억해.

Remember the first time that you kissed me?
네가 처음으로 내게 키스한 때 기억나?

I remember the first time I saw you.
내가 널 처음 봤을 때를 기억해.

이렇게 말한다!

A: Let's go to a Mexican restaurant tonight.
B: I don't remember the last time when we ate Mexican food.

A: 오늘밤 멕시코 식당에 가자.
B: 우리가 언제 멕시코 식당에 갔었는지 기억 못하겠어.

영어문장필사해보기

• 마지막으로 밤샌 때가 기억이 안나.

• 내가 여자에게 처음으로 데이트 신청한 때를 기억해.

• 우리가 마지막으로 키스한 때를 기억 못하겠어.

Get More

- **before I forget** 잊기 전에 말해두는데

  Before I forget, you got a call from Sam.
  잊기 전에 말해두는데 샘이 전화했었어.

- **Aren't you forgetting~?** 뭐 잊지 않았어?

  Look Peter, aren't you forgetting anything? 피터야, 뭐 잊은거 없어?

- **be forgetful** 깜박 깜박하다

  I'm afraid I'm becoming forgetful. 점점 깜박하는게 걱정돼.
  She's very forgetful. She's older than she looks.
  걘 무척 깜박깜박해. 겉모습보다 더 늙었어.

- **forgive and forget** 잊고 용서하다

  Let's forgive and forget it. 그냥 잊고 용서해주자.
  Forgive and forget. That's my motto. 잊고 용서하는게 내 모토야.

- **as long as I can remember** 내가 기억하는 한

  I slept more soundly than I have in as long as I can remember.
  내가 기억하는 것 이상으로 잠을 푹 잤어.

- **be remembered for[as]~** …로 기억되다

  I will be remembered as the one who saved the company.
  난 회사를 구한 사람으로 기억될거야.

- **remember me to sb** …에게 안부 전해줘

  Remember me to your brother. 형한테 안부전해줘.

▶ **One thing that we have to remember is that ~**
우리가 한 가지 기억해 두어야 할 것은 …야

One thing that we have to remember is that we have to help the poor. 우리가 한 가지 기억해두어야 할 것은 가난한 사람들을 도와야 한다는거야.

21.
마지막 희망을 쏘는

Hope

마지막 단어로 이제 희망을 이야기할 때이다. 먼저 hope는 단순하게 hope to+동사나 hope that~ 형태로 같은 의미로 쓰인다. 하지만 wish는 wish to는 formal한 경우에, 그리고 wish sb sth하면 「…에게 …있길 바란다」는 뜻으로 I wish you good luck, I wish you a Merry Christmas처럼 제한적이다. wish는 I wish 주어+동사가 가장 많이 쓰이는데 이는 현실과 반대되는 희망을 후회스럽게 말할 때 쓰인다.

 hope/wish 기본개념

01. hope: …하기를 바라다(hope to do) …라면 좋겠다(hope that S+V)
I hope you aren't angry. 네가 화 안내기를 바래.
I hope you'll come again. 네가 다시 오길 바래.
I hope you'll enjoy the party. 네가 파티를 즐기기를 바래.

02. wish : 바라다, 원하다, …했으면 좋겠다고 여기다
I wish you good luck. 행운을 빌어.
I wish we were together. 우리가 함께 있으면 좋을텐데.

03. (명사 hope) 희망, 바람, 기대 (명사 wish) 소원, 소망(for)
My hope is that you won't do that. 내 바람은 네가 그걸 하지 않는거야.
I'm sure my wish will come true. 내 소망은 반드시 이루어질거야.

hope to~
···하기를 바라다

자신의 바람과 희망을 표현하는 것으로 hope 다음에 to+동사의 형태로 자신의 희망을 붙이면 된다. 헤어질 때 하는 인사말인 I hope to see you again (sometime)(조만간 한번 봐요)이 가장 유명하다.

✓ 핵심포인트

hope to+동사	···하기를 바라다
Hope to see you again	다시 봐요

📝 이렇게 쓰인다!

I hope to open my own restaurant.
내 식당을 오픈하고 싶어.

You are the kind of woman I hope to marry.
넌 내가 결혼하고픈 그런 여자야.

You hope to do that? Sleep on it.
그렇게 하고 싶어? 하룻밤 잘 생각해봐.

What do you hope to gain by suing him?
걔를 소송해서 뭘 얻기를 바래?

💬 이렇게 말한다!

A: Thank you for inviting me. I really enjoyed it.
B: Glad to hear that. I hope to see you again.
  A: 초대해줘 고마워. 정말 즐거웠어.
  B: 그렇게 말해줘 고마워. 다시 보길 바래.

✏️ 영어문장필사해보기

• 그렇게 하고 싶어? 하룻밤 잘 생각해봐.

hope that ~
···이길 바라다

자기의 희망사항을 문장으로 말하는 경우로 I hope~ 다음에 주어+동사를 이어서 말하면 된다. 선물을 주면서 맘에 들길 바란다는 I hope you like it가 대표 표현.

✓ 핵심포인트

I hope you enjoyed your meal	식사 맛있게 했길 바래
I hope I haven't disturbed you	방해하지 않았길 바래

📓 이렇게 쓰인다!

I hope you two are very happy, I really do.
난 너희 둘이 행복하길 바래, 정말로.

I hope I can come back again.
다시 오기를 바래.

I hope she gets better soon.
걔가 빨리 나아지면 바래.

I hope it's not real.
그게 사실이 아니기를 바래.

💬 이렇게 말한다!

A: I hope that we can meet up after school.
B: Yeah, it would be fun to get together then.

A: 방과 후 우리 서로 만나자.
B: 그래, 그때 만나면 재미있겠다.

✏️ 영어문장필사해보기

• 걔가 빨리 나아지면 좋겠어.

I'm hoping~
…하면 좋겠어, …하고 싶어

단순히 희망하거나 바라는 것이 아니라 「내가 꼭 좀 했으면 좋겠다」라는 뉘앙스로 I'm hoping (that) 주어+동사 혹은 I'm hoping to+동사로 쓴다.

✓ 핵심포인트

I'm hoping to+동사 …하고 싶어
I'm hoping S+V …하면 좋겠어

이렇게 쓰인다!

I'm hoping to sleep with her tonight.
오늘밤 걔랑 자고 싶어.

You're going home? I was hoping to get to know you better.
집에 간다고? 너랑 더 친해지고 싶었는데.

I'm hoping you'll come.
네가 오면 좋겠어.

I'm hoping that Bob will not show up.
밥이 안 왔으면 좋겠어.

이렇게 말한다!

A: **I'm hoping that** I will become very wealthy.
B: **You better be prepared to work hard.**
A: 내가 아주 부유해지면 좋겠어.
B: 먼저 열심히 일할 준비를 하는 편이 나아.

영어문장필사해보기 ✏

• 집에 간다고? 너랑 더 친해지고 싶었는데.

hope so
그러길 바라다

so는 앞서 언급된 내용을 받는 것으로 hope so하면 「그렇게 되기를 바라다」라는 뜻이다. 반대로 「그렇지 않기를 바라다」라고 하려면 hope not이라고 하면 된다.

✓ 핵심포인트

| I hope so | 그러길 바래 |
| I hope not | 그렇지 않기를 바래 |

📝 이렇게 쓰인다!

I hope so, but I can't forget my ex-husband.
나도 그러길 바라는데 옛 남편을 잊을 수가 없어.

Well, you better **hope so.**
저기, 그렇게 되기를 바래라.

I hope not, but I think so. Who knows?
그렇지 않기를 바라는데 그렇게 생각해. 누가 알겠어?

Let's hope not.
그렇지 않기를 바라자고.

💬 이렇게 말한다!

A: **I bet you will find a new boyfriend soon.**
B: **I hope so,** but I can't forget my ex.

A: 곧 틀림없이 새로운 남친을 만나게 될거야.
B: 나도 그러길 바라는데 옛 남친을 잊을 수가 없어.

✏️ 영어문장필사해보기

• 그렇지 않기를 바라는데 그렇게 생각해. 누가 알겠어?

Hopefully!
바라건대!, 잘하면!, 아마!

단순한 부사이긴 하지만 희망과 기대를 하게 되는 우리들로서는 많이 쓸 수밖에 없는 표현이다. 자기의 희망사항을 얘기하기에 앞서 말하면 된다.

✓ 핵심포인트
hopefully　　바라건대

📝 이렇게 쓰인다!

If she's my friend, hopefully she'll understand.
걔가 내 친구라면, 이해해줄거야.

Hopefully, John's making some progress.
바람직하게도 존의 일이 진척이 있어.

Hopefully I won't need to do that.
그럴 일이 없었으면 좋겠어.

Hopefully, once you taste the dessert, you'll never forget about it.
바라건대, 네가 디저트 맛보면 절대 못잊을거야.

💬 이렇게 말한다!

A: I heard you got sick. How do you feel?
B: Terrible. Hopefully I will feel better tomorrow.
　A: 아프다고 들었어. 어때?
　B: 끔찍해. 바라건대, 내일이면 좋아질거야.

✏️ 영어문장필사해보기

• 걔가 내 친구라면, 이해해줄거야.

21. 마지막 희망을 쏘는 hope

There is hope
희망이 있다

희망이 있다, 없다는 There's (no) hope라고 희망의 내용은 of~이하로 말해주면 된다. 조건절이나 부정문에서는 There is (not) any of~의 형태로 쓰인다.

✓ 핵심포인트

There's hope (of~)	(…의) 희망이 있다
There's no hope	희망이 없다

📝 이렇게 쓰인다!

She's going to continue to think that there's hope.
걘 희망이 있다고 계속 생각할거야.

Treatment is difficult and risky, but there is hope.
치료가 힘들고 위험하지만 희망이 있어.

Don't say that there is hope when there is no hope.
희망이 없는데 희망이 있다고 말하지마.

There isn't any hope of you keeping your mouth shut about this.
이 문제에 대해 네가 함구할 희망이 없어.

💬 이렇게 말한다!

A: Did anyone survive the earthquake?
B: There is hope that there may be some survivors.
  A: 누가 지진에서 살아남았어?
  B: 생존자가 조금 있을 것이라는 희망이 있어.

영어문장필사해보기 ✏️

• 걘 희망이 있다고 계속 생각할거야.

get one's hopes up
기대를 올리다, 기대를 부추키다

「…의 희망을 올린다」(get~up)라는 뜻으로 현실가능성 이상으로 희망을 불러일으키는 것을 말한다. 주로 Don't get your hopes up(너무 기대하지마)이라는 문장이 많이 쓰인다.

✅ **핵심포인트**

| get one's hopes up | 기대를 올리다, 기대를 부추키다 |

📓 **이렇게 쓰인다!**

Don't get your hopes up, because probably it's not going to happen.
너무 기대하지마, 그런 일이 일어나지 않을 수도 있어.

You shouldn't get her hopes up like that.
걔가 그렇게 기대하게끔 하지마.

Don't get your hopes up, honey. You'll just be disappointed.
자기야 너무 기대하지마. 실망할 수도 있어.

You're not getting your daughter's hopes up, are you?
네 딸이 너무 기대에 부풀게 하는거 아니지, 맞아?

🗣 **이렇게 말한다!**

A: Rick said he might get a car for his birthday.
B: He shouldn't get his hopes up. A car costs too much.
    A: 릭이 차를 생일선물로 받을 수도 있대.
    B: 걔가 너무 기대하면 안될텐데. 차는 너무 비싸잖아.

✏️ **영어문장필사해보기**

- 자기야 너무 기대하지마. 실망할 수도 있어.

wish to~
…을 바라다

wish to+동사는 「…을 바라다」라는 의미로 앞서 배운 hope to+동사와 같은 의미로 보이지만 hope to와 달리 wish to는 좀 더 formal한 표현으로 좀 공식적인 딱딱한 뉘앙스를 풍긴다.

✓ 핵심포인트

| wish to+동사 | …하고 싶다 |

 이렇게 쓰인다!

We wish to apologize for the late arrival of this train.
본 기차의 연착을 사죄드립니다.

I wish to speak to him alone. Can you arrange that?
걔랑 단독으로 말하고 싶으니 일정 잡아주시겠어요?

Do you wish to say anything, John?
존 뭐 할 말 있습니까?

I no longer wish to speak with him.
난 더 이상 걔랑 얘기하고 싶지 않아.

💬 이렇게 말한다!

A: Many people helped the Thompsons after their house burned.
B: They wish to thank everyone who helped them.
   A: 톰슨네 집이 불타버린 후 많은 사람들이 그들을 도왔어.
   B: 그들은 도와준 모든 사람들에게 사의를 표하고 싶대.

✏️ 영어문장필사해보기

• 본 기차의 연착을 사죄드립니다.

wish sb sth
···에게 ···을 빌다

formal한 wish to+동사와 달리 wish sb sth은 Wish me luck(행운을 빌어줘)처럼 일상생활에서 많이 사용된다.

✓ 핵심포인트

wish sb a Merry Christmas	···가 즐거운 성탄을 보내기를 바라다
wish sb luck	···에게 행운을 빌어주다

📓 이렇게 쓰인다!

I wish you a Merry Christmas! Have a lot of fun!
성탄절 즐겁게 보내! 재미있게 보내고!

I have to go. Wish me luck!
나 가야 돼. 행운을 빌어줘!

I just stopped by to wish you good luck.
행운을 빌어줄려고 들렸어.

I have no special guy to wish me happy birthday.
내 생일을 축하해 줄 특별한 사람이 없어.

💬 이렇게 말한다!

A: Bobby's team is playing for the championship.
B: That's so exciting. Wish them luck for me.
　A: 보비 팀이 결승전에 나가 싸운대.
　B: 재미있겠군. 나 대신 행운을 빌어줘.

✏️ 영어문장필사해보기

• 성탄절 즐겁게 보내! 재미있게 보내고!

I wish ~
…라면 좋겠어

wish의 대표적 용법으로 I hope (that)~이 가능성이 충분한 일을 바라는 것인데 반하여 I wish(that)~은 일어날 가능성이 없을 때, 즉 현재와 반대되는 소망을 표현할 때 사용한다.

✓ 핵심포인트

I wish I was~ 　　　　내가 …라면 좋겠어
I wish I had+명사 　　내게 …가 있으면 좋겠어
I wish I could+동사 　내가 …을 할 수 있다면 좋겠어

📝 이렇게 쓰인다!

I wish you were here. You would be a big help to me.
같이 왔더라면 정말 좋았을텐데. 내게 큰 도움이 되었을텐데.

I wish I had a lot of money.
돈이 많으면 좋을텐데.

I wish I could stay longer. But I have to go now.
더 남아 있으면 좋을텐데. 하지만 난 이제 가야 돼.

I wish I could be more helpful.
내가 더 도움이 되면 좋을텐데.

💬 이렇게 말한다!

A: What do you want to have for dinner?
B: I wish I could have a big juicy steak!

　　A: 저녁으로 뭘 먹을래?
　　B: 육즙이 많은 큰 스테이크를 먹었으면 해.

✏️ 영어문장필사해보기

• 같이 왔더라면 정말 좋았을텐데. 내게 큰 도움이 되었을텐데.

I wish I had~
…했더라면 좋았을텐데

이번에는 현재의 이루어질 수 없는 소망이 아니라 과거에 이루어지지 못한 소망을 말할 때, 즉 가슴을 치면서 후회하면서 사용하는 표현이다. I wish I had+pp의 형태로 쓰며「과거에 …이었더라면 좋았을텐데」라는 뜻이다.

✓ 핵심포인트

I wish I had+pp …했더라면 좋았을텐데
I wish I hadn't+pp …하지 않았다면 좋았을텐데

📓 이렇게 쓰인다!

I wish I had been married to you.
너와 결혼했더라면 좋았을텐데.

I wish I had done things differently.
일을 달리 처리했더라면 좋았을텐데.

I wish I had told you before.
너한테 전에 얘기했더라면 좋았을텐데.

That's a good point. Now **I wish I hadn't told** Julie.
맞는 말이야. 줄리에게 말하지 않았다면 좋았을텐데.

I wish he hadn't asked me out on a date.
걔가 데이트 신청 안했다면 좋았을텐데.

💬 이렇게 말한다!

A: I heard you were drunk and broke a window yesterday.
B: Yeah. **I wish I hadn't done** that.

A: 듣자하니 너 어제 취해서 창문을 깼다면서.
B: 어, 그러지 않았더라면 좋았을 것을.

영어문장필사해보기 ✏️

• 맞는 말이야. 줄리에게 말하지 않았다면 좋았을텐데.

if you wish
원한다면

상대방에게 뭔가 허락하거나 제안할 때 "네가 좋다면, 원한다면"이란 내용의 단서를 다는 표현. 원하는 걸 구체적으로 말하려면 if you wish to+동사를 붙이면 되고 또한 as you wish는 상대방의 말에 "좋을대로 하시라"고 할 때 대답하는 표현이다.

✓ 핵심포인트

if you wish	원한다면
if you wish to+동사	…을 원한다면
as you wish	네 마음대로, 좋을대로

📝 이렇게 쓰인다!

I can help you with your homework, if you wish.
원한다면 네 숙제 도와줄 수 있어.

You can go now, if you wish.
원한다면 가도 돼.

If you wish to be a writer, you should read a lot of books.
작가가 되고 싶다면 책을 많이 읽어야 한다.

You can use my cell phone, if you wish.
원한다면 내 핸폰을 써도 돼.

💬 이렇게 말한다!

A: Can I give you a call tomorrow?
B: If you wish. Here is my home phone number.
  A: 내일 너에게 전화해도 돼?
  B: 원한다면. 내 집전화번호 여기 있어.

✏️ 영어문장필사해보기

• 원한다면 네 숙제 도와줄 수 있어.

I wish sb would~
…가 …했으면 해

sb에게 좀 답답하거나 짜증난 상태에서 말하는 것으로 sb가 지금과 달리 「…했으면 좋겠다」라는 희망을 말하는 표현이다.

✅ 핵심포인트

I wish sb would+동사	…가 …했으면 해
I wish you would	네가 그러길 바래

📝 이렇게 쓰인다!

I wish you wouldn't talk like that.
네가 그런 식으로 말 안했으면 해.

Honey, I wish you would get over her.
자기야 네가 걔 잊었으면 해.

God, I wish you would let this go.
어휴, 네가 이거 그냥 잊었으면 해.

I wish he would just tell me the truth.
걔가 내게 사실을 말해주었으면 해.

💬 이렇게 말한다!

A: Do you want me to check again?
B: Well yeah, I wish that you would.

    A: 다시 확인해볼까요?
    B: 어 그래, 그랬으면 좋겠네.

✏️ 영어문장필사해보기

- 걔가 내게 사실을 말해주었으면 해.

I wish I could, but~

그러고 싶지만 …

상대방에게 정중하게 거절하는 것으로 "그러고는 싶지만 난~"라는 의미. but 뒤에는 거절할 수 밖에 없는 사정을 말하면 된다. 비슷한 표현으로는 I'm sorry, but~, I'd love to, but~ 혹은 I'd like to, but ~ 등이 있다.

✔ 핵심포인트

I wish I could but I can't. ~   그러고 싶지만 안돼.
I wish I could+동사, but~   …하고 싶지만 …해
I'd like to, but~   그러고 싶지만 …해

이렇게 쓰인다!

I wish I could but I can't. I have too much work to do.
그러고 싶지만 안돼. 할 일이 너무 많아.

I wish I could come, but I'm busy on Friday.
가고 싶지만, 금요일날 바빠.

I'd like to, but I have to go right now.
그러고 싶지만 난 지금 바로 가야 돼.

I wish I could help you, but I can't.
도와주고 싶지만 그럴 수가 없어.

I'd like to, but I'm on call today.
그러고 싶은데, 난 오늘 대기해야 돼.

I'd love to, but I have to go home early tonight.
그러고 싶지만 안돼. 오늘 저녁 집에 일찍 가야 돼.

I'd love to, but I have to stay home baby sitting the kid.
그러고 싶지만 안돼. 오늘 저녁 집에서 아기를 돌보아야 돼.

이렇게 말한다!

A: Come on over to my house on Sunday afternoon.
B: **I wish I could, but I have other plans.**
    A: 일요일 오후 내 집에 놀러와.
    B: 그러고 싶은데 다른 계획이 있어.

Get More

- **hope for the best** 잘 되기를 희망하다

    All we can do is to wait and hope for the best.
    우리가 할 수 있는 일은 기다리면서 잘 되기를 바라는거야.

- **lose hope** 희망을 잃다

    I just can't do it anymore. I've lost hope.
    난 더 이상 못하겠어. 희망을 잃었어.

- **have high hopes of[for]~** …에 큰 기대를 하다

    You had high hopes for a relationship with this man.
    넌 이 남자와의 관계에 큰 기대를 했어.
    I really have high hopes for my band. 내 밴드에 정말 큰 기대를 하고 있어.

- **hopeless** 희망없는, 구제불능인

    You're hopeless. 넌 구제불능야.
    It's hopeless. 희망이 없어.

- **be one's last[only, best] hope of** …의 마지막[유일한, 최고의] 희망이야

    Your only hope is to somehow get him alive.
    네 유일한 희망은 어떻게든 걔를 살리는거야.
    You are my last hope. Please help me. 넌 나의 마지막 희망야. 제발 도와줘.

You wish! (상대방이 바라는게 불가능해) 꿈깨!, 행여나!

I wish! (실제는 아니지만) 정말 그랬으면 좋겠다!

wishing well 동전을 던지면 소원이 이루어진다는 우물

Who do you wish to speak[talk] to?
누구랑 통화하시게요?, 누굴 바꿔드릴까요?

Your wish is my command. 당신의 소망이 나의 사명입니다.

More Verbs
You Should Know

use

meet

play

cut/hit

eat/drink/cook

pick/choose/decide

fill/fit/fix

expect

01 use
사용하다, 이용하다

● **use sth for~** …을 …용도로 사용하다

뭔가 사용하긴 하는데 그 목적이나 용도를 추가적으로 언급할 때 사용하기 좋은 표현이다. use sth for 다음에는 명사나 ~ing을 붙이면 된다.

use sth for sth[~ing] …을 …에[하는데] 사용하다
use sth as sth …을 …로 사용하다
use sth to~ …을 사용하여 …하다

Would you mind if I **use your car** to visit that client?
고객한테 가봐야 돼서 그러는데 네 차 좀 써도 될까?

● **be used to+동사** …하는데 사용되다

위의 표현중 use sth to~를 수동형으로 바꾼 것. 아예 기계적으로 be used to+동사는 「…하는데 사용되다」라고 익혀두면 된다. 다만 아래의 be[get] used to+명사 및 used to+동사와는 구분해야 한다.

be used to+동사 …하는데 사용되다
be[get] used to+명사 …에 익숙해지다
used to+동사 …하곤 했다

A lawn mower **is used to** cut grass. 잔디깎는 기계는 풀을 베는데 사용돼.
We **used to** play together all the time. 우린 항상 함께 놀았었지.
You have to **get used to** it. 적응해야지.

● **use one's head[brain]** 머리를 쓰다, 생각을 해보다

좀 자존심 상하는 표현이긴 하지만 상대방을 비난하거나 충고할 때 쓰는 것으로 뭔가 이해를 잘 하도록 혹은 실수를 피하도록 생각을 주의깊게 해보라는 아주 직설적인 표현.

Use your head! How come you fell for it twice?
머리가 장식품이! 어떻게 두 번이나 속아 넘어가?

I expect you to **use your brain** this time. 이번에는 머리쓰길 바래.

01 use

▸ **get[be] used to~** …에 익숙하다

앞의 be used to+동사와 헷갈릴 수 있는 표현. 가장 다른 점은 to 다음에 동사가 오느냐 아니면 명사[혹은 ~ing]가 오느냐이다.

I'm getting used to driving at night. 밤운전하는데 적응하고 있어.
You have to get used to it. 적응해야지.
You'll get used to it. 곧 익숙해질거야.

▸ **used to~** …하곤 했어

헷갈리는 표현 하나 더. used to+동사는 거의 조동사처럼 사용되는 것으로 과거의 동작이나 상태가 그랬었다는 것으로 지금은 그렇지 않다는 의미를 띤다는 점이 특색이다.

We used to work together. 우리 함께 일했었어.
I used to be just like you. 나도 전엔 너 같았어.

▸ **can[could] use~** …이 필요하다

좀 어려운 표현으로 보통 could use를 쓰는데 can use라 쓰기도 한다. could[can]이 들어있다는 점을 잘생각해보면 use 다음에 나오는 것을 아직 이용하지 못했다는 것을 의미한다고 볼 수 있다. 즉 use 이하를 이용했으면 한다는 의미로 would like to have~의 뜻이다.

I can use a Coke. 콜라 좀 마셔야겠어.
I could use a little help here. 여기 누가 도와주었으면 해.

▸ **make (good or bad) use of** …을 이용하다

use가 명사로 사용된 표현으로 make use of sth하게 되면 「…을 잘 활용하다」, 「이용하다」라는 뜻이 된다. 물론 활용을 잘할 수도, 못할 수도 있는데 이때는 good, bad란 형용사를 use 앞에 붙이면 된다.

make use of~ …을 이용하다
make good use of~ …을 잘 활용하다
make bad use of~ …을 잘못 이용하다

They made a good use of extra money. 걔네들은 여분의 돈을 잘 썼어.
The children made good use of the toys they got.
애들은 받은 장난감을 갖고 잘 썼어.

▶ **put ~ to (good) use** 이용하다

역시 이용한다는 표현이지만 목적어로 주로 지식(knowledge)이나 기술(skill)을 이용하여 뭔가 원하는 것을 달성한다는 숙어. use 앞에 종종 good을 붙이기도 한다.

I think it'd be better if we put it all to good use.
그걸 잘 이용한다면 더 좋을 것 같아.

▶ **It's no use ~ing** 해봤자 소용없다

상대방에게 충고할 때 쓰는 표현으로 use 이하를 해봤자 아무 소용이 없으니 하지 말라고 설득할 때 사용하는 표현이다. 그냥 It's no use!라고 해도 된다.

It's no use! 아무 소용없어!
What's the use? 무슨 소용이 있어?
What's the use of ~ing? …해봤자 무슨 소용이 있어?
There's no use (in) ~ing …해봤자 소용없다

It's no use! 아무 소용없어!
Come on, it's no use fighting. 이봐, 싸워봤자 소용없어.

02 meet
만나다

▸ I'd like you to meet~ …소개할게

사람을 소개할 때 쓰는 전형적인 표현. I want you to meet sb라고 해도 되는데 바쁘거나 친한 친구들 사이에서는 그냥 이름만 부르기도 한다.

I'd like you to meet my girlfriend. 내 여자 친구 소개할게.
Everybody, there's someone I'd like you to meet.
너희들한테 소개할 사람이 있어.

▸ meet the need[satisfaction] 필요를 충족시키다, 만족시켜주다

meet의 목적어로 need, satisfaction, demand, standard 등의 명사가 올 때 meet의 의미는 그 「필요나 기준을 만족시켜주다」라는 뜻이 된다. 같은 맥락의 표현으로 meet the deadline, meet a goal 등이 있다.

meet the needs of~ …의 필요를 충족시키다
meet the deadline[goal] 마감[목표]을 맞추다
meet a goal 목표를 달성하다

The hotel didn't meet our satisfaction. 그 호텔은 만족스럽지 못했어.
The loan met Jim's needs while he was a student.
그 대출은 짐이 학생일 때의 필요를 충족시켜줬어.
You'll need to hurry to meet the deadline. 마감하려면 서둘러야 돼.

▸ make ends meet 수지타산을 맞추다

ends를 「만나게 혹은 맞추게 한다」는 의미. 여기서 ends는 대차대조표상의 차변과 대변을 말하는 것으로 두 개의 끝을 맞춘다는 것은 손해도 안나고 수익도 안나는 상태, 즉 수지타산을 맞춘다는 의미가 된다.

We're barely making enough money to make ends meet.
우린 간신히 빚이나 안지고 살 정도 밖에 못벌어.
We need to save money to make ends meet.
수지타산을 맞추기 위해 돈을 모아야 한다.

▶ meet with 회의하다, 만나다, 경험하다, 겪다, 우연히 만나다

meet와 비슷한 표현이지만 좀 formal하게 「만난다」는 의미를 포함하고 있다. 또한 meet with 다음에 success, failure, opposition이 오면 「…상황을 겪다」, 「부딪히다」라는 뜻이 된다.

meet with sb 공식적으로 만나다
meet with sth (반대, 실패, 성공) 부딪히다, 겪다
meet up with (우연히) 만나다

I'd like to meet with you this afternoon. 오늘 오후에 만나고 싶어요.
I'm here to meet with someone from human resources.
인사부에서 나온 분을 만나러 왔어요.

▶ have[attend] a meeting 회의가 있다, 회의에 참석하다

meeting은 회의라는 뜻으로 have a meeting하면 회의를 하고 있다, attend a meeting하면 회의에 참석하다, hold a meeting하면 회의를 개최하다 등등 다양하게 쓰인다.

have a meeting 회의를 하다   attend a meeting 회의에 참석하다
hold a meeting 회의를 개최하다   be in[at] a meeting 회의중이다

Are you going to attend the meeting? 회의에 참석할거야?
Did you have a meeting with her yesterday? 걔랑 어제 회의했어?
He's in a meeting right now. 걘 지금 회의중이야.

▶ call a meeting 회의를 열다, 소집하다

meeting을 하자고 부른다는 의미로 회의를 열거나 「회의를 소집한다」는 뜻으로 쓰이는 표현이다. 어떤 회의인지 구체적으로 언급하려면 sales meeting, emergency meeting 등으로 바꿔주면 된다.

call a sales meeting 영업회의를 열다
call an emergency meeting 긴급회의를 소집하다

Harris wants to call a meeting to discuss the new proposals.
해리스는 새로운 제안들을 의논하기 위해서 회의소집을 원하고 있어.
UN Security Council called an emergency session.
유엔 안보리가 비상회의를 소집했어.

03 play
놀다, 운동[연주]하다

- **play+운동명** ⋯운동을 하다

    play 다음에 스포츠 운동경기명(basketball, baseball, hockey)이나 게임명 (computer games, cards)이 나오는 경우로 이때 중요한 점은 관사를 붙이지 않는다는 점이다.

    play soccer 축구를 하다
    play computer games 컴퓨터 게임을 하다
    play games on one's cell phone 핸드폰으로 게임을 하다

    I sprained my ankle while playing basketball. 농구하다 발목삐었어.

- **play the+악기명** ⋯악기를 연주하다

    play 다음에 악기명이 오는 경우, 이때는 관사를 악기명 앞에 붙인다는 점이 앞의 play+운동과 다른 점이다. 또한 play는 MP3 files처럼 음악을 듣기 위해 기계를 튼다는 뜻으로도 쓰인다.

    play the piano 피아노를 치다
    play MP3 (files) MP3음악을 틀다

    She is good at playing the violin. 걔는 바이올린을 잘 켠다.
    You used to like playing the piano. 넌 피아노치는 걸 좋아하곤 했는데.

- **play a part[role] in** ⋯의 역할을 하다

    연극영화 쪽 이야기라면 극이나 영화에서 「⋯역할을 맡는다」라는 뜻이고 일상생활에서 쓰이면 「⋯에 큰 역할을 하다」라는 뜻이 된다.

    play a large part in ~ing ⋯하는데 큰 역할을 하다

    Fred's illness played a part in his decision to retire.
    프레드의 병이 퇴직하는데 큰 역할을 했어.

- **play it safe** 안전하게 하다, 신중을 기하다

    play it safe, play it cool로 유명한 이 표현들에서 play는 behave라는 뜻으로 따라서 play it safe는 「신중을 기하다」(avoid risks), play it cool은 「침착하게 행동하다」(take it easy)라는 표현이 된다.

    play it safe 안전하게 행동하다(avoid risks)
    play it cool 침착하게 행동하다(take it easy)

    If life is short, it's dumb to play it safe.
    인생이 짧다면 안전하게만 가는 것은 어리석은 짓이야.
    You can play it safe if it works for you. 네게 맞다면 신중을 기해라.

- **play dumb** 멍청한 척하다

    연극영화에서 play는 무슨 캐릭터의 역할을 맡는다는 점에서 play 다음에 dumb, dead, the fool처럼 명사를 붙여 실제는 아니지만 「…인 척하다」(pretend)라는 용법으로 쓰이기도 한다.

    play God 신처럼 행동하다
    play dead 죽은 척하다
    play dumb 바보처럼 행동하다

    Don't play dumb! 어리석게 굴지마!
    Don't play dumb with me! 날 바보 취급하지마!

- **play games** 게임을 하다, 수작부리다

    play games하면 자기의 목적을 달성하기 위해 자신의 본 감정을 숨기는 것을 뜻하는 표현으로 부정적인 표현이다. 나쁜 의미의 게임을 하다, 즉 「수작부리다」라는 의미가 된다. 하지만 단수로 play the game하면 정정당당 게임, 즉 페어플레이를 한다는 뜻이 된다.

    play games with sb …에게 장난치다, 수작부리다
    play the game 정정당당한 게임을 하다

    Don't play games with me! 날 가지고 놀 생각은 마!
    I don't play games. 수작 부리는거 아니야.

03 play

▶ **play hooky** 무단결석하다 (play truant)

학교가기 싫어하는 아이들의 간절한 바람. 병결이 아니라 무단으로 말도 없이 땡땡이치는 것을 뜻하는 것으로 play truant라고도 한다. truant는 무단 결석생을, hooky는 학교나 직장을 꾀부려서 빼먹는 것을 말한다.

play hooky form (work, school) (직장/학교)무단결근[석]하다
play truant 무단으로 빠지다

I don't feel like going to school so I'll play hooky.
학교 가기 싫어서 땡땡이쳤어.

▶ **play hard to get** 잡기 힘든척 연기하다, 관심없는 척하다

play는 「연극을 하다」라는 뜻이 있는데 이 때문에 「실제와 다르게 행동한다」는 의미의 표현을 많이 생산한다. play hard to get 또한 그중 하나로 주로 남녀간에 관심있으면서 관심없는 척 튕겨보거나 비싸게 구는 걸 말한다.

play hard to get 튕기다

Don't start playing hard to get again, John. 존 또 관심없는 척 하지마.

▶ **play by oneself** 혼자 놀다

직장생활하랴 학원다니랴 바쁜 세상 혼자서 놀때가 더욱 많아졌다. 이렇게 요즘 세상에서는 혼자노는 것을 잘해야(be very good at playing by himself) 한다. 그런데 영어실력이 미천하여 여친에게 어제밤에 혼자 놀았다고 하면서 I played with myself last night하면 좀 곤란….

play by oneself 혼자서 놀다
play with oneself 자위하다

If you don't want to play by yourself, you should make friends.
혼자 놀고 싶지 않으면 친구를 사귀어야 해.

▶ **play a trick on sb** 장난치다, 놀리다

만우절에 꼭 해야 하는 것으로 play a trick[tricks] on sb하면 「…을 골탕먹이다」라는 뜻이 된다. 또한 「농담을 하다」라고 할 때는 play a joke on sb라 하면 된다.

play a trick[tricks] on sb 골탕먹이다
play a joke on sb 장난치다, 놀리다

I thought you were playing a trick on me.
네가 나를 골탕먹이는거라고 생각했지.

04/05 cut/hit
베다, 자르다/ 때리다, 치다

- **cut corners** (시간, 경비 등을) 절약하다

  코너를 돌지않고 지름길로 간다는 의미에서 시간, 경비, 노력 등의 줄일 수 있는 부분을 줄여 효율화시키는 것을 뜻한다.

  cut corners to+동사 …하려고 절약하다
  cut cost 경비를 절감하다

  I had to cut corners to save money. 돈을 저축하려고 절약해야 했어.
  This was a real buy. 이건 정말 잘 산 물건이야.

- **cut a deal** 계약을 성사시키다

  비즈니스 거래를 성사시키다(make a business deal)라는 의미로 구체적으로 계약내용을 말하려면 cut a deal ~ing 형태로 써주면 된다.

  cut a deal ~ing …하는 계약을 성사시키다

  I cut Sally a deal when she came to my shop.
  샐리가 내 가게에 왔을 때 계약을 성사시켰어.

- **be cut out for~** …할 자질이 있다, …에 적합하다

  좀 어려워보이긴 하지만 어떤 사람이 '…일에 자질'이 있어 적합한 사람인지 아닌지를 언급할 때 딱 써야 되는 표현. for~ 다음에 일이나 업무를 쓰면 된다. 여기서 cut out는 잘라내서 뭔가를 만들어내는 것을 뜻한다.

  She's cut out for this job. 걘 이 일을 하는데 제격이야.
  You're not cut out to be a physician. 넌 의사로서 적합한 사람은 아냐.

- **cut back on** 줄이다, 삭감하다

  cut back, cut back sth 혹은 cut back on sth으로 쓰이는 이 표현은 주로 「지출되는 경비를 줄이다」라는 의미로 회사사장이 무척 좋아하는 표현. 또한 「건강을 위해 먹는 음식을 줄인다」는 뜻으로도 사용된다.

  cut back (sth) (…을) 줄이다
  cut back on …을 줄이다

  We're going to cut back on shopping too. 쇼핑도 역시 줄일거야.

04/05 cut/hit

▶ cut down on 줄이다, 삭감하다

cut back on과 같은 의미로 사용되나 주로 건강을 위해 음식, 술, 담배 등을 줄인다는 뜻으로 사용된다.

cut down (sth) …의 양을 줄이다
cut down (on) 감소하다, 줄이다, 건강위해 음식 줄이다

She's trying to get me to cut down on sugar.
걘 나의 설탕섭취를 줄이려고 애쓰고 있어.

▶ cut it out 잘라내다

잘라서 버린다는 의미로 뭔가 그만두게 하거나 건강을 위해 음식이나 습관 등을 끊는다라는 의미를 갖는다. 특히 구어체에서는 Cut it out!이란 형태가 많이 쓰이는데 이는 「그만둬!」라는 뜻으로 말도 안되는 상대방의 말을 자를 때 사용된다.

Don't do that! Cut it out! 그러지마! 그만둬!
This is useless. We're going to have to cut it out.
이건 필요없어. 잘라내야 돼.

▶ cut off 잘라내다, 중단하다

잘라서 분리한다(off)는 의미로 잘라내다, 전기나 가스 등의 공급이 「중단되다」, 「친구와 우정을 중단하다」 등 다양하게 사용된다.

cut sth off 잘라내다
get cut off 전화가 끊기다
be cut off (장소나 사람) 고립되다
cut sb off 우정을 끝내다, 말참견하다, (차)위험하게 끼어들다

I was cut off. 전화가 끊기다.
I don't mean to cut you off. 말을 끊으려고 했던 건 아니에요.

▶ hit the road 출발하다

구어체 표현으로 여행을 떠나다, 출발하다 등 길을 나서는 것을 뜻하며 또한 hit+장소명사의 형태로 「…에 도착하다」라는 뜻으로도 쓰인다는 점을 알아둔다.

hit the road 출발하다   hit+장소명사 …에 도착하다
hit the book 공부를 하다

I am going to hit the road. 나 출발할거야.
I'd better hit the road. 그만 출발해야겠어.

▶ **hit the ceiling** 격노하다(get angry)

ceiling은 천장이란 뜻으로 펄쩍 뛰어 올라 천장을 칠 정도면 엄청 열받을 때이다. ceiling 대신 roof를 써도 된다.

hit the ceiling[roof] 격노하다
hit the sack[hay] 잠자다
hit the spot 딱 원하는 것이다

My wife hit the ceiling when she saw the bill.
아내가 영수증을 보고 노발대발했어.

▶ **hit it off (with)** (…와) 금세 친해지다

천생연분인지 만나자마자 바로 좋아진다는 표현으로 천생연분인 상대방을 말하려면 hit it off with sb라 하면 된다.

hit it off (with sb) (…와) 금세 친해지다

They really hit it off. 쟤네들은 바로 좋아하더라고.

▶ **hit on** 갑자기 어떤 생각이 떠오르다(come up with), 유혹하다

우연히 묘안이나 새로운 생각이 떠오를 때 쓰는 표현. 하지만 남녀간에 쓰일 때에는 「유혹한다」는 의미로도 쓰인다.

hit on[upon] sth 갑자기 아이디어가 떠오르다
It hit me that~ …라는 생각이 갑자기 들다
hit on sb 성적으로 유혹하다

Are you hitting on me? 지금 날 꼬시는거냐?
I hit on a new idea while watching TV.
난 TV보다가 새로운 생각이 떠올랐어.

06-08 eat/ drink/ cook
먹다/ 마시다/ 요리하다

● eat lunch[dinner] 점심[저녁]을 먹다

이번에는 eat 다음에 lunch, dinner, breakfast 등의 식사명이 목적어로 오는 경우. 모두 관사없이 바로 이어진다는 점에 유의한다.

What do you want to eat for lunch today? 오늘 점심으로 뭘 먹을테야?

● get something to eat 먹다

something to eat은 먹을 것이란 말로 food를 뜻한다. 따라서 get[have] something to eat은 get[have] food라는 말로 음식을 먹다라는 뜻이 된다.

Do you want to get something to eat? 너 뭐 좀 먹을래?
Let's have something to eat. 뭐 좀 먹자.

● got drunk 술 취하다

과음하면 술 취하게 마련. 가장 흔히 쓰는 표현은 get drunk이다. drunk와 drunken은 같은 pp 형태이나 drunken이 형용사로 주로 사용된다.

be drunk 취하다
DUI(driving under the influence) 음주운전
drunken driving 음주운전
drink and drive 음주운전하다

I got drunk easily. 난 쉽게 취해.
He's drunk as a skunk[lord]. 고주망태로 취해있어.

● drink and drive 음주운전하다

과음보다 더 나쁜건 음주운전. 자기뿐만 아니라 다른 사람의 생명까지도 위태롭게 하기 때문이다. 보통 drink and drive 혹은 DUI라는 약어를 많이 쓴다.

Don't drink and drive. 음주운전 하지마라.
You're drunk right now. 너 지금 취했어.

▸ drink coffee[tea, wine] 커피[차, 와인]를 마시다

drink는 뭔가 액체형태의 것을 마신다는 의미로 꼭 술만 먹을 때 쓰는 동사는 아니다. 물마시다는 drink water, 커피를 마시다는 drink coffee라고 하면 된다.

drink water 물을 마시다
drink coffee[tea] 커피[차]를 마시다

I am not supposed to drink coffee**.** 난 커피를 마시면 안돼.
Do you like to drink juice**?** 주스 마시는거 좋아해?

▸ get[want] something to drink 마실 것을 갖다주다

something to drink는 마실 것이란 의미로 get[have] something to drink하게 되면 마실 것을 마시다라는 뜻이 된다.

Would you **like** something to drink**?** 뭐 좀 마실래요?
Can I get you something to drink**?** 마실 것 좀 줄까?

▸ have[get] a drink 한잔 마시다

술이나 음료를 마신다고 할 때 a drink 앞에 동사로 have, get, 또는 take를 쓰면 된다. 물론 여러잔 마실 때는 drinks나 some drinks라 하면 된다.

have[get] a drink 술을 마시다
have drinks with~ …와 술을 마시다
have[get] some drinks 술 좀 마시다
have another drink 한 잔 더 마시다
take a drink (of) (…를) 한잔 마시다

She's having drinks with **her date.** 걘 데이트 상대와 술마시고 있어.
He's taking a drink of **his soda.** 걘 자기 음료를 마시고 있어.

06-08 eat/ drink/ cook

▶ go out for a drink 술마시러 (나가다)

have a drink는 술이나 음료를 마시는거지만 이번에는 for a drink라는 어구로 '술마시러'라는 목적을 분명히 밝히고 나가던지(go out) 만나던지(meet, join) 혹은 들르던지(drop by) 하라고 할 때 쓰는 표현들이다.

join sb for a drink 만나서 술마시다
take sb for a drink …을 데리고 나가 술마시다
get together for a drink 만나서 술마시다

How about going out for a drink tonight? 오늘 저녁 나가서 한잔 할까?
Drop by for a drink (sometime). 언제 술하러 한번 들러.

▶ get[buy] sb a drink …에게 술을 주(사)다

술은 서로 사주고 얻어먹고 해야 맛이 나는 법. 술을 사준다고 할 때는 get이나 buy를 써서 get[buy] sb a drink라고 하면 된다.

get sb a drink …에게 술사주다
buy sb a drink 술을 사주다

Why don't you buy her a drink? 걔한테 술 한잔 사.
I'll buy you a drink and explain. 술 한잔 사면서 설명해줄게.

▶ cook sth for sb …에게 …를 요리해주다

cook은 음식재료를 열(heat)을 이용하여 요리를 만든다는 의미.

Mom is cooking fish for us. 엄마는 우리한테 생선을 요리해주고 있어.

▶ cook sb a meal(dinner, breakfast) …에게 식사를 요리해주다

요리내용이 구체적으로 나오지 않고 단지 「…에게 요리를 해준다」는 의미로 쓰이는 경우이다.

cook (sb) a meal 식사를 요리하다
cook (sb) dinner 저녁을 요리하다
cook (sb) breakfast 아침을 요리하다

I'll cook you dinner. 저녁 만들어줄게.
My wife loves to cook for our children. 아내는 애들에게 요리해주는 걸 좋아해.

09-11 pick/ choose/ decide
고르다/ 선택하다/ 결정하다

- **pick on** 괴롭히다

  pick on sb처럼 pick on 다음에 사람이 오면 주로 「…을 비난하면서 지속적으로 괴롭히거나 못살게 구는」(treat sb badly or unfairly) 것을 말한다.

  pick on sb 못살게 굴다
  pick on sb[sth] …을 선택하다

  Why are you picking on me? 왜 날 괴롭히는거야?
  Stop picking on me. 날 못살게 굴지마, 놀리지마.

- **pick out** 고르다, 선택하다

  손으로 잡아서 밖으로 꺼낸다는 뜻에서 출발하여 다양한 의미의 표현을 만들어내지만 여러 가운데 골라내다(select) 혹은 「…을 찾아내다」, 「알아보다」(recognize)라는 의미로 가장 많이 쓰인다.

  pick sb[sth] out 골라내다, 식별하다

  Can you help me pick out an engagement ring?
  약혼반지 고르는거 도와줄래?

- **pick up** 들어올리다, 사다, 차로 태워주다, 향상하다, (속도)내다

  손으로 집어 들어올리는 모습을 연상하면서 상상력을 발휘하여 이같은 모습이 어떤 의미를 띨 수 있는지 곰곰이 생각해봐야 이 다양한 의미를 그나마 이해할 수 있다.

  pick sb[sth] up 들어올리다, 일으키다
  pick oneself up 일어나다
  pick sth up 깨끗이 치우다, 얻다, 가게에서 사다, 병에 걸리다
  pick sth up 알아차리다, 배우다, (소리 등) 감지하다, 전화받다
  pick sb up 차로 픽업하다
  pick up speed 속도를 내다
  sth pick up (상황, 경제) 나아지다, 향상되다

  I picked it up at a flea market for $5. 벼룩시장에서 5달러에 샀어.
  Who's going to pick it up? 술값은 누가내지?
  I think things are picking up. 상황이 나아질거예요.

09-11 pick/ choose/ decide

▶ choose between[from~] …사이에서 고르다

여러개 중에서 혹은 여러 사람 중에서 선택하고 고른다는 의미의 choose를 써서 다양하게 문장을 만들어볼 수 있다.

choose from …중에서 고르다
choose sb[sth] to do …가 …하도록 선택하다
choose sb[sth] for~ …로 …를 선택하다
be chosen as[for] …로 선택되다

Jill was chosen as the president of our class. 질은 반장으로 뽑혔어.

▶ choose to ~ …하기로 선택하다

choose 다음에 선택한 것이 sb[sth]가 아니라 어떤 행위일 경우 부정사 to+동사를 붙여 쓰면 된다. 「…하기로 결정하고 선택했다」는 뜻.

He chose to live alone. 걘 혼자 살기로 했어.

▶ have a choice 선택권이 있다

choose의 명사형 choice는 여러 동사와 어울려 오히려 choose보다 더 많이 쓰이는 표현들을 양산한다. have a choice는 선택할 수 있는 기회가 있다는 것이고 make a choice하면 「결정하다」, 「선택하다」라는 뜻으로 의미가 다르다.

have a[the] choice of …을 선택할 수 있다
have a choice between …사이에 선택권이 있다
make a choice 선택하다
leave sb with no choice …에게 선택권을 주지 않다

I don't think you have a choice. 넌 선택권이 없어.
You're right. He made his choice. 맞아. 걘 자기가 선택한거야.

▶ have no choice but to~ …할 수밖에 없다

역시 choice를 이용한 유명한 표현. 소시적부터 귀에 따갑게 익혀온 have no choice but to+동사는 '…을 할 수밖에 없는 어쩔 수 없는 상황'을 어필할 때 사용하는 것으로 잘 써보도록 하자.

have no choice but to+동사 …할 수 밖에 없다
have little choice but to+동사 …할 수 밖에 없다

I had no choice but to get divorced. 난 이혼할 수밖에 없었어.
I had no choice but to use force. 난 완력을 쓸 수밖에 없었어.

▶ be sb's choice …의 선택이다

누가 결정할 문제라는 점을 말하기 위한 표현으로 choice 앞에 결정을 누가 하는지를 말하는 소유격 one's를 넣어 쓴다는 점이 특징이다.

be one's choice …의 선택이다
It's one's choice to+동사 …하는 건 …의 선택이다

I mean it was your choice. 내 말은 그건 네 선택이었어.

▶ decide to do …하기로 결정하다

decide 다음에 반드시 to+동사의 형태로 써서 표현하면 된다. '결정했다'라고 말할 때는 결정하기 전까지 계속 생각한 것으로 decided 및 have decided to~의 현재완료형으로 쓰이는 경우가 많다.

I've decided to go to Chicago without you.
난 너없이 시카고에 가기로 결정했어.

▶ decide that ~ …하기로 결정하다

결정한 내용이 길어 문장의 형태로 써야 할 경우이다. decide that S+V 혹은 decide what [who~] S+V 형태로 풀어서 쓰면 된다.

decide that S+V …을 결정하다
decide what[who, how] to~ …을 결정하다

I decided I wanted to come to your party. 네 파티에 가기로 결정했어.
I decided I'm going to go with her. 걔랑 같이 가기로 결정했어.

▶ make a decision 결정하다

decide와 같은 의미이지만 영어에서는 한단어로 사용하는 것보다는 해당동사의 명사형을 사용해서 만든 동사구를 선호하는 경우가 많은데 make a decision도 그 대표적 예.

She's trying to make a decision about something.
걘 뭔가 결정을 하려고 해.

12-14　fill/ fit/fix
채우다/맞다, 적합하다/고치다, 고정시키다

▶ fill sth …을 채우다

fill은 「…에 …으로 (가득) 채우다」라는 뜻으로 주로 fill A with B의 형태로 쓰이는데 이것의 수동태형인 be filled with 또한 많이 쓰인다.

fill sth …을 채우다
fill sth with …을 …로 채우다
be filled with …로 가득차다

The music filled the room. 음악이 방을 가득 채웠어.
The house is filled with guests. 집에는 손님들로 가득찼어.

▶ fill in 서류에 적어 넣다, 채우다, 알리다, 대리하다

역시 채우기는 하되 어떤 공간이 아니라 종이 서류에 「필요한 사항을 작성하는」 것을 말한다. fill in은 또한 다른 의미로도 쓰이는데 fill sb in on하게 되면 멀리 있는 사람에게 최근 「진행소식을 전해주다」라는 뜻이 된다.

fill in sth 서류에 기입하다
fill sb in (on) (멀리있는 사람에게) 최근 소식을 알려주다
fill in for sb …의 일을 대신하다

You can fill in all the information on the form.
양식서에 모든 정보를 적으세요.
Whatever you've got going on, fill me in. 뭘 하든 내게 알려줘.

▶ fill out 기입하다

fill out 역시 registration form(등록신청서), customs declaration form(세관신고서) 등 공식 「서류에 필요한 기재사항을 적는」 것을 말한다.

fill out sth (공식서류에) 기입하다
sb[sb's body] fill out 몸이 나다

I've got some paperwork for you to fill out.
네가 작성해야 하는 서류가 있어.

▶ fill up (기름) 넣다

fill up은 특히 자동차에 「기름을 넣다」라는 뜻인데 특히 fill it up형태로 많이 쓰인다. 또한 fill up은 자동차 외에도 뭔가 채워넣는 것을 뜻하는데 특히 뱃속도 포함되어 「포식하다」(eat one's fill; fill one's stomach)란 의미도 갖는다.

fill (the car) up (with) ···기름으로 (···에) 넣다
fill up (with) ···을 가득차다, 가득 채우다
fill (oneself) up (with/on) (···로) 포식하다

I ran out of gas. Where can we fill up? 기름이 없어. 어디서 기름넣지?

▶ fit (sb)+(well, perfectly) (···에게 옷이) 맞다

fit은 먼저 동사로 옷의 크기가 「···에 잘 맞는다」라고 할 때 쓰인다. 자동사로 Sth fit, 타동사로 fit sb well 등으로 사용된다.

fit sb well (옷사이즈) ···에게 잘 맞다
clothes fit 옷이 딱맞다
be fitted for+옷 ···의 사이즈를 맞추다(가공하다)

It fits me perfectly. 내게 완벽하게 맞아.
I bought some clothes that actually fit. 정말 딱 맞는 옷을 샀어.

▶ fit for[to] ···에 적절한

fit이 「건강한」, 혹은 「적절[합]한」이라는 뜻의 형용사로 쓰인 경우로 (be) fit for~[to do~]의 형태로 쓰인다.

fit for sth[~ing]~ ···에 적절한, 적합한
fit to do sth ···할 정도로 건강한, 적합한

This house is fit for a sale. 이 집은 판매하기에 적절하다.
I don't think he's fit for being a soldier.
걔가 군인으로 적합치 않은 것 같아.

12-14 fill/ fit/fix

- **get fixed** 수리되다(get something fixed …을 수리하다)

  모든 걸 자기가 수리할 수 없기 때문에 다른 사람에게 수리를 시켜 수리한다는 의미의 get sth fixed라는 표현이 사용된다.

  get fixed 수리되다
  get sth fixed …을 수리하다

  That's how it got fixed! 그렇게 수리된거야!
  I never did get my shoes fixed. 내 신발을 수선한 적이 없어.

- **fix one's hair[make-up]** 머리[화장]을 손질하다

  fix 다음에 머리나 화장(make up)이란 단어가 나오면 머리를 손질하거나 화장을 하는 것을 말한다.

  fix one's hair 머리를 손질하다
  fix one's make up 화장을 하다
  fix one's face 얼굴화장을 하다

  Sally is fixing her hair in her room. 쌜리는 자기방에서 머리 만지고 있어.
  My sister is just fixing her makeup. 내 누이는 화장을 손질하고 있어.

- **fix** 요리나 식사를 준비하다

  또하나 fix의 중요한 용법으로는 fix 다음에 lunch, dinner 등의 명사나 drink 등의 음식물 명사가 나오는 경우로 「음식을 준비하다」(prepare)라는 뜻이 된다.

  fix+식사명[음식] …을 준비하다
  fix sb sth …에게 …을 준비해주다
  fix oneself sth …을 먹다

  She is fixing lunch in the kitchen. 걘 부엌에서 점심을 준비하고 있어.
  I'm going to fix you a drink. 술 한잔 준비해줄게.

- **fix up** 회의 일정 등을 잡다, 방이나 건물을 치장하거나 수리하다

  fix up은 회의나 행사 「일정을 잡거나」, 방 등을 「수리하다」라는 두 개의 중요한 의미를 갖는다.

  fix sb[sth] up 회의 등을 준비하다, 수리하다
  fix for sb to+동사 …가 …하도록 정하다

  The landlord's trying to fix up the place for the new tenant.
  집주인은 새로 세들어오는 사람을 위해 집을 수리하고 있어.

▶ fix up with 소개시켜주다, 제공하다

기본적 의미는 뭔가 준비해준다는 것은 같으나 with 다음에 사물이 오면 「…에게 …을 제공해주는」것이고 with 다음에 사람이 오면 「…에게 …을 소개시켜준다」는 뜻이 된다.

fix sb[sth] up with sth …을 제공해주다
fix sb[sth] up with sb …에게 …을 소개해주다

Yesterday he asked me to fix him up with somebody.
어제 걘 내게 사람을 소개시켜달라고 했어.

 You Know What? : too much와 much too

much가 명사 또는 형용사로 쓰일 때는 too much의 어순이 된다. 예를 들어 "I have too much to finish"(끝내야 할 일이 너무 많다)라는 문장에서 much는 「많은 것」이라는 명사로 쓰여 too가 much 앞에서 much를 수식하는 형용사 역할을 하고 있다. 또한 「이 동네에는 범죄가 극성이다」라는 "There's too much crime in this neighborhood"에서 much는 뒤에 나온 crime을 수식하는 형용사로 쓰였고 too가 much를 수식하는 부사로서 much 앞에 나왔다. 그럼 다음 문장의 경우는 어떨까. "I am much too busy to talk to him now"(그 사람과 얘기하기에 나는 지금 너무 바쁘다)라는 문장에서 too는 형용사 busy를 꾸며주는 부사입니다. much는 too 앞에 나와 too를 더욱 강조하는 역할을 하고 있는 부사로 쓰인 것이다.

15 expect
기대하다, 예상하다

▶ expect to do ···하기를 기대하다

expect는 뭔가 예상하거나 계획했던 것들이 이루어지기를 기대한다는 의미로 그 희망사항은 to+동사, 혹은 that S+V로 말해주면 된다.

expect to+동사 ···하기를 기대하다
expect that ~ ···을 기대하다

I didn't expect to see you here. 여기서 널 만날 줄 생각도 못했어.
Clair is not the one who I expected to fall in love with.
클레어는 내가 사랑에 빠지리라고 예상 못했던 사람이야.
I expect that she will make a recovery. 걔가 회복될거라 생각해.
I never expected they weren't going to show up.
걔네들이 나타나지 않으리라고 예상못했어.

▶ expect sb to~ ···가 ···하기를 기대하다

이번에는 주어가 스스로 어떻게 하는 걸 기대하는 것이 아니라 다른 사람이 to+동사하기를 기대한다는 의미의 표현.

expect sb[sth] to+동사 ···가 ···하리라 예상하다

Do you expect me to believe that? 내가 그말을 믿을 것 같니?
You're kidding me! You expect her to dump me?
설마! 걔가 날 찰거라 생각해?

▶ expect company ···가 오기를 기다리다

여기서 company는 회사가 아니라 동행, 일행이란 의미로 expect company하면 「올 사람이 있다」라는 의미. 그렇게해서 왔으면 have company라고 하는데 이는 「일행이 있다」, 「손님이 와 있다」라는 뜻이다.

expect sth from sb ···에게서 ···를 요구하다
expect sb to+동사 ···가 ···할 것을 요구하다
expect a lot of sb ···에게 많은 걸 요구하다

I'm expecting somebody. 누가 오기로 되어 있는데요.
I'm expecting company. 올 사람 있어요.
I've been expecting you. 널 기다리고 있었어.

expect (a child) 임신하다

여자만이 기대할 수 있는 것으로 진행형 be expecting (a baby 혹은 a child)하면 「임신하다」라는 뜻으로 곧 애기를 낳게(have a baby)된다는 뜻이다.

I heard Eva is expecting. 에바가 임신했대.
Are you expecting (a child)? 너 임신했어?

expect sb back ···가 돌아오는 걸 예상하다

찾는 사람이 없어서 언제 돌아올 건지 얘기할 때 꼭 써야 하는 표현이 바로 expect sb back이다. 특히 전화걸었는데 외출중이라고 할 때 긴요하게 써먹을 수 있다.

When do you expect him back? 언제 돌아오실까요?
I didn't expect her back for at least two more days.
난 걔가 적어도 이틀이상 동안 돌아오지 않을거라 생각했어.

be expected to do ···할 것으로 예상되다

expect가 수동태로 쓰인 것으로 be expected to+동사하게 되면 주어가 to+동사를 할 것으로 예상된다는 희망적인 표현.

She was expected to attend the meeting.
걘 회의에 참가할 것으로 기대되었어.
His parents expected him to do well at college.
걔 부모님은 걔가 대학생활을 잘 하기를 바랬어.

What do you expect to~? 뭘 ···하기를 바라는거야

expect를 응용한 표현으로 What do you expect to~?하게 되면 상대방에게 뭘 기대하는거냐, 그리고 What do you expect sb to~?하게 되면 「···가 뭘 하기를 기대하느냐?」라는 뜻이 된다.

What do you expect to+동사? 뭐하기를 바라느냐?
What do you expect sb to+동사? ···가 뭐하기를 바라느냐?
What do you expect to see there? 가서 뭘 보길 바라는거야?

What do you expect me to do? 내가 뭘 하길 바래?

15 expect

~than I expected 내가 예상했던 것 보다 더

역시 응용표현들로 뭔가 예상보다 더하다고 할 때는 ~than I expected를 그리고 예상대로 됐다고 하려면 as expected를 쓰면 된다.

He's taller than I expected. 걔는 내가 예상한 것보다 키가 컸어.
She's more cute than I expected. 갠 내가 예상했던 것보다 더 예뻐.